ZHONGGUO ZHIZAO ZHUANXING
ZHONGGUO ZHIZAO ZHONG DE LAODONGLI
GUANLI WENTI YANJIU

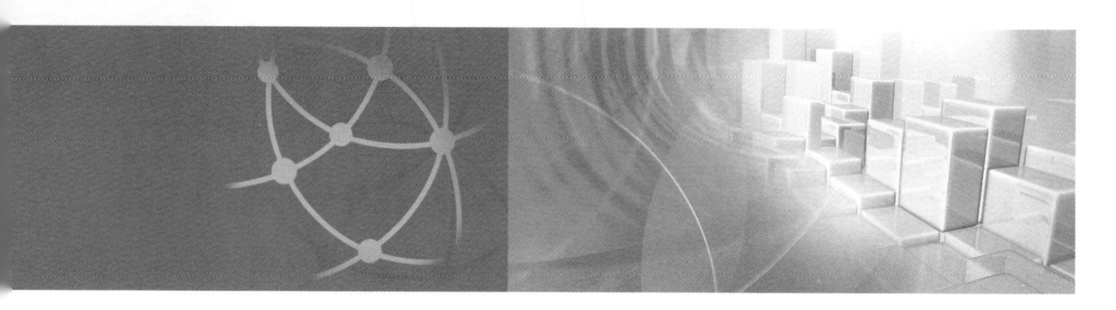

“中国制造”转型“中国智造”中的劳动力管理问题研究

赵志泉　杨云 ◎等著

中国财经出版传媒集团

图书在版编目（CIP）数据

“中国制造”转型“中国智造”中的劳动力管理问题研究/赵志泉等著．—北京：经济科学出版社，2016.10

ISBN 978-7-5141-7371-0

Ⅰ.①中… Ⅱ.①赵… Ⅲ.①制造工业-劳动力资源-资源管理-研究-中国 Ⅳ.①F426.4

中国版本图书馆 CIP 数据核字（2016）第 254141 号

责任编辑：李　雪
责任校对：靳玉环
责任印制：邱　天

“中国制造”转型“中国智造”中的劳动力管理问题研究

赵志泉　杨　云　等著

经济科学出版社出版、发行　新华书店经销

社址：北京市海淀区阜成路甲 28 号　邮编：100142

总编部电话：010-88191217　发行部电话：010-88191522

网址：www.esp.com.cn

电子邮件：esp@esp.com.cn

天猫网店：经济科学出版社旗舰店

网址：http://jjkxcbs.tmall.com

北京汉德鼎印刷有限公司印刷

三河市华玉装订厂装订

710×1000　16 开　19.25 印张　300000 字

2016 年 10 月第 1 版　2016 年 10 月第 1 次印刷

ISBN 978-7-5141-7371-0　定价：60.00 元

前　言

中国是世界制造大国，截至2013年底，中国煤炭、钢铁、水泥、电力、汽车等产量居世界第一位，货物出口总额居世界第一位。中国制造业的迅速发展与巨大“人口红利”息息相关。相当长时间内，“中国制造”成为“价廉制造”的代名词。2008年至今，国内“劳工荒”频繁出现，各地不断提高最低工资标准，国内企业用工成本逐年提高。特别是2012年，我国的劳动力资源总量首次绝对下降。2013年，适龄劳动人口总量继续萎缩。这意味着我国劳动力无限供给的时代即将结束，“人口红利”窗口即将关闭，中国制造企业不得不面临长期人工成本提升的压力。面对劳动报酬变化，“中国制造”要成功转向“中国智造”必须更加重视管理创新。

一、我国劳动报酬占比总体趋势

我国劳动报酬占比变动趋势可以用收入法核算的国内生产总值（Gross Domestic Product，以下简称GDP）来解析。按收入法核算的GDP可细分为劳动者报酬、生产税净额、固定资产折旧和营业盈余四种要素收入。

改革开放以来，劳动者报酬的绝对值逐年攀升。然而，劳动报酬占GDP之比却呈现出波动态势。1999年劳动者报酬占GDP比为

52.38%；2008年下降至39.2%。但从2009年开始，劳动报酬占比逐渐提升。2012年，劳动者报酬占GDP比提高至45.60%。

劳动报酬占比变化对中国制造业的影响主要体现为：

1. 企业经营成本上升，工业企业亏损增加

根据2012年4月中国企业家调查系统发布的《一季度企业经营状况、困难及对策——2012·一季度千户企业经营状况快速调查报告》，“人工成本上升”成为当前企业经营发展中遇到的最主要困难。与之相伴，工业企业亏损增加。2011年，我国大型工业企业亏损数为869家，远高于2010年的316家、2009年的396家。2013年，我国工业亏损企业亏损总额5732.49亿元，几乎是2011年（3923.21亿元）和2010年（2359.18亿元）的总和。

2. 对外资吸引力下降，引进外资速度趋缓

长期以来，我国是仅次于美国的外商直接投资地。外商直接投资促进了我国制造业以及对外贸易的发展。1978年至2000年，我国每年实际利用外资额保持在20%左右的增幅。2000年，我国实际利用外商直接投资593.56亿美元。但从2008年起，我国实际利用外资增幅下降，2012年，出现下降态势。据此，国外媒体甚至称，“中国制造”的时代已经过去。究其原因，劳动力成本上升因素不可疏忽。

3. 劳动报酬占比与所有者权益的此消彼长

劳动报酬占比提升固然反映出劳动力产权价值提升，但所有者权益和企业利润空间却相对压缩。以规模以上工业企业为例。2005年，规模以上工业企业所有者权益与主营业务收入比为41.40%；2012年，该比值下降至34.50%。

二、劳动报酬占比变化倒逼中国制造业进行管理创新

劳动、资本、管理、技术等生产要素合力推动中国制造业发展。过低的人工成本使中国制造业长期忽视管理创新的价值贡献，管理粗放。主要表现为：

1. 忽视价值链管理

根据迈克尔·波特（Michael E. Porter，1947—　，哈佛商学院教授）的竞争力理论，企业被界定为“用来进行设计、生产、营销、交货以及对产品及其辅助作用的各种活动的集合”。企业价值链由基本活动和辅助活动构成。前者涉及物料储运、生产加工、成品储运、市场营销和售后服务等；后者涉及采购、技术开发、人力资源管理、基础设施等。“价值链”各环节、各种价值活动之间的协同互动，彼此影响。长期以来，中国制造业依赖低人工成本获取利润，缺乏系统性价值链分析，以至于在公司战略上，或贪大求全，一味追求多元化经营；或长期置于价值链低端，产品附加值低。

2. 忽视集成管理

集成管理是集成创新思想在管理上的延伸，包括战略集成、技术集成、知识集成、组织集成等诸多层面。集成追求“1＋1＞2”的效果。长期以来，中国制造企业，特别是大型制造企业多依赖劳务派遣、临时用工制度等压低薪酬支出，忽视管理集成，忽视精细化管理，导致管理效率低下、管理成本高昂。

3. 忽视和谐劳资管理

和谐劳资关系强调劳资利益共享、和谐共生。长期以来，中

国制造企业，特别是中小型制造企业以“地板工资制”取代“最低工资制度”，拒签用工合同，人为压低劳方报酬，拖欠劳方工资，安全保护条件不达标，缴纳社会保障不积极。其结果，劳工或“用脚投票”，辞职潮频发；或“用手投票”，引发群体性劳资事件。

4. 忽视人本管理

人本管理尊重劳动力产权，倡导劳动者体面劳动。长期以来，中国制造企业将工资薪酬作为员工管理的最重要手段，忽视员工生理、心理、发展需求，部分企业管理粗暴，引发员工强力反弹。

三、劳动报酬占比变化倒逼中国制造业更加重视管理创新

劳动报酬占比变化使中国制造企业必须进行管理创新，向管理要效益，以管理提升竞争力。

1. 实施价值链管理

中国制造企业应根据自身战略定位、资源禀赋和市场地位，厘定自身所处价值链环节，细分市场，培育竞争优势。或将竞争优势聚焦于价值链某一“节点”，实施归核化战略、特色化经营；或调整资源配置，转向价值链高端；或调整区位布局，向低人工成本国家进行产业转移。

2. 实施集成管理

这里的集成管理要求战略集成、组织集成、技术集成、文化集成。中国制造企业应积极迎接大数据带来的机会，在战略调整基础上，采取更加灵活的组织架构，缩短管理环节，提高管理效率，严格控制成本。

3. 实施和谐管理

中国制造企业必须更加尊重劳方诉求，在待遇留人的同时，营造和谐文化氛围，创新管理理念，变革管理策略，以劳资共治、利益共享等方式实现感情留人、事业留人。

4. 实施人本管理

中国制造企业必须尊重劳动力的人力资源价值，尊重国际核心劳工标准公约，尊重社会责任标准（SA8000），实现劳方有尊严劳动。

本著作主要从人力资源管理视域研究“中国制造”转向“中国智造”过程中出现的劳动力管理问题。其中，部分章节源于赵志泉教授近几年教学科研关于劳动力问题、人力资源管理问题研究的学术积累，部分章节源于杨云博士的博士学业论文，而关于最低工资制度部分内容源于闫彬的硕士论文（有修改），本著作希冀通过对制造业转型中劳动力问题的研究，实现人口红利的再开发。

赵志泉

2016 年 6 月于郑州

目　　录

0 序　　言

0.1 课题研究的背景

0.1.1 “中国制造”晋级“中国智造”是实现制造强国的要求

制造业是国民经济的主体，是立国之本、兴国之器、强国之基，中国制造业体系门类齐全、独立完整，规模居世界第一位。国家高度重视制造业发展。1998年中央经济工作会议明确提出，要“加大装备工业的开发力度”①。在此，国家政策使用了“装备工业”概念。2008年国际金融危机爆发，作为应对危机的政策举措，国务院发布《关于加快培育和发展战略性新兴产业的决定》（国发〔2010〕32号）（以下简称《决定》），提出“现阶段要重点培育和发展节能环保、新一代信息技术、生物、高端装备制造、新能源、新材料、新能源汽车等产业高端装备制造产业”。根据《决定》，高端装备制造业要重点发展：以干支线飞机和通用飞机为主的航空装备、轨道交通装备、海洋工程装备、智能制造装备。② 根据《决定》，“高端装备制造业”成为政策术语。

---

① 中央经济工作会议在京召开［EB/OL］.（2008－12－05），www. gov. cn.

② 《关于加快培育和发展战略性新兴产业的决定》（国发〔2010〕32号）［EB/OL］. http：//www. gov. cn/zwgk/2010－10/18/content_1724848. htm.

国民经济“十二五”规划承接了国发〔2010〕32号文件精神，强调要“发展先进装备制造业”。在《中华人民共和国国民经济和社会发展第十二个五年规划（2011～2015年）》（以下简称《规划》）第九章“改造提升制造业”中，装备制造、汽车、船舶、钢铁、有色金属、建材、石化、轻工、纺织被列举提出；在《规划》第十章“培育发展战略性新兴产业”中，强调高端装备制造产业重点发展航空装备、卫星及应用、轨道交通装备、智能制造装备。[①] 根据《规划》，装备制造和高端装备制造被分别予以政策表述。

党的十八大则使用了“先进制造业”概念，时任中共中央总书记胡锦涛在共产党第十八次全国代表大会上的报告提出，要“推动战略性新兴产业、先进制造业健康发展，加快传统产业转型升级”[②]。

2012年7月，国务院《“十二五”国家战略性新兴产业发展规划》明确“高端装备制造产业成为国民经济支柱产业”。至此，高端装备制造业在国家战略地位已经明确，即装备制造业为国民经济支柱产业，与新能源、新材料、新能源汽车等国民经济先导产业共同支撑起国家战略新兴产业。（2012年7月9日，国务院以国发〔2012〕28号印发《“十二五”国家战略性新兴产业发展规划》。）国务院《“十二五”国家战略性新兴产业发展规划》明确，要“大力发展现代航空装备、卫星及应用产业，提升先进轨道交通装备发展水平，加快发展海洋工程装备，做大做强智能制造装备，把高端装备制造业培育成为国民经济的支柱产业，促进制造业智能化、精密化、绿色化发展”。《规划》同时明确了上述产业2015年和2020年的发展目标、重大行动、重大政策等发展路线图。

2013年11月，面对经济发展“新常态”，调结构、稳增长成为基本经济政策基调。中共中央作出《中共中央关于全面深化改革若干重大问题的决定》（以下简称《决定》），《决定》提出要“进一步放开一般制造业”[③]。

---

① 中华人民共和国国民经济和社会发展第十二个五年规划（2011～2015年）.（2011－03－16），新华社.

② 胡锦涛.《坚定不移沿着中国特色社会主义道路前进 为全面建成小康社会而奋斗》——在中国共产党第十八次全国代表大会上的报告［EB/OL］.（2012－11－08），http：//www.gmw.cn/sixiang/2012－11/18/content_5725672.htm.

③ 2013年11月12日中国共产党第十八届中央委员会第三次全体会议通过.

2015年，面对全球制造业调整和国内产业转型升级需要，国务院关于印发《中国制造2025》的通知（国发〔2015〕28号）。《中国制造2025》是我国实施制造强国战略第一个十年的行动纲领，明确“制造业是国民经济的主体，是立国之本、兴国之器、强国之基。”《中国制造2025》明确了9项战略任务和发展重点。根据《中国制造2025》，重点聚焦“新一代信息技术产业、高档数控机床和机器人、航空航天装备、海洋工程装备及高技术船舶、先进轨道交通装备、节能与新能源汽车、电力装备、农机装备、新材料、生物医药及高性能医疗器械”十大重点领域。国家“通过政府引导、整合资源，实施国家制造业创新中心建设、智能制造、工业强基、绿色制造、高端装备创新五项重大工程，实现长期制约制造业发展的关键共性技术突破，提升我国制造业的整体竞争力”[①]。然而，长期以来，处于全球产业分工和价值链中低端的“中国制造”却沦为“物美价廉”或“质量低下”的代名词，高端制造无法引领全球技术体系和产业体系。实现“中国制造”向“中国创造”（即“中国智造”）的转变，缔造制造强国，人才为本，必须高度重视制造业转型升级过程中的人才支撑问题。

0.1.2 “中国制造”晋级“中国智造”过程中凸显人才安全问题

我国是世界第一人才大国，人力资源富足。根据人力资源与社会保障部发布的数据，截至2014年底，我国拥有技能劳动者1.57亿人，高技能人才0.41亿。然而，现有人才队伍的规模、素质和结构仍无法有效支撑“中国智造”。

“中国制造”晋级“中国智造”过程中凸显人才安全问题。这里的人才安全主要表现为四个方面：

0.1.2.1 劳动力供给不足风险凸显

中国是人力资源大国，人力资源富足；一般认为，庞大的人口红利支

---

① 国务院．关于印发《中国制造2025》的通知（国发〔2015〕28号）[EB/OL].（2015-05-08），http：//www.mof.gov.cn/zhengwuxinxi/zhengcefabu/201505/t20150519_1233751.htm.

撑着中国世界制造工厂的地位。然而，2012年、2013年、2014年，我国劳动力总额绝对值分别下降345万人、244万人和371万人。学界普遍认为，我国劳动力无限供给的时代已经结束，人口红利窗口即将关闭。作为世界制造大国，劳动力的比较优势支撑着我国传统制造业的发展。面对逐渐攀升的劳动力成本，包括在华跨国公司开始调整其行为决策，或搬迁回本土，或谋划搬迁至东南亚。面对劳动力无限供给时代的终结，国内制造企业也应该未雨绸缪，进行必要的调整。

0.1.2.2 科技人力资源不足以支撑“中国智造”

创新驱动是实现“中国智造”的内在要求和关键环节。然而，中国创新型人才，特别是科技人力资源却无法满足创新驱动战略的要求。根据2015年经济合作与发展组织（Organization for Economic Cooperation and Development，以下简称OECD）发布的科技发展报告，2013年，中国拥有R&D（Research and Development，以下简称R&D）人员为353.3万人年，总量居世界第一位，但每万名就业人员的R&D人员数只有45.9人年/万人，在17个主要经济体中列12位，仅与土耳其相当，相当于芬兰的19.9%、日本的34.4%、韩国的28.6%、德国的32.6%。2013年，中国拥有R&D研究人员为148.4万人年，总量同样居世界第一位，但每万名就业人员的R&D研究人员数为19.3人年/万人[①]，仅相当于芬兰的12.1%、日本的18.9%、美国的21.9%、德国的23%。显然，与实施“工业4.0计划”的德国、“先进制造计划”的美国等制造强国相比，中国科技创新人才严重不足。

0.1.2.3 高技能实用人才不足以支撑“中国智造”

实现“中国智造”还需要大量门类齐全、技艺精湛的“工匠型”高技能人才。然而，我国高技能人才总量不足、结构问题突出、人才断档现象严重。根据2009～2014年《人力资源与社会保障事业发展统计公报》，2014年，我国取得专业技术人员职业资格证书人数252万人，但取得技师、

① 科学技术部.2013年我国科技人力资源发展状况分析［R］.科技统计报告，2015（15），第572期.

高级技师资格人数仅62.33万人。2014年，我国现有规模以上工业企业377888家，平均每家企业新增技师、高级技师只有1.65人。

0.1.2.4 高级经营管理人才不足以支撑“中国智造”

“中国智造”离不开优秀的企业家队伍和高级经营管理人才。但与美国、日本、印度等国相比，企业管理人才的匮乏已经直接影响到中国企业国际竞争力。根据瑞士IMD商学院发布的2015年度《世界各国竞争力报告》，中国综合竞争力列世界第28位。根据该报告，在企业管理竞争力要素中，中国除劳动成本具有竞争优势外，其他要素都处于劣势。在参与排名的51个国家（地区）中，我国综合生产率仅高于印度和印度尼西亚，相当于泰国的6%、巴西的45%、马来西亚的33%①。显然，我国战略企业家和高素质职业经理人仍较为短缺。

0.2 课题研究的目的与意义

劳动力供给和人才安全阻碍中国制造业转型升级，但问题的出现、蔓延又与特定的文化氛围、制度安排和政策举措息息相关。本课题研究的目的与意义主要表现为：

0.2.1 厘清“中国制造”转型“中国智造”的人才需求特征

“中国智造”不同于“中国制造”，其产业具有智力密集、技术密集、智能化、信息化等特征，且主要聚焦于新一代信息技术产业、高档数控机床和机器人、航空航天装备、海洋工程装备及高技术船舶、先进轨道交通装备、节能与新能源汽车、电力装备、农机装备、新材料、生物医药及高性能医疗器械等十大重点领域②。与“中国智造”所依托产业及其战略布局

---

① 2015年全球竞争力排名：中国排28位［EB/OL］.（2015-09-30），http：//www.askci.com/news/201405/22/221339252006.shtml.

② 2014年全国农民工监测调查报告发布，农民工总量超2.7亿人［EB/OL］.（2015-04-30），http：//news.gmw.cn/2015-04/30/content_15523484.htm.

相匹配，“中国智造”强调高素养劳动力支持，强调人口质量红利的产业贡献。这里的高素养劳动力主要包括具有国际视野的战略企业家、高素质产业技术创新人才和实用性高技能人才。

0.2.2 剖析“中国制造”转型“中国智造”的人才安全困境成因

“中国制造”转型“中国智造”面临着人才困境，这里的困境既表现为高素养劳动力数量不足，也表现为人才结构缺陷。人才困境问题产生的原因具有多样性，从智力要素供给端看，其原因主要包括：“权力决定人才”的氛围抑制企业家精神和高素质职业经理人成长；自我封闭的制度设计致使中国知识精英流失严重；教育体制僵化抑制高技能实用性人才培养。从智力要素需求端看，其主要原因包括：管理理念落后，劳动者文化管理、伦理管理缺位；管理技术滞后，现代薪酬管理技术、劳资管理技术被忽视；管理粗放，对企业家、知识分子、临时用工人员等不同群体缺乏精确的管理制度设计。

0.2.3 多角度提出“中国智造”人才管理举措

“中国智造”所需要的劳动者既包括中低端劳动力，更包括战略企业家、高端精英管理人才、创新人才和高技能劳动者。不同人力资源群体诉求不同，管理重心不同，课题研究将分门别类，提出服务“中国智造”的人才管理建议。

0.3 主要研究内容

本著作主要由9章组成：

绪论。本章基于《中国制造2025》分析实现中国制造业转型升级的人才难题，确定课题研究的重点和焦点。

第1章，“中国智造”的人力资源需求决定。“中国制造”的产业布局、产业规模及其发展阶段决定着其人力资源需求总量、素质和结构；“中国智造”是“中国制造”的升级版，与“中国制造”具有劳动密集、资源密集等表征不同，“中国智造”具有智力密集、技术密集、信息化、制造业服务化等特征。人力资源是中国“制造”转向“智造”的关键。本章主要研究“中国制造”晋级“中国智造”中人才安全困境问题，研究培育战略性新兴产业、发展临空经济中的人力资源需求问题。

第2章，“中国智造”的人力资源供给：测度体系及其实践。本章主要研究“中国制造”的人力资源供给问题。人力资源由数量和质量两个方面构成，人力资源强省测度体系设计也应从数量和质量两个维度进行考量。建设制造强国，必须重视实施人力资源强国（强省）战略，破除“读书无用论”，实现退休企业家人力资源价值再开发，协同开发科技人力资源。在人力资源开发方面，印度的经验值得我国借鉴。

第3章，“中国智造”中的员工配置：管理精确化。实现“中国智造”必须尊重市场在资源配置中的决定性作用。本章主要研究我国大学生就业、退休企业家再就业和劳动力流动问题。

第4章，“中国制造”迈向“中国智造”中的员工关系管理。“中国制造”迈向“中国智造”的过程中对员工关系提出新挑战，本章主要研究人力资源伦理管理、社会责任管理、文化管理、员工压力管理、员工流动管理等问题。

第5章，“中国智造”中的特殊群体及其管理。“中国制造”离不开创新人才、高级管理者等特殊群体。本章将胜任力分析模型引入学科带头人的分析框架，研究学科带头人的遴选、考核问题；研究新生代农民工的和谐管理问题。

第6章，“中国智造”中人力资本价值决定：薪酬管理。本章在梳理人力资本价值决定理论基础上，重点研究企业高管的薪酬决定和法律规制问题，研究最低工资制度、企业年金和职业年金制度在中国的实践。

第7章，“中国智造”中的和谐劳动关系管理。本章主要研究“中国制造”转型“中国智造”面临劳资困局问题，研究劳资管理体制改革和劳动者刑法救济问题，研究SA8000规则等国际劳工标准问题。

第8章，面向21世纪的人力资源管理。“中国智造”的目标是实现国际制造强国战略，对于人力资源管理的新变化，不可不察。本章简要分析经济全球化、信息化和跨文化管理对人力资源管理的影响。

0.4 主要研究方法

0.4.1 文献分析法

文献分析法主要指搜集、鉴别、整理文献，并通过对文献的研究，形成对事实科学认识的方法。文献分析法是一项经济且有效的信息搜集方法，它通过对与工作相关的现有文献进行系统性的分析来获取工作信息。课题研究利用文献分析法，从劳动经济学、产业经济学、技术经济学、创新经济学、管理学等学术角度探究劳动力要素对“中国智造”的价值贡献。

0.4.2 案例分析法

案例分析法（Case Analysis Method），又称个案研究法，是哈佛大学商学院用于培养高级经理和管理精英的教育实践。通过案例分析可以结合文献资料对单一对象进行研究，得出事物一般性、普遍性规律的方法。创新驱动体现政府意志，“有形之手”（政府调控）在创新要素集聚中起主导力量。同时，创新驱动又是企业积极参与的结果，其经济绩效的发挥需要借助“无形之手”（市场调节）。国内制造企业在转型中已经面临劳动力价格上升、劳动者权利诉求扩张等典型案例，课题研究以从微观层面，选择部分典型企业的劳资问题、人才管理问题作为分析对象，该研究将为国内制造业转型提供有益借鉴。

0.4.3 系统研究方法

系统研究方法是以对系统的基本认识为依据，应用系统科学、系统思维、系统理论、系统工程与系统分析等方法，用以指导人们研究和处理科学技术问题的一种科学方法。系统研究方法从系统的整体性出发，把分析与综合、分解与协调、定性与定量研究结合起来，精确处理部分与整体的辩证关系，科学地把握系统，达到整体优化。课题研究将“中国智造”中的智力要素视为一个自我发展的系统，定性与定量相结合，研究中国制造转型升级过程中资本要素、管理要素和劳动力的互动关系。

0.5 创新与不足

0.5.1 课题研究的创新

本课题在研究过程中的创新主要体现在：

（1）以中国制造业转型升级为背景研究人力资源管理问题

“中国制造”不同于“中国智造”。“中国制造”的产业布局、产业规模及其发展阶段决定着其人力资源需求总量、素质和结构。“中国智造”具有智力密集、技术密集、信息化、制造业服务化等特征，注定了在实现“中国制造”向“中国智造”转变过程中，人力资源是关键。课题主要研究以产业转型为背景，属于从宏观层面研究其中的人力资源供给和需求问题。

（2）从微观层面研究中国制造业转型升级过程中的人力资源管理问题

人力资源管理属管理学研究范畴，需要借助组织行为学、心理学、工资理论等理论。“中国制造”背景下，管理粗放，人力资源的价值未得以充分开发。课题研究从微观视角出发，研究政治经济转型背景下的人力资源伦理管理、社会责任管理、文化管理、员工压力管理、员工流动管理、薪酬管理等问题。

（3）研究特殊劳动力群体的管理问题

实现“中国智造”，必须重视企业家队伍、职业经理人队伍、高层次创新人才、技能实用人才队伍建设。课题研究以胜任力分析模型为基础，研究学科带头人管理问题；以和谐管理理论为基础，研究新生代农民工问题；

以工资决定理论，研究企业高管报酬决定问题。同时，针对劳动力市场改革趋势，将临时用工人员纳入研究框架。

0.5.2 课题研究的不足

课题研究存在下列不足：

（1）定性分析多于量化分析

人力资源管理或劳动力管理应以特定企业为标本，或以一定数量企业的数据为支撑，课题研究虽然在最低工资等章节进行数据分析，但整体而言，定性分析多于量化分析；抽象研究多于实证研究，这可能限制课题研究的深度。

（2）研究内容不够全面

人力资源管理涉及人力资源规划、工作分析、招聘与配置、培训与开发、管理沟通、绩效管理、薪酬管理、劳动关系管理等内容，本课题研究并没有遵循人力资源管理经典教科书关于人力资源职能的分类，缺乏对员工工作关系、绩效管理等问题的研究。

0.6 小　　结

制造业是国民经济的主体，是立国之本、兴国之器、强国之基，国家高度重视中国制造业发展。2015 年，面对全球制造业调整和国内产业转型升级需要，国务院关于印发《中国制造 2025》的通知（国发〔2015〕28 号）。《中国制造 2025》是我国实施制造强国战略第一个十年的行动纲领，然而，长期以来，处于全球产业分工和价值链中低端的“中国制造”却沦为“物美价廉”或质量低下的代名词，高端制造无法引领全球技术体系和产业体系。实现“中国制造”向“中国创造”（即“中国智造”）的转变，缔造制造强国，人才为本，必须高度重视制造业转型升级过程中的人才支撑问题。我国是世界第一人才大国，人力资源富足，然而，“中国智造”面临着人才安全问题，即劳动力供给不足风险凸显、科技人力资源不足以支撑“中国智造”、高技能实用人才不足以支撑“中国智造”、高级经营管理人才不足以支撑“中国智造”。劳动力供给和人才安全阻碍中国制造业转型升级，但问题的出现、蔓延又与特定的文化氛围、制度安排和政策举措息息相关。本课题围绕“中国智造”的人力资源需求决定，研究“中国制造”升级“中国智造”中的人力资源供给问题、需求问题以及转型期劳动关系管理问题。

1 “中国智造”的人力资源需求决定

人力资源（Human Resource，简称 HR）是指一定时期内某国家、地区和组织所拥有的，能够被社会利用，且对价值创造起贡献作用的教育、能力、技能、经验、体力等的总称。人力资源与物力资源、财力资源、信息资源、时间资源等构成经济社会发展的基础性资源。根据发展经济学理论，人力资源是一切资源中最宝贵的资源，是第一资源。

1.1 人力资源是“中国制造”转向“中国智造”的关键

制造业是国民经济的主体，是立国之本、兴国之器、强国之基，中国制造业体系门类齐全、独立完整，规模居世界第一位。2008 年国际金融危机发生后，全球制造业格局面临重大调整，中国制造业面临发达国家“再工业化”战略和发展中国家参与全球产业再分工的“双向挤压”①。作为世界制造大国，中国制造业必须固本培元，抢占制造业新一轮竞争制高点。2015 年 6 月，国家发布《中国制造 2025》。该规划明确我国实现制造强国“三步走”战略目标，即到 2025 年，迈入制造强国行列；到 2035 年，我国制造业整体达到世界制造强国阵营中等水平；到新中国成立 100 年，综合

① 国务院. 关于印发《中国制造 2025》的通知（国发〔2015〕28 号）[EB/OL].（2015 - 05 - 08），http：//www. mof. gov. cn/zhengwuxinxi/zhengcefabu/201505/t20150519_1233751. htm.

实力进入世界制造强国前列[①]。然而，长期以来，处于全球产业分工和价值链中低端的“中国制造”却沦为“物美价廉”或质量低下的代名词，高端制造无法引领全球技术体系和产业体系。实现“中国制造”向“中国创造”（即“中国智造”）的转变，缔造制造强国，人才为本，必须高度重视制造业转型升级过程中的人才支撑问题。

1.1.1 “中国制造”晋级“中国智造”中人才安全困境

1.1.1.1 “人才安全”概念思辨

关于何为“人才安全”，国内学者存在不同认识。徐颂陶认为，人才安全，就是指一个国、一个单位的关键核心人才，不受外部和内部的威胁，保持稳定和持续发展的一种状态[②]。桂昭明认为，国家人才安全是指一个主权国家的人才资源及其开发运行系统免于遭受外部势力的侵害，以维护国家人才资源的稳定性，保障国家的人才需求，保持国家的综合实力，避免给国家政治、军事、经济等方面带来风险和危害[③]。乔旋认为，人才安全的内涵主要包括：“人才自身的生命安全与因人才流失而引发的人才安全问题”[④]。

人才安全事关强国战略（王庆东，2003），与国家政治、军事、社会、经济、科技、文化等领域交织，属于最深层、最本质、最根本的安全问题[⑤]。论文认为，研究人才安全，必须与国家特定战略相联系。所谓人才安全是指因关键核心人才的数量、质量和结构缺陷对国家战略的实现所构成的现实或潜在威胁，包括数量安全、质量安全和结构安全三方面。人才安全不同于人口安全。人口安全以人口数量、素质、结构、分布为基础，研

① 国务院．关于印发《中国制造 2025》的通知（国发〔2015〕28 号）［EB/OL］.（2015 - 05 - 08），http：//www. mof. gov. cn/zhengwuxinxi/zhengcefabu/201505/t20150519_1233751. htm.

② 徐颂陶．要高度重视人才安全问题［J］. 中国人才，2003（10）：14.

③ 桂昭明．论国家人才安全［J］. 电子科技大学学报（社科版），2003（5）：24.

④ 乔旋．关于国家人才安全战略的思考［J］. 太平洋学报，2012（3）：65.

⑤ 潘晨光．中国人才发展报告（No. 3）［M］. 北京：社会科学文献出版社，2006（97）：97.

究人口与自然、人口与社会、人口与经济的和谐与可持续发展问题[①]，属人口学研究范畴。人才安全固然同样涉及人才数量、素质、结构等问题，但主要研究知识存量高、技术熟练程度高的人才与国民经济发展的匹配问题。从这种意义上讲，人才安全属经济学和管理学研究范畴。

1.1.1.2 “中国制造”的人力资源需求决定：以人口“数量红利”为主

（1）“中国制造”的典型特征

产业结构、产业规模及其发展阶段决定着“中国制造”人力资源需求的规模、素质和结构。现阶段，“中国制造”呈现下列特征：

①从产业布局看，“中国制造”以传统制造业为主。传统制造业具有高能耗、高污染、高投入特征，劳动力密集、资源密集、以制造加工为主，主要包括普通装备制造、汽车、船舶、钢铁、有色金属、建材、石化、轻工、纺织等传统优势产业。

②从产业规模看，中国传统制造业占全球比值大，其份额居国际领先地位。韩国贸易协会国际贸易研究院曾根据联合国《商品名称及编码协调制度》（HS CODE）为标准，曾调查得出下列结论：2011 年，中国共有 1431 种产品在全球出口市场上占有率排第一（见表 1－1）。其中，产品多分布于纺织、建材、钢铁、造船、采矿、冶金、化工、机械、电子、电子仪器、食品、造纸、印刷、建筑等领域[②]。

③从产业发展阶段看，“中国制造”集中于产业链中低端。处于价值链高端环节的制造业具有技术、知识密集、附加值高、成长性好、带动能力强等特点。目前，我国总体处于工业化中后期，企业自主创新能力弱，关键核心技术匮乏，生产性服务业发展滞后，制造业智能化水平较低。尽管我国载人航天、载人深潜、超级计算机、高铁装备、百万千瓦级发电装备、万米深海石油钻探设备等领域在国际上处于领先地位[③]，

---

① 蒋正华，米红．人口安全［M］．杭州：浙江大学出版社，2008：32.

② 世界占有率第一产品排名，韩国减少中国增多［EB/OL］.（2013－06－19），http：//www.guancha.cn/Macroeconomy/2013_06_19_152364.shtml2013－06－19.

③ 国务院．关于印发《中国制造 2025》的通知（国发〔2015〕28 号）［EB/OL］.（2015－05－08），http：//www.mof.gov.cn/zhengwuxinxi/zhengcefabu/201505/t20150519_1233751.htm.

但制造业整体处于产业链中低端，以制造加工和贴牌生产为主，转型升级压力极大。

表 1－1　　各国世界占有率第一产品数量

国家	2007	2011
韩国	62	61
中国	1210	1431
德国	892	777
美国	665	589
意大利	340	230
日本	251	229
荷兰	159	135

资料来源：世界占有率第一产品排名，韩国减少中国增多，2013－06－19.

（2）“中国制造”的人才需求决定

“中国制造”的产业布局、产业规模及其发展阶段决定着其人力资源需求总量、素质和结构，即传统制造业劳动力密集，对中低端劳动者需求量大。2005 年，我国第二产业从业人员总数 17766 万，制造业城镇单位就业人员 3210.9 万，这意味着 14555.1 万进城务工人员就业于包括制造业在内的第二产业。2013 年，我国第二产业从业人员总数 23170 万，制造业城镇单位就业人员 5257.9 万，17912.1 万进城务工人员在包括制造业在内的第二产业实现就业（见图 1－1）。显然，进城务工人员成为中国制造业发展的主力军，中国制造业也因此享受巨大“人口红利”。然而，这种“人口红利”主要体现在数量上，整体素质却不高。根据国家统计局《2014 年全国农民工监测调查报告》，2014 年全国农民工总量共 2.73 亿。其中，高中及以上学历农民工占比 23.8%，接受过技能培训的农民工占比 34.8%，56.6% 的农民工在第二产业中从业[①]。

① 2014 年全国农民工监测调查报告发布，农民工总量超 2.7 亿人［EB/OL］.（2015－04－30），http：//news.gmw.cn/2015－04/30/content_15523484.htm.

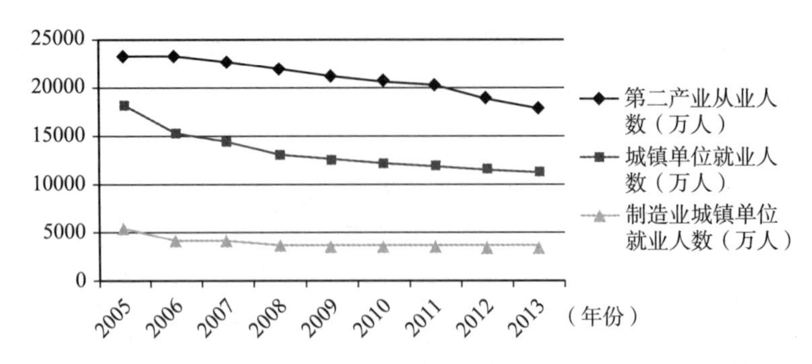

图1－1 第二产业以及制造业城镇单位就业人数（2005～2013年）

1.1.1.3 "中国智造"的人力资源需求决定：以人口"素质红利"为主

（1）"中国智造"的产业特征

"中国智造"是"中国制造"的升级版，与"中国制造"具有劳动密集、资源密集等表征不同，"中国智造"具有智力密集、技术密集、信息化、制造业服务化等特征。

①从价值链角度看，"中国智造"是指处于价值链高端的先进制造业，技术密集、智力密集，低碳生产、绿色发展，价值链高端控制，强调创新驱动。"中国智造"强调产品制造和服务型制造并重，制造业企业必须增加服务环节投入，发展个性化定制服务、实施全生命周期管理、网络精准营销和在线支持服务①。

②从产业布局角度看，国家对制造业从普遍发展转向重点支持。根据《中国制造2025》，"中国智造"重点聚焦新一代信息技术产业、高档数控机床和机器人、航空航天装备、海洋工程装备及高技术船舶、先进轨道交通装备、节能与新能源汽车、电力装备、农机装备、新材料、生物医药及高性能医疗器械十大重点领域②。

（2）"中国智造"的人才需求

"中国制造"以规模庞大的人口"数量红利"为支撑，"中国智造"则更加强调人口"质量红利"，"中国制造"晋级"中国智造"对人才需求的

---

①② 国务院. 关于印发《中国制造2025》的通知（国发〔2015〕28号）[EB/OL].（2015－05－08），http：//www.mof.gov.cn/zhengwuxinxi/zhengcefabu/201505/t20150519_1233751.htm.

素质和结构带来深远影响。

①从中低端劳动力需求为主转向中高端人才需求为主。传统制造业劳动力密集，技术含量相对较低，规模庞大的第一代农民工和第二代农民工群体成为其人力资源的主要供给者。受教育层次低、技术要求低，能吃苦、能耐劳成为其人力资源的显著标签；“中国智造”则聚焦于制造业中高端，要求具有国际视野和战略眼光的高水平经营管理人才、潜心关键技术的创新型人才和技术熟练的高技能人才成为劳动力的主要需求。

②人才需求主要聚集于国家重点发展领域。《中国制造2025》确定国家重点发展新一代信息技术产业、高档数控机床和机器人、航空航天装备、海洋工程装备及高技术船舶、先进轨道交通装备等十大重点领域，并着力推动“生产型制造”向“服务型制造”转型。上述领域将成为中高端人才需求的重点领域。

1.1.2 “中国制造”晋级“中国智造”过程中凸显人才安全问题

1.1.2.1 “中国制造”晋级“中国智造”面临人才安全困境

我国是世界第一人才大国，人力资源富足。根据人力资源与社会保障部发布的数据，截至2014年底，我国拥有技能劳动者1.57亿，高技能人才0.41亿。然而，现有人才队伍的规模、素质和结构仍无法有效支撑“中国智造”。

（1）科技人力资源不足以支撑“中国智造”

创新驱动是实现“中国智造”的内在要求和关键环节。然而，中国创新型人才，特别是科技人力资源却无法满足创新驱动战略的要求。根据2015年经济合作与发展组织（Organization for Economic Cooperation and Development，以下简称OECD）发布的科技发展报告（见表1－2），2013年，中国拥有R&D（Research and Development，以下简称R&D）人员为353.3万人年，总量居世界第一位，但每万名就业人员的R&D人员数只有45.9人年/万人，在17个主要经济体中列12位，仅与土耳其相当，相当于芬兰的19.9%、日本的34.4%、韩国的28.6%、德国的32.6%。2013年，中国拥有R&D研究人员为148.4万人年，总量同样居世界第一位，但每万名就业人员的R&D研究人员数为19.3人年/万人①，仅相当于芬兰的12.1%、日本的18.9%、美国的21.9%、德国的23%。显然，与实施“工业4.0计划”的德国、“先进制造计划”的美国等制造强国相比，中国科技创新人才严重不足。

表1－2　主要国家的R&D人员指标

国家或地区	年份	R&D人员（万人年）	每万名就业人员的R&D人员数（人年/万人）	年份	R&D研究人员（万人年）	每万名就业人员的R&D研究人员数（人年/万人）
中国	2013	353.3	45.9	2013	148.4	19.3
芬兰	2012	5.4	231.0	2012	4.0	159.5
韩国	2012	39.6	160.4	2013	32.2	128.4
日本	2013	86.6	133.5	2013	66.0	101.9
法国	2012	40.2	148.7	2012	24.9	92.1
美国				2011	125.3	88.1
加拿大	2012	22.4	25.4	2012	15.7	87.7
英国	2013	36.2	120.9	2013	25.9	86.6
德国	2013	59.1	140.7	2013	35.2	83.8
希腊	2013	4.2	108.5	2013	2.8	71.4
俄罗斯	2013	82.7	115.8	2013	44.1	61.7
匈牙利	2013	3.8	93.3	2013	2.5	61.2
意大利	2013	25.3	104.0	2013	11.8	48.5
土耳其	2013	11.3	44.3	2013	8.9	34.9
阿根廷	2012	32	41.1	2012	5.2	29.5
南非	2012	3.5	24.3	2012	2.1	14.8
墨西哥	2007	7.0	16.5	2011	4.6	9.8

数据来源：OECD，Main Science and Technology Indicators，January 2015，科学技术部.2013年我国科技人力资源发展状况分析［R］.科技统计报告，2015（15）.

① 科学技术部.2013年我国科技人力资源发展状况分析［R］.科技统计报告，2015（15），第572期.

（2）高技能实用人才不足以支撑“中国智造”

实现“中国智造”还需要大量门类齐全、技艺精湛的“工匠型”高技能人才。然而，我国高技能人才总量不足、结构问题突出、人才断档现象严重。根据2009～2014年《人力资源与社会保障事业发展统计公报》，2014年，我国取得专业技术人员职业资格证书人数252万人，但取得技师、高级技师资格人数仅62.33万人（见表1－3）。2014年，我国现有规模以上工业企业377888家，平均每家企业新增技师、高级技师只有1.65人。

表1－3　2009～2014年中国新增专业技术人员与技师数量

年份	取得专业技术人员职业资格证书人数（万人）	参加职业培训人次（万人次）	取得技师、高级技师资格人数（万人）
2014	252	1935	62.33
2013	216.9	2049	49.98
2012	145	1196	46.71
2011	120	1482	35.8
2010	175.3	1393	38.3
2009	174.7	1492	41.8

资料来源：根据2009～2014年《人力资源与社会保障事业发展统计公报》整理。

（3）高级经营管理人才不足以支撑“中国智造”

“中国智造”离不开优秀的企业家队伍和高级经营管理人才。但与美国、日本、印度等国相比，企业管理人才的匮乏已经直接影响到中国企业国际竞争力。根据瑞士IMD商学院发布的2015年度《世界各国竞争力报告》，中国综合竞争力列世界第28位。根据该报告，在企业管理竞争力要素中，中国除劳动成本具有竞争优势外，其他要素都处于劣势。在参与排名的51个国家（地区）中，我国综合生产率仅高于印度和印度尼西亚，相当于泰国的6%、巴西的45%、马来西亚的33%[①]。显然，我国战略企业家和高素质职业经理人仍较为短缺。

① 2015年全球竞争力排名：中国排28位［EB/OL］.（2015－09－30），http：//www.askci.com/news/201405/22/221339252006.shtml.

1.1.2.2 问题的成因

人才安全阻碍中国制造业转型升级，但问题的出现、蔓延又与特定的文化氛围、制度安排和政策举措息息相关。

（1）“权力决定人才”的氛围抑制企业家精神和高素质职业经理人成长

受传统儒家文化熏陶，古代中国知识分子崇尚“学而优则仕”，“士农工商”的阶层排名致使工商业经营者曾经长期处于社会边缘。尽管历经近40年的改革开放，国民经济意识高涨，企业家和职业经理人群体已经成为高收入者的象征，但传统“官本位”思想根深蒂固，企业家创新精神、冒险精神缺失，职业经理人的职业素养在权力面前，仍显得中庸无奈。“权力决定人才”（何维达，2014）成为常态，特别是国有企业高层管理者，以行政而非市场机制选拔、使用、考核，他们担负企业管理和行政管理双重任务，其国际视野、战略思维和变革创新能力不能充分担负“中国智造”的重任。

（2）自我封闭的制度设计致使中国知识精英流失严重

知识精英是国家创新人才和经营管理人才的主体，但现行过于严苛的中国永久居留审批管理制度使中国国际移民处于明显“赤字”，无法如欧美国家一样，享有“移民红利”。根据《中国国际移民报告（2015）》，2004年至2013年10年间，仅7356名外国人取得中国绿卡，其中相当比例还是海外留学人员及其家属。而根据教育部统计，从1978年到2014年年底，我国各类出国留学人员总数达351.84万人，累计归国留学人员180.96万人，占比74.48%，尽管该比例超过国际公认的“黄金回归比例”，但受政治改革、产业结构升级、环境污染、教育问题等多方面影响，中国国际移民总数排名第一。目前，我国正在经历第三次移民潮，海外投资移民、技术移民的比重增大，知识精英和富裕阶层成为移民主力军①。

（3）教育体制僵化抑制高技能实用性人才培养

“中国制造”需要规模庞大的“工匠型”人才，尽管高校扩招使中国高等教育迅速实现精英教育向大众化教育转变，但国内高等教育却面临着严重的等级化、同质化倾向，职业教育也不发达。从层次结构看，职业教育

---

① 童曙泉．我国正经历第三次“移民潮”［N］．北京日报，2012-12-18.

包括初等职业教育、中等职业教育和高等职业教育。根据《2014 年全国教育事业发展统计公报》，2014 年我国普通高等教育在学规模 3559 万人，其中，本专科生 2547.7 万人，中等职业教育在校生规模只有 1755.3 万人。根据 2014 年教育部等六部门《关于印发〈现代职业教育体系建设规划(2014～2020 年)〉的通知》(教发〔2014〕6 号)，2012 年我国中等职业教育在校生总数 2114 万人，专科层次职业教育在校生 964 万人，高职院校招收有实际工作经验学习者比例为 5%，职业教育的层次、规模和经验远落后于美、欧、日、俄、印等制造业大国[①]。

1.1.3 几点建议

为加快实现“中国制造 2025”战略，2015 年，国务院、教育部密集下发《国务院关于印发统筹推进世界一流大学和一流学科建设总体方案的通知》(国发〔2015〕64 号)、《关于引导部分地方普通本科高校向应用型转变的指导意见》(教发〔2015〕7 号)、《关于印发〈高等职业教育创新发展行动计划(2015～2018 年)〉的通知》(教职成〔2015〕9 号)，试图以顶层设计和制度创新加速中国教育转型发展，立体性、全方位培养服务于“中国智造”所需的各类人才。人才培养具有周期性，统筹规划、协调落实上述政策文件，应当有所侧重。

1.1.3.1 以制度创新直面“钱学森之问”

面对“钱学森之问”，国家必须以更有效的制度设计打破“学而优则仕”的“官本位”思想，破除“权力决定人才”陋俗，营造大众创新、万众创业氛围，尊重市场在人力资源配置中的决定性作用，以市场机制培育企业家精神，培养高层次经营管理人才；必须推进科教协同，完善拔尖创新人才培养机制；必须创新组织模式，依托重点研究基地、国家实验室、

① 教育部等．关于印发《现代职业教育体系建设规划(2014～2020 年)》的通知(教发〔2014〕6 号)[EB/OL].(2014－06－16)，http://www.moe.gov.cn/publicfiles/business/htmlfiles/moe/moe_630/201406/170737.html.

国家工程技术中心，围绕重大科研项目，开展协同创新；必须进一步推进人事制度改革，以科学的岗位设置、考核评价、收入分配、社会保障、合理流动等制度，支持科技领军人才培育、培养和引进。

1.1.3.2 高度重视“工匠型”人才培养

国家应高度重视“工匠型”人才培养，在重点发展中等职业教育、专科层次高等职业（专科）教育基础上，利用财政投入、招生指标等杠杆，强化高校分类管理，全面推动本科院校转型发展，建立起包括职业高中、职业中专、高职高专、职业本科、专业硕士、专业博士在内的职业教育体系。应用技术型大中专院校应围绕“中国制造2025”所确定的重点制造领域和服务制造业，适应数字化、网络化和智能化制造需要，主动调整学科专业，校企联合、学地合作，融入产业链环节。

1.1.3.3 以开放包容理念分享国际“人才红利”

“中国智造”以建设国际制造强国为目标，从“中国制造”晋级为“中国智造”要求中国以更加开放包容的理念，调整涉外人才政策，共享国际人力资源。这要求我国向外国投资者和世界顶尖大学开放高等教育产业，允许麻省理工、斯坦福和耶鲁等顶尖理工大学进入内地，帮助中国本土企业的管理者和员工提升素质，分享“教育红利”；要求降低现行“中国绿卡”准入门槛，借力国际移民，分享“移民红利”；要求国家视海外留学人才为本国“智囊银行”，鼓励其在国外获得成功之后，回国创新创业①，提升“中国智造”的管理与效率。

1.2 战略性新兴产业的人力资源需求②

战略性新兴产业，是指处在成长期、发展速度快、产业关联性强、市

① 赵志泉，杨云．印度科技强国战略的人力资源支持体系研究［J］．创新科技，2014（1）：25.

② 赵志泉．布局战略新兴产业应重点关注的三个问题［J］．生产力研究，2012（5）.

场影响力大、能够成为未来一个时期国民经济支柱，并对产业结构产生决定性作用的产业。面对百年一遇的金融危机，世界各国纷纷对经济发展和国家安全具有重大影响力的战略性新兴产业进行遴选和培育。例如，美国奥巴马政府将新能源、干细胞、航天航空、宽带网络技术开发和产业发展作为本国战略性新兴产业，而英国、德国则启动电动车、混合燃料车的“绿色振兴计划”[①]。新兴产业已经成为各国走向经济复兴的选择和重点，必然将改变世界经济增长的轨迹和旧有格局（刘峰，2010）。

2009 年，中国政府先后出台“十大产业振兴规划”并带动中国经济实现“V”型反弹。然而，加强基础设施，改造和提升传统产业固然见效快，但受资源、环境硬约束，过度依赖重化工业的扩张模式使中国经济发展的可持续性难以为继。在“保八”无忧的背景下，“稳增长、调结构”成为 2010 年国家经济政策的主调。2009 年年底，国家启动“战略性新兴产业发展规划”调研，以期“彻底为中国经济转型，争夺未来世界经济发展的战略制高点夯实基础”[②]。然而，新兴产业尽管机会颇多，但是陷阱也多，一旦技术路径选择错误的话，将损失惨重（张岸元，2010）。因此，对战略性新兴产业的选择必须慎之又慎。

1.2.1 国内各级政府关于战略性新兴产业的遴选实践

1.2.1.1 中央政府关于战略性新兴产业的表述、解释与选择

关于何谓“战略性新兴产业”，国内学界缺乏理论探讨与共识，中央政府对战略性新兴产业的认识也处于探索中。2009 年 9 月 22 日至 23 日，原总理温家宝主持召开了三次新兴战略性产业发展座谈会。根据会议公告，新能源、节能环保、电动汽车、新材料、新医药、生物育种和信息产业七个产业被表述为“战略性新兴产业”。在同年 11 月 23 日召开的首都科技界大会上，原总理温家宝发表了题为《让科技引领中国可持续发展》的讲话，

① 黄海霞．全球战略性新兴产业攻略［J］．瞭望，2010（3）．

② 陈伟．寻找战略性新兴展业迫在眉睫［N］．中国经营报，2010－02－01．

对上述七大产业做出更为具体的解释，对海洋、空间和地球深部资源利用问题也提出了独到深刻的见解[①]。讲话中，温家宝同志指出，选择战略性新兴产业最重要的标准有三：一是产品要有稳定并有发展前景的市场需求；二是要有良好的经济技术效益；三是要能带动一批产业的兴起[②]。这是迄今为止官方对战略性新兴产业最完整的解释。2010 年 9 月 8 日，国务院通过《关于加快培育和发展战略性新兴产业的决定》，节能环保、新一代信息技术、生物、高端装备制造、新能源、新材料和新能源汽车整体入选“国家战略性新兴产业”，海洋、航空航天、空间技术等产业则被拆分后归列至生物产业、高端装备制造业等产业。

1.2.1.2 地方政府对战略性新兴产业的跟进、遴选与规划

战略性新兴产业所蕴含的财富效应和政治效应显然已经引起国内各省市的高度关注，并迅速展开行动。然而，各地区囿于科技能力、产业基础、禀赋性资源、理论水平的差异，对战略性新兴产业的认识也不尽相同，规划层次不一，发展极不平衡。例如，安徽省将新能源汽车、节能环保、新材料、光伏、公共安全、生物医药、电子信息、新型装备制造、语音新型显示、动漫、文化创意和洁净煤 12 个产业定位为战略新兴产业，规划到 2015 年，新兴产业产值突破万亿元大关；江西省将光伏、风能核电、新能源汽车和动力电池、航空制造、半导体照明、金属新材料、非金属新材料、生物、绿色食品、文化及创意 10 个产业列入战略新兴产业，规划到 2015 年，主营业务收入力争达到 1.5 万亿元；重庆市将信息产业、生物医药产业、新型材料、节能环保、新能源、新能源汽车 6 个产业作为战略新兴产业，规划到 2015 年，实现产值 1.2 万亿元。

国内各省（市、自治区）对战略性新兴产业的选择与布局呈现出下列特征：第一，集中于中央政府确定的产业范围。这既体现出地方政府对中央政府的政策认同和拥护，但产业同质化现象也初步显现；第二，集中于

① 叶建国. 新一轮刺激经济方案待定　七大新产业投资惹关注［N］. 中国经济周刊，2009-12-15.

② 黄海霞. 全球战略性新兴产业攻略［J］. 瞭望，2010（3）.

第二产业，忽视了第一、第三产业的成长性。而1997年亚洲金融危机期间，韩、日两国确立了“文化立国”的战略，将文化产业作为战略性新兴产业，成就了韩国的“电影奇迹”和日本的动漫文化①；第三，发展目标宏大，2015年规划产值动辄都在万亿元以上。极为严肃的战略规划有可能变为“跑马圈地”的政绩工程。

1.2.2 战略性新兴产业的识别及其四维特征

尽管国内学界对战略性新兴产业的识别标准尚无系统研究，但通过中央政府和国内各省市对战略性新兴产业的布局，我们仍可较为清晰地梳理出战略性新兴产业的识别维度。我们认为，对战略性新兴产业识别可以从其产业特征、技术特征、市场特征、时间特征四个方面进行。

1.2.2.1 产业特征：要求实现产业的先导性和评判标准综合性的统一

这里的先导性是指战略性新兴产业一般处于产业生命周期的萌芽期，是未来的主导产业，具有巨大的产业发展空间。这里的综合性是指该产业具有巨大的辐射性、带动性和渗透力，对各产业发展全局能产生重大影响。它以第二产业为主体，又渗透于第一产业和第三产业；既是长线产业，又是技术密集型产业，其产业识别必须综合诸多产业分类标准，依托国情、省情而定。

1.2.2.2 技术特征：要求以关键共性技术为依托

共性技术是指能在一个或多个行业中广泛应用，处于竞争前阶段的技术。共性技术具有很强的外部性和溢出效应，经济社会效益显著。关键技术是指对国家、区域经济社会发展具有重要推动作用的重大技术。关键共性技术是确保战略性新兴产业发展的技术保证，其重大突破能带动多个产业的技术升级，有助于国家在某些关键技术领域或产业形成优势，例如微

① 温家宝．让科技引领中国可持续发展［J］．中国科学院院刊，2010（1）．

电子、新型功能材料、纳米技术、物联网、云计算、空间技术等。关键共性技术与经济发展阶段相联系。现阶段，对重大关键共性技术的选择应服务于中国经济从高碳向低碳转型、服务于产业结构升级和经济发展方式转变。

1.2.2.3 市场特征：市场规模大，综合效益好

战略性新兴产业事关国家未来竞争力。因此，从市场层面看，该产业市场规模潜力极大、前景广阔，具有资源消耗低、带动系数大、就业机会多、综合效益好的特点，能全面带动国家资源节约型、环境友好型社会建设，是引领国家经济增长方式转变的“牛耳”。在国外，日本将商业航天市场、信息技术应用、新型汽车、低碳产业、医疗与护理、新能源（太阳能）等纳入长期发展战略；韩国的《新增长动力规划及发展战略》将绿色技术、尖端产业融合、高附加值服务三大领域共17项新兴产业确定为新增长动力①，无不考虑到其中的市场因素。

1.2.2.4 时间特征：既要求“承前”更要求“启后”

战略性新兴产业的概念提出于国际金融危机严重之际，是中国政府“保增长”、反危机战略举措的重要部分，其发展规划与“十大产业振兴规划”一起构成中国政府“反危机、保增长”的战略两翼。同时，战略性新兴产业规划又立足长远，中国政府希望通过战略性新兴产业实现资源节约、环境保护与经济转型。可以认为，发展传统优势产业事关当前的经济稳定和就业增长，培育战略性新兴产业则关系到未来竞争成败。“稳增长、调结构”的前提是“稳增长”。在资源有限的前提下，战略性新兴产业的提出是对传统产业部门的挑战，涉及相关格局的转化，需要微妙的利益平衡。因此，培育战略性新兴产业应重点处理好战略性新兴产业与传统优势产业之间的“承接”关系，必须把握好传统产业和新兴产业各自赋予中国经济的意义，踏准节奏（陈伟，2010），使两者能相互支撑、彼此渗透、转换适时、轮动适度。

---

① 黄海霞．全球战略性新兴产业攻略［J］．瞭望，2010（3）．

1.2.3 战略性新兴产业的人力资源供给“瓶颈”及其支持政策

1.2.3.1 培育战略性新兴产业面临着人力资源供给“瓶颈”

培育战略性新兴产业要求实现从资本深化到技术深化，从投资拉动到技术驱动。从某种意义上讲，战略性新兴产业是国家创新体系建设在产业层面的强力推进。因此，技术创新和人力资源供给必将成为培育战略性新兴产业成败的关键。长期以来，国家教育投入与经济增长速度失衡，国家财政性教育经费占 GDP 的比例始终徘徊在 3% 左右。而同期，世界平均水平为 4.9%，发达国家为 5.1%，欠发达国家为 4.1%①。教育优先成为空谈，人力资源开发战略负债运行。装备制造、信息、生物技术、新材料、航空航天、海洋、现代交通运输、农业科技等重点领域高素质人力资源供给严重不足已经成为约束战略性新兴产业发展的“瓶颈”。

1.2.3.2 战略性新兴产业的人力资源开发建议

国家显然已经意识到上述问题的严重性与迫切性。2010 年年初至今，国家先后出台《国家中长期人才发展规划纲要（2010～2020 年）》《国家中长期教育改革和发展规划纲要（2010～2020 年）》《中国的人力资源状况白皮书》等系列文件，提出要“造就宏大的高素质人才队伍，突出培养创新型科技人才，重视培养领军人才和复合型人才，大力开发经济社会发展重点领域急需紧缺专门人才”②。2010 年 3 月，教育部以教高厅函〔2010〕13 号的形式鼓励国内高校围绕新能源产业、信息网络产业、新材料产业、农业和医药产业、微电子和光电子材料等领域申报新专业。2010 年 6 月 23 日，教育部启动“卓越工程师教育培养计划”，以期加速战略性新兴产业的人才培养。

---

① 蔡永飞．为什么政协委员 10 年监督不了一个问题［EB/OL］. 2007－03－14. http：//guancha. gmw. cn/show. aspx？ id＝3930.

② 国家中长期人才发展规划纲要（2010～2020 年）［R］. 北京：人民出版社，2010（6）.

然而，现有人力资源规划仍过于宏观，破解战略性新兴产业的人力资源供给“瓶颈”必须加强相关人才发展统筹规划和分类指导，围绕重点领域技术创新人才、工程技术人才、产业实用专业技术人才等异质性人力资源，创新其开发与配置机制、评价与激励机制。

（1）创新相关产业的人力资源开发与评价发现机制

开发战略性新兴产业人力资源需要围绕装备制造、信息、生物技术、新材料、海洋、能源资源、现代交通运输等重点领域，兼顾当前需求与长远需求。一方面，依托国家重大科研项目、国家重点工程和重大建设项目，培养中青年科技创新领军人才、科技创新创业人才、高技能复合型高端人才，建设重点领域创新团队、创新人才培养示范基地；另一方面，适时优化高等院校学科专业、类型、层次结构和区域布局，围绕战略性新兴产业，开展大规模的知识更新和继续教育，培训骨干专业技术人才、产业实用专业技术人才，构建起网络化、开放式、自主性终身教育体系和人力资源供给动态调控机制。

（2）创新相关产业的人才流动与配置机制

创新战略性新兴产业的人力资源流动与配置机制必须健全其供求、价格、竞争机制。这要求政府加强政策引导与监督，破除人力资源流动的体制性障碍，完善人力资源市场配置的政策措施；要求政府加快探索技术移民政策，完善国外智力资源发现评价、供给、市场准入、使用激励、绩效评估等办法；要求政府健全专业化、信息化、产业化、国际化的人才市场服务体系，推动产业、区域人才协调发展。

（3）创新相关产业的人力资源激励与保障机制

培养一支规模宏大、结构合理、素质优良的战略新兴产业人才队伍必须完善现有分配、激励、保障制度。企业微观层面，应当关注创新创业人才的工作强度、个人成长、工作成就、社会尊重、内部评价和同事关系等激励因素。政府社会层面，应当制定符合产业特色的知识、技术、管理、技能等生产要素按贡献参与分配的办法，完善创新人才的薪酬制度和社会保障制度；要求推行股权、期权等中长期产权激励制度；要求完善以养老保险和医疗保险为重点的人力资源保障体系。

1.3 临空经济视域下智力要素集成机制①

临空经济是指以航空运输（人流、物流、信息流）为指向，以临空偏好型产业为支撑所形成的经济增长区域。该区域具有自我增强机制的聚集效应，不断引致周边产业的调整与趋同。

1959 年爱尔兰香农国际航空港自由贸易区的成立标志着世界空港经济诞生②。美国航空专家麦金利·康伟（Mckinley Conway，1965）在其论文《航空城：21 世纪发展的新概念》中，将“航空城经济”定义为：以机场为核心，集航空客运、物流、商贸、休闲旅游、工业开发等多项功能于一体的大型航空港综合体③。“航空城经济”的理论基础是临空经济理论。20 世纪 70 年代以来，随着电子信息技术的兴起和航空类交通运输工具的迅速发展，临空经济区逐渐成长为区域经济动力引擎。荷兰阿姆斯特丹、中国香港、美国洛杉矶、新加坡等成为国际临空经济区的成功典范。

国内学者对临空经济的研究起步较晚，成果积累相对较少。截至 2014 年 1 月 14 日，以“临空经济”为关键词检索中国知网，论文只有 295 篇。国内研究主要集中于三个方面：（1）临空经济与区域经济耦合。其中，赵文（2011）对北京市，王剑、张凤岩（2013）对黑龙江省，王雪娇（2012）对呼和浩特市，曹山河（2012）对长沙市，李非等（2012）对广州市，张占仓（2013）、王永苏（2013）、王喜成（2013）等对郑州市的临空经济区的研究较为系统；（2）临空经济的动力机制。曹允春（2009）分析了对临空经济演进的动力机制，资金星和资金议（2013）以湖南为例，分析了临空经济发展的战略定位与路径选择；（3）临空产业。关娜、吴永祥（2010）对临空产业发展特色进行探讨，曹允春（2013）则分析了临空

---

① 赵志泉，张玲玲．临空经济的制约因素与加快发展我国临空产业的建议［J］．中原工学院学报，2015（2）．

② 安列．合肥空港经济调研报告［EB/OL］．合肥决策咨询网，http：//www.hefei.gov.cn/n1105/n19603399/n19603538/n19603811/21728118.html，2011－10－12．

③ 游灏．关于厦门航空港商业城功能定位的思考［J］．空运商务，2009（11）．

产业集聚模式。

交通基础设施影响着产业选址、商业行为和城市发展。随着公路、海运、铁路转向航空运输，全球经济的发展正历经着第五次冲击：更加强调基于时间的竞争（速度）、基于范围的竞争（全球化）、基于质量的竞争（产业高端化）和基于个性需求的竞争（客户定制服务）。目前，航空经济以高速发展状态推动经济全球化。例如，2011 年，中美空运额（Air Value）高达 110.8 亿美元，比 2000 年增加 739.4%，其增加幅度远远高于航运额（221.9%）。国内各省份显然已经意识到临空经济的区域经济增长及效应，纷纷出台相关规划，加快临空经济发展。然而，临空经济不同于以陆路交通为主导的经济发展模式。临空依赖性强、产业高端化特征要求临空产业集聚区聚合全球智力要素和技术信息。因此，必须加强临空经济智力要素及其集聚机制研究。

1.3.1 临空经济的智力要素集聚的基础

临空经济不同于航空经济，后者是一个产业概念，前者是一个区域概念。临空经济的实质是以特定区域为依托，以航空价值链为基础、以特定产业为支撑的区域经济单元。临空经济具有经济临空化、产业高端化、城市国际化、空港枢纽化特征，解读临空经济的智力要素集聚机制，必须以此为基础。

（1）临空经济区的圈层结构及其智力要素分布

临空经济具有空港枢纽化、城市国际化特征，并呈现出圈层结构（见图 1－2）。其一，机场核心区，即以机场为核心所形成的经济体。其二，临空产业集聚区，即以中枢机场为门户，设立空港保税区、空港保税物流园区、空港工业园，形成保税仓储、物流中转配送、国际采购、展览展示、加工出口以及其他保税延伸产业集群区。其三，航空经济辐射区，即通过支线航运、高速公路、高速铁路，形成临空中心城市与周边城市经济走廊。

临空经济的圈层结构决定着智力要素的空间布局，即机场核心区是飞机维修、航空器材制造维修等技术技能集聚区；临空产业集聚区是临空偏好型产业要素集聚区；航空经济辐射区是前两者与其他城市通过航空、高速铁路、高速公路连接所形成的经济带。

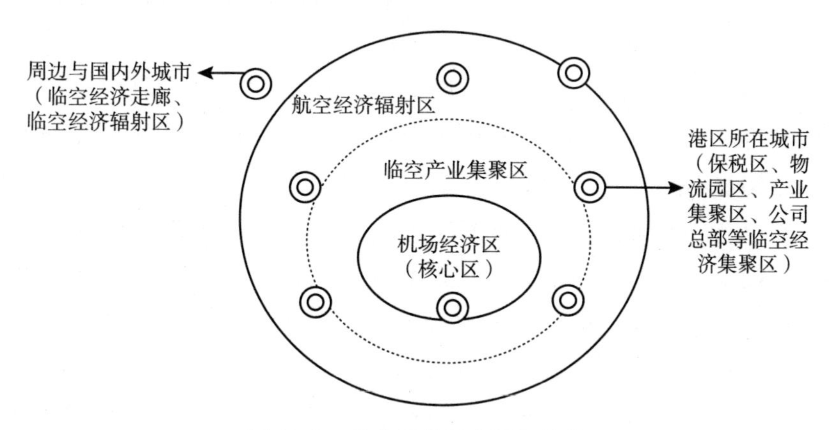

图 1－2 临空经济区的圈层结构

（2）临空产业特征及其智力要素需求

临空产业具有临空化、轻型化、低碳化和高附加值等特征。因此，临空产业主要聚焦于现代制造业和高端服务业，包括空港服务业、航天航空产业、物流快递产业、高新技术产业、生物产业、电子产业、金融业、现代制造业、会议会展产业、电子商务等。经济临空化和产业高端化意味着临空偏好型产业具有智力密集、技术密集、高知识存量人力资源集聚等特征。

1.3.2 临空经济智力要素类别及其需求决定

（1）临空经济智力要素类别

临空经济智力要素是指发展临空经济所必需的智力资源，主要包括三类：临空管理和临空规划智力资源、临空偏好型产业智力资源和航空航天智力资源。

①临空管理和临空规划智力资源，主要包括临空经济行政规划、临空经济空间规划、临空产业规划、航空规划和临空经济研究等。

②临空偏好型产业智力资源。主要包括发展高端制造、电子商务、临空偏好型制造、临空会展、临空旅游、临空金融、临空物流、生物医药等

产业所需要的知识、技术、信息、管理以及其他智力要素。

③航空航天智力资源。主要包括飞机驾驶、飞机维修、航空器材制造维修、空中乘务服务、地勤服务等领域的技术技能。

（2）临空经济智力要素的需求决定

发展阶段不同，产业属性不同，发展临空经济所需要智力要素的数量、质量和结构也不同。

①临空经济不同发展阶段的智力要素需求。国内学者根据临空经济发展因素、临空经济发展表现、临空经济发展影响、临空经济发展条件四个一级指标、八个二级指标，将临空经济分为起步期、成长期和成熟期。根据该研究，北京临空经济区已接近成熟期，上海临空经济区处于典型成长期，广州临空经济区接近成长期，而成都、重庆、青岛、天津临空经济区则处于起步期[①]。

临空经济发展阶段不同，其智力要素需求的侧重点不同（见表1－4）。

表1－4　不同发展阶段的智力依赖与人才需求

发展阶段	特征（临空经济区）	智力要素	人才需求偏好（临空经济相关）
起步期	机场条件较好 区位条件较好 完成临空产业规划 临空生产要素初步集中 政府扶植力度大	规划技术 管理能力 研究能力	党政管理人员 空间规划人员 产业规划人员 研究人员
成长期	主导产业集聚程度较高 相关服务业配套程度较高 占地方经济总量比重较大 拥有一定数量的国际航班 拥有一定数量跨国公司 外向型经济快速发展	临空偏好型产业所需要的： 管理能力 服务 技术 信息	临空偏好型产业所需要的： 管理人才 服务人才 专业技术人才 实用技能人才

① 崔婷，曹允春．临空经济发展状况评价与发展阶段判定研究［J］．技术经济与管理研究，2010（3）．

续表

发展阶段	特征 （临空经济区）	智力要素	人才需求偏好 （临空经济相关）
成熟期	临空偏好产业集聚程度高 相关服务业配套程度较高 区域内科技发达 国际航班密集 客、货、邮吞吐量大 总部经济发达 该区域与航空依赖程度高	企业管理能力 城市营运管理能力 商务外语技能	国际型企业高管 国际型政府高官

起步期是指依托机场设施资源，实现生产、技术、资本、信息、管理、贸易、人口等生产要素向机场周边地区初步集中，初步以机场为中心的经济空间。临空经济起步期，强调机场规划与建设、交通规划与建设、产业规划与产业要素的初步集聚。处于起步期的临空经济区强调临空经济行政管理、临空空间规划、产业规划、临空经济研究等领域知识、技术与信息的获取与使用。

成长期是指机场基础条件已较好，机场周边地区的生产、技术、资本、信息、管理、贸易、人口等生产要素相对集中，初步形成以机场为中心、航空关联度不同的产业集群。临空经济成长期，强调航空偏好型产业集聚，强调发展航空器材制造维修、航空物流、航空会展、航空偏好型制造业所需知识、技术、技能和信息的获取与使用。

成熟期是指机场基础条件好，机场周边地区的生产、技术、资本、信息、管理、贸易、人口等生产要素集中，已经形成以机场为中心、航空关联度较高的产业集群。临空经济成熟期，强调临空经济区产业配套程度、企业研发能力、高科技产品比重、外向型经济程度、总部基地数、国际航班数以及本区域经济对航空的依赖程度。处于成熟期的临空经济区强调飞行员培养、飞机维修、外向型商务、公司管理等领域知识、技术与信息的获取与使用。

②发展临空产业所需要的智力要素。国内外临空产业规划既有共性，又各具特色。所谓共性，是指几乎所有临空经济区都将电子商务、电子信

息、临空会展、临空物流等作为重点发展产业。所谓特色，是指各临空经济区根据资源禀赋和战略定位，对临空偏好型制造业的选择予以区别。例如，郑州航空港经济综合实验区定位为国际货物航空枢纽、绿色智慧航空都市和内陆开放型航空港区。基于此，郑州临空经济区将生物医药、文化创意、健康休闲、航空设备制造、精密机械、新材料、服务外包作为临空产业。而《武汉临空经济区发展总体规划》则提出，要建成以航空运输为主体，配套以临空型高新技术、现代制造业和现代服务业等为主的临空经济区。

1.3.3 临空经济智力要素汇聚机制

智力要素作为生产要素的一种形态，其配置依赖于“有形之手”（政府调控）和“无形之手”（市场调节）分工合作。一般认为，“有形之手”高效，“无形之手”灵活。2013年11月中国共产党第十八届三中全会公报指出，要“使市场在资源配置中起决定性作用”。临空经济是一种区域竞争经济，应尊重市场对智力要素配置的决定性作用。同时，临空经济承载区域经济增长及功能，也是一种规划经济，应发挥政府“有形之手”的调控作用。具体而言：

（1）政府应对包括临空经济智力要素进行规划和调控

临空经济区首先源于政府区域规划，因此，政府在临空经济智力要素汇聚中应起主导作用：

①构建临空经济技术创新体系。临空经济区所在地政府应围绕航空物流、高端制造业和现代服务业等主导产业，支持区内企业、高校以及科研院所围绕产业链部署创新链，建设重点实验室、工程技术中心、企业研发中心、产业技术研究院、博士后工作站等创新平台，支持区内企业、高校以及科研院所开展技术研发、成果转化及产业化。

②建立临空经济创新创业基地。临空经济区所在地政府应通过税收减免、土地供应等措施，重点支持区内高层次人才创新创业项目。

③建立临空经济区创新创业服务体系。建立临空经济区创新创业服务体系，支持区内企业孵化器、大学科技园、生产力促进中心等创新创业服

务体系建设，支持区内企业对外开展科技合作。

④高标准做好临空经济区规划。临空经济区所在地政府应利用国内外高等院校、科研院所培养、引进、利用临空经济人才，特别是临空经济规划人才和研究人才，高标准做好临空经济区的空间规划和产业规划。

（2）市场应在临空经济区智力要素汇聚中起决定性作用

临空经济是一种市场行为，区内企业应围绕其产业链和创新链，根据自我理性和成本收益比较，充分利用政府支持政策，申报临空经济类科技项目，尊重管理、技术、信息等智力要素的贡献，通过股权安排、事业平台、薪酬福利、社会保障等措施吸引各类智力要素向临空经济区集聚。

1.3.4 临空经济人力资源需求及其开发机制创新

（1）临空经济人力资源需求与供给

国内临空经济区伴随着航空运输业和政府管制政策放松快速发展。2010 年，国务院、中央军委 8 月印发《关于深化低空空域管理体制改革的意见》，根据该意见以及民航总局局长李家祥的解释，2015 年将争取全国范围开放低空飞行。临空经济的区域经济发动机效应引起地方政府高度关注，北京、天津、青岛、上海、广州、重庆、长沙、武汉、成都、西安等大中城市纷纷出台临空经济规划，2012 年郑州航空港经济综合实验区规划获得国务院批复，成为国内第一个临空经济国家级规划。

然而，国内临空经济人才数量、质量与结构却远不能满足需求。据国际航空运输协会预测，未来 20 年间，中国将需要 2400 架新飞机，成为全球第二大航空市场。目前国际民航平均人机比是 100∶1，而我国民航业平均人机比是 200∶1，这意味着，仅以国际民航水平计算，未来 20 年我国至少需要民航类人才 24 万人①；如果加上通航机场维护、通用航空制造业、运营管理、机场、机场服务、通用航空公司、飞行俱乐部、飞行员培训等岗位，未来 5～10 年，中国通用航空人才需求将达百万②，这还不包括临空经济规

① 张琦．民航业人才需求猛增　四类专业人才最抢手［N］．今晚报，2006－03－27.

② 孔悦．中国航空人才缺口大　入行最大困难在于专业性［N］．新京报，2013－01－14.

划与管理、临空经济研究以及临空经济区内各企业用人需求。

（2）临空经济人力资源开发建议

巨大的市场空间和人才缺口使临空经济人力资源开发成为解决问题的关键，开发临空经济人力资源开发，必须充分发挥“有形之手”（政府调控）和“无形之手”（市场调节）的作用。

①依托高等院校加快培养航空运输专业人才。国内以航空航天为主要学科专业的本科院校主要包括北京航空航天大学、中国民航大学（天津）、南京航空航天大学、沈阳航空大学、南昌航空大学、中国民用航空飞行学院等九所高校。囿于办学历史、实践条件等差异，各高校办学水平、办学层次、特色优势各有差异，但其培养能力远不能满足需要。因此，临空经济区所在地政府应主动整合国内优质教学资源，在本区域内独立或联合创办航天类本科高等院校，培养发展临空经济所急需的工程师、研发、运营、项目管理等高端专业人才；或独立创办航空航天类高职高专院校，培养机场管理、飞机销售、空城服务、航空培训、包机服务、航空俱乐部、地面维修等实用性技术人才；或鼓励本地高校开展航空航天类培训项目，或成立临空经济研究中心，培养临空经济党政管理干部或临空经济研究人员。目前，中原工学院联合俄联邦圣彼得堡国立宇航仪器制造大学筹建中原彼得堡航空大学，国家应在政策层面予以支持。

②创新临空产业人力资源开发机制。开发临空产业人力资源需要围绕航天航空产业、临空物流、电子信息、电子商务、临空金融、临空会展、临空偏好型现代制造业重点产业。一方面，依托临空产业类重大科研项目和重大建设项目，培养临空产业类科技创新领军人才、创新创业人才和创新团队；另一方面，鼓励本地高等院校围绕临空产业调整学科专业，通过继续教育、网络教育、项目培训等措施，培训直接服务于临空产业的专业技术人才和实用型人才。

③创新临空经济人力资源配置机制。创新临空产业的人力资源配置机制应尊重供求、价格、竞争机制。这要求政府承认临空经济人力资源稀缺的现实，尊重临空经济人力资源的异质性、独特性和知识存量，破除人力资源流动的体制性障碍，改革人才评价机制，完善人才市场服务体系，支持临空经济类知识、技术、管理、技能等生产要素参与分配，鼓励临空经

济区内企业以股权安排、有竞争力的薪酬水平等措施吸引各种智力要素向本区域内流动。

1.4 “老龄化”对“中国智造”的冲击及其政策改革

1.4.1 “中国智造”面临老龄化压力

1.4.1.1 中国的老龄化趋势

根据1956年联合国《人口老龄化及其社会经济后果》确定的划分标准，当一个国家或地区65岁及以上老年人口数量占总人口比例超过7%时，则意味着这个国家或地区进入老龄化。1982年维也纳老龄问题世界大会，确定60岁及以上老年人口占总人口比例超过10%，意味着这个国家或地区进入老龄化。根据2000年11月底第五次人口普查，我国65岁以上老年人口已达8811万人，占总人口的6.96%，60岁以上人口达1.3亿人，占总人口的10.2%。按国际标准衡量，我国自2000年起已经进入了老年型社会。根据国家统计局《2014年国民经济和社会发展统计公报》，2014年中国13.67亿人口中，60岁及以上的老人2.12亿人，占总人口比例为15.5%；65岁及以上人口数为1.37亿人，占比10.1%。显然，我国老龄化呈加速态势，老龄化已经成为中国绕不开的话题。

1.4.1.2 老龄化对“中国智造”的冲击

人力资源是最宝贵的资源，“中国智造”的关键在于创新驱动，在于人才引领。《中国制造2025》提出，“坚持把人才作为建设制造强国的根本，建立健全科学合理的选人、用人、育人机制，加快培养制造业发展急需的专业技术人才、经营管理人才、技能人才。营造大众创业、万众创新的氛围，建设一支素质优良、结构合理的制造业人才队伍，走人才引领的发展道路”。日益加深的老龄化对“中国智造”所需要的人力资源数量、质量和结构带来冲击：

（1）青年劳动力总量减少。年轻人有活力、有朝气、有热情，规模庞大的青年群体成为创新驱动的人才蓄水池。过度老龄化意味着创新人才蓄水池被打破，青年劳动力总量供给不足，老年人比重大，社会暮气蔓延。

（2）劳动力供给减少阻碍高技能劳动力培养。“中国智造”需要大量门类齐全、技艺精湛的“工匠型”高技能人才。目前，我国已经面临着高技能人才总量不足、结构问题突出、人才断档现象严重，随着老龄化加速，技工型劳动力更加稀缺，特别是独生子女一代，家长望子成龙、望女成凤的传统观念，更不希望其子女成为技术工人。

（3）未富先老致使青年人压力沉重。发达国家进入老龄化社会时，人均国内生产总值一般都在5000～10000美元以上。而我国开始人口老龄化时人均国内生产总值刚超过1000美元，未富先老。规模庞大的老年群体面临医疗、卫生、健康等一系列问题，年轻人必须在努力工作和赡养老年人之间进行权衡，压力沉重。过度压力，势必弱化其创新意识和创新能力。

1.4.2 欧美应对举措：退休年龄改革①

肇始于2008年的国际金融危机使欧洲各国陷入严重财政危机。为缓解债务危机、减少财政赤字，提高劳动力供给，欧洲各国开始修正其“从摇篮到坟墓”的高福利政策，相继改革退休制度。其中，延长退休年龄成为政策首选。

1.4.2.1 欧美国家退休年龄改革实践

2008年，德国政府决定把退休年龄将在2012～2029年之间从65岁调高至67岁。2010年6月10日，意大利政府宣布，女性公务员退休年龄将向男性公务员看齐，从61岁提高至65岁。2010年6月24日，英国政府宣布从2016年起将男士退休年龄推迟至66岁，同时取消目前法定男士65岁必须离职退休的规定。② 2010年10月27日，法国国会下议院通过退休改革

① 赵志泉．国际退休年龄制度改革及其对中国的启示［J］．战略与改革，2012（6）．

② 玉玺．欧洲受困赤字普提退休年龄［N］．广州日报，2010－06－27．

法案。根据该法案，最低退休年龄将从60岁提高至62岁；可领取全额养老金的退休年龄从65岁提高至67岁[①]。2011年1月27日，西班牙政府与工会组织达成协议，决定从2013年起将大多数人的法定退休年龄由65岁推迟至67岁[②]。2011年7月8日，乌克兰议会通过退休金改革法案。新法规定，从2011年9月1日起，女性退休年龄在今后10年内从现在的55岁每年推迟6个月，逐步延长到60岁；从2013年起，男性国家公务员的退休年龄将从60岁开始每年延迟半年，逐步延长到62岁为止[③]。

1.4.2.2 欧美社会关于对退休年龄改革的讨论

尽管延迟退休年龄是欧洲国家退休金改革的主线，但各社会阶层反应不一、毁誉参半。

支持者的理由主要有三：第一，推迟退休年龄是国家应对主权债务危机、实施紧缩计划的重要举措。面对巨额财政赤字，必须提高退休年龄，缓解退休金支出。法国《解放报》称，“退休制度娇惯了婴儿潮那一代”，如果不改革现行的退休制度，年轻劳动力今后将要背负沉重负担。世界银行报告也宣称，如果不改革退休制度，20年后欧洲多国的养老金系统将崩溃[④]。第二，人均寿命预期增加为延迟退休改革提供了政策依据。英国预期，2010年出生的男性平均寿命为89岁，女性为90岁。受人均寿命预期增加影响，欧盟委员会甚至曾提出要将成员国退休年龄推迟至70岁，这样“欧洲人才不会有超过1/3的时间在退休生活中度过”[⑤]。第三，推迟退休年龄可以有效缓解老龄化带来的劳动力短缺压力。

反对者的理由也主要有三：第一，延迟退休年龄可能挤压年轻人的就

---

① 应强．法议会通过退休制度改革法案，退休年龄提至62岁［EB/OL］．(2010－10－28)，http：//www.chinanews.com/gj/2010/10－28/2617457.shtml.

② 杨舒怡．西班牙政府决定把法定退休年龄由65岁推迟至67岁［EB/OL］．(2011－01－29)，http：//www.587766.com/news4/15065.html.

③ 乌克兰议会通过退休金改革法案［EB/OL］．(2011－07－09)，http：//news.21cn.com/caiji/roll1/2011/07/09/8568885.shtml.

④ 姚蒙等．养老金亏空，欧盟要将退休年龄推至70岁［EB/OL］．(2010－06－24)，http：//world.people.com.cn/GB/11954991.html.

⑤ 玉玺．欧洲受困赤字普提退休年龄［N］．广州日报，2010－06－27.

业和晋升空间，势必延长“国家代谢周期”。第二，延迟退休年龄对工薪阶层不公平。因为这将牺牲其休闲时间，增加其劳动时间，减少其领取退休金的数额。第三，延迟退休不是解决财政压力的唯一途径。法国社会党就主张通过增加财政收入，特别是加大对高收入者和资本性收入的征税，并适当提高雇主和员工的养老金缴纳金额的方法缓解财政压力①。为表达对延迟退休年龄的抗议，2010 年 9 月至 2011 年 9 月，法国、英国、荷兰等先后发生大规模工人、教师、公务员大罢工事件。

1.4.3 中国的应对：讨论及其分歧

欧洲退休年龄改革引起国内各阶层强烈关注，并围绕中国是否应推迟法定退休年龄形成支持与反对两大阵营。

1.4.3.1 赞成者与反对者的理由

支持者认为，中国即将进入深度老龄化社会，延迟退休年龄将成为政策的必然选择。其理由主要有三：

（1）人口结构重大变化使然

根据 2010 年《第六次全国人口普查主要数据公报》（第 1 号）人口普查数据，我国内地 60 岁及以上人口 7648705 人，占人口总量的 13.26%，其中 65 岁及以上人口为 118831709 人，占人口总量的 8.87%②。而根据 2011 年 9 月国务院《中国老龄事业发展“十二五”规划》，从 2011 年到 2015 年，全国 60 岁以上老年人将由 1.78 亿增加到 2.21 亿，平均每年增加老年人 860 万；老年人口比重将由 13.3% 增加到 16%③。整个社会快速老龄化与“未富先老”的社会现实要求劳动者延长工作年龄。

---

① 马与雄．老龄化加财政赤字　法国政府决意上调退休年龄［N］．中华工商时报，2010－06－07.

② 国务院．第六次全国人口普查主要数据公报（第 1 号）［EB/OL］.（2011－04－28），http：//news. xinhuanet. com/2011－04/28/c_121360136. htm.

③ 国务院．中国老龄事业发展“十二五”规划［EB/OL］.（2011－09－27），http：//www. gov. cn/zwgk/2011－09/23/content_1954782. htm.

（2）财政支出压力使然

根据《中国的人力资源状况白皮书》，到2035年，我国2名纳税人将供养1名养老金领取者。只有适当延迟职工退休年龄，延迟社会保障福利支付，才能减轻财政支付压力[①]。根据中国社会科学院拉美研究所所长、社保问题研究专家郑秉文测算，我国退休年龄每延迟一年，养老统筹基金可增长40亿元，减支160亿元，减缓基金缺口200亿元。因此，延迟退休年龄是缓解养老金收支平衡压力的一剂“猛药”[②]。

（3）人口平均预期寿命提高使然

根据CIA（美国中央情报局）对2008年各国预期寿命的估计，我国内地总体预期寿命为72.88岁。其中，男性预期寿命71.13岁，女性预期寿命74.82岁。随着医疗、营养条件改善，中国人的预期寿命将进一步提高。目前，内地法定退休年龄为男60岁（干部）或55岁（工人），女55岁（干部）或50岁（工人），而在欧美国家，退休年龄普遍达到65岁。其中，美国为67岁，日本为男65岁，女60岁。与欧美相比，我国现行退休年龄偏低。

反对者则认为，在现阶段延迟退休年龄并不合时宜，其理由也主要有三：

（1）延退会增加就业压力

就业难是现阶段面临的重要社会问题，延迟退休年龄势必增大年轻人就业压力。根据中国社科院人口与劳动经济研究所张车伟副所长的研究，目前中国城镇单位就业人员数超过1.1亿人，每年约有300万人退休，占城镇单位就业人员的3%。另外，中国每年新增就业机会只有1000万左右，如果提高退休年龄，将占去就业机会的30%，比例相当惊人[③]。

（2）延退对中低收入劳动者不公平

因为中低层工作者的工资有限，特别是就业能力较差的下岗职工，难以再就业，如不能及时领取退休金，对其生活影响巨大。

---

① 国务院．中国的人力资源状况白皮书［EB/OL］.（2010-09-10），http：//news.xinhuanet.com/politics/2010-09/10/c_13489189.htm.

② 延缓“老龄化”，男女退休年龄同时推至65岁［EB/OL］.（2008-01-05），http：//news.xinhuanet.com/politics/2008-11/05/content_10307604.htm.

③ 中国失业问题与财政研究课题组．中国失业问题与财政研究［J］．管理世界，2005（6）.

（3）人均预期寿命仍较短

截至2010年，中国人的预期平均寿命为73.5岁。假若将退休年龄推迟到65岁的话，那么平均下来就只能拿7.5年的养老金，延退将使劳动者陷入“有命交社保，没命拿社保”的窘地①。

1.4.3.2 专家建议与网络民意产生偏差

根据腾讯网的调查，在超过百万的受调查者中，9%的网友支持延迟退休年龄，91%的网友反对延迟退休年龄②。前者主要包括技术人员、职业经理人、公务员、部分专家和在职者；后者主要包括大学生、待业者、部分私营企业主和一线工人。显然，专家建议与网络民意出现了严重偏差。

1.4.3.3 偏差缘由的人力资本解释

关于退休年龄的争议可以通过人力资本成本—收益分析模型得以解释。人力资本的形成与存量增加取决于人力资本投资。一般而言，接受教育、职业培训、健康维护等是实现人力资本投资的主要方式。然而，无论是何种形式的人力资本投资，必须赋予时间投入。因此，人力资本也是一种时间密集型资本，时间是人力资本最重要的投入。正因为此，学界往往通过劳动者接受教育的年限及其学历来判断国家与地区人力资本存量和人力资源质量。

退休时间同样事关人力资本收益。根据劳动经济学理论，劳动者通过接受教育增加的收入是未来的收入，教育的成本却是近期发生的。因此，接受高等教育的成本—收益分析需要引入现值和贴现因子的概念。

$$V = \sum_{I=18}^{T} \frac{Y_{ib} - Y_{ia}}{(1+r)^{i-18}}$$

式中，V表示接受高等教育获得的净收益现值，Y_{ib}和Y_{ia}（$i=18, 19, \cdots, T$）分别表示接受高等教育和不接受高等教育的净收入流，T表示退休年龄，r是一个主观贴现因子，表示某人的时间偏好，r越大表示其偏好现在，未来贴现值越小。如果Y_{ib}和Y_{ia}外生给定，则接受高等教育者一定

①② 退休年龄应该推迟吗［EB/OL］.（2010-09-13），http：//view.news.qq.com/zt2010/retired/index.htm.

是相对偏好未来的人。根据该模型，收入流的时间长度 $T-18$ 直接影响教育收益。延迟退休年龄，将直接增加接受高等教育（或培训）的净收益①。同样根据该模型，劳动者关于退休年龄的考量与其人力资本投资息息相关，即在年工资预期收入确定的前提下，工作年限成为提高人力资本总收益的重要因素。只要年工资收入高于年退休金收入，劳动者的决策结果势必为工作，而非退休。

1.4.4 中国应对前提条件及其实现程度

1.4.4.1 中国退休年龄改革的前提条件

提高退休年龄决策假定下列条件已经实现：第一，就业形势好，失业率较低。社会劳动力短缺，特别是年轻劳动力短缺；第二，国民受教育水平高，人力资本存量丰富，智力劳动者比重大；第三，卫生医疗条件较好，国民人均预期寿命显著提高。

现阶段，我国显然不具备提高全民退休年龄的条件。

（1）短期内就业压力难以缓解

2010 年，我国城镇登记失业率为 4.1%，根据人力资源与社会保障部数据，“十二五”期间，城镇劳动力的供求缺口每年将达到 1300 多万。其中，应届毕业生年平均规模将达到近 700 万人，就业压力严峻，特别是结构性就业压力将长期存在，“40”“50”人员就业难尚未缓解。

（2）人力资本存量有限

根据 2010 年第六次全国人口普查数据，我国内地具有大学（指大专以上）文化程度的人口为 1.196 亿人；具有高中（含中专）文化程度的人口为 1.880 亿人；初中文化程度的人口为 5.197 亿人；具有小学文化程度的人口为 3.588 亿人②。主要劳动年龄人口平均受教育年限 9.5 年，远落后于

① 陆铭．劳动经济学［M］．上海：复旦大学出版社，2002（9）：92－93.

② 国务院．第六次全国人口普查主要数据公报（第 1 号），（2011－04－28），http：//news.xinhuanet.com/2011－04/28/c_121360136.htm.

美国水平。这使我国人力资本收益较低，劳动力延长劳动年限意愿不强，人力资源大国优势难以充分展现。

（3）保障水平低

根据《世界人口展望2010修订版》数据，2010年中国平均预期寿命73.5岁[①]，相当于世界2040年、日本1970年、美国1980年的水平（见表1-5）。人均预期寿命是衡量一个国家或地区现阶段经济社会发展水平和医疗卫生服务水平的综合指标。现阶段，我国医疗卫生条件仍与发达国家存在巨大差距，社会保障体系尚不健全，贸然借鉴欧美提高整体退休年龄的做法，既漠视中国内地居民寿命预期与欧美国家的差距，也是国家对其社会保障责任的逃避。

表1-5　　联合国世界人口前景报告

排名	国家/地区	预期寿命（年岁）		
		总体	男性	女性
	世界平均	67.2	65.0	69.5
1	日本	82.6	79.0	86.1
5	澳大利亚	81.2	78.9	83.6
6	西班牙	80.9	77.7	84.2
10	法国	80.7	77.1	84.1
11	加拿大	80.7	78.3	82.9
12	意大利	80.5	77.5	83.5
22	英国	79.4	77.2	81.6
23	德国	79.4	76.5	82.1
38	美国	78.2	75.6	80.8
39	葡萄牙	78.1	75.0	81.2
82	中国	73.0	71.3	74.8

① 李晓宏，张玉洁解读中国人均预期寿命：活得长不一定活得健康［N］．人民日报，2011-05-19.

1.4.4.2 前提条件的未来变化

我国现阶段不具备提高全民退休年龄的条件，并不意味着局部条件不具备或未来也无法具备。未来十年，制约延迟退休年龄的条件可能发生重大变化：

（1）劳动力质量将发生显著变化

根据《国家中长期教育改革和发展规划纲要（2010～2020年）》，到2020年，我国主要劳动年龄人口平均受教育年限将达到11.2年，达到欧美现行水平。其中，受过高等教育的比例将达到20%（见表1－6）。根据人力资本投资收益分析法，受教育程度的高低将直接影响劳动者延迟退休的意愿。随着我国国民受教育水平整体提高，劳动者通过增加工作年限以提高其教育回报的愿望将显著增强。

表1－6　　中国人力资源开发主要目标（2010～2020年）

指　　标	单位	2009年	2015年	2020年
具有高等教育文化程度的人数	万人	9830	14500	19500
主要劳动年龄人口平均受教育年限	年	9.5	10.5	11.2
其中：受过高等教育的比例	%	9.9	15.0	20.0
新增劳动力平均受教育年限	年	12.4	13.3	13.5
其中：受过高中阶段及以上教育的比例	%	67.0	87.0	90.0

（2）劳动力结构将发生显著变化

根据中国社会科学院预测，在未来二三十年，中国65岁以上老年人所占总人口比例，将增长至14%。预计到2040年，我国65岁及以上老年人口占总人口的比例将超过20%，即中国将进入“深度老龄化社会”。深度老龄化给中国经济社会发展带来的负面效应是显而易见的：劳动力比重下降，产业工人短缺，用工成本上升，企业竞争力下降，国民经济发展动力枯竭。为保证一定的劳动力供给规模，必须通过延长退休年龄增加劳动力的供给量。另外，现阶段“就业难”和“招工难”现象并存，高技能工人短缺，这意味着可以在局部领域进行退休年龄改革试验。

（3）中国政府已经开始研究延迟退休年龄改革

老龄化意味着需要赡养的人口比重上升，人口红利消失，社会保障支出增加，财政压力剧增。目前，我国社会保障水平较低，社会保障覆盖面较窄，“未富先老”使延迟退休年龄成为国家不得已的政策选项。面临已经到来的老龄化，人社部官员曾表示，对是否延长退休年龄已在研究中，需综合考虑人口结构和就业情况。

1.4.5 基本改革思路

国家“十三五”规划明确提出延迟退休政策，其具体设计也将于2016年出台。课题研究认为，政策设计应具有一定的前瞻性，尽管在现阶段实现全民延迟退休年龄的条件尚不具备，但这并不妨碍先行进行总体框架设计和局部试验。

1.4.5.1 根据寿命预期确定退休年龄改革总体框架

受计划生育政策等因素影响，中国人口峰值到来的时间具有极大的不确定性。因此，可以借助人均预期寿命对退休年龄改革方案进行设计。2010年，欧盟和美国寿命预期分别为78.7岁和78.2岁，其退休年龄多介于60～67岁之间。有人预测，到2025年，中国人寿命预期到达80岁。即使以欧美2010年人均预期寿命衡量，到2025年，我国退休年龄也应达到65岁。

目前，我国女性整体退休年龄偏低。鉴于此，建议：（1）至2020年末，较大幅度提高女性劳动参与率，将其退休年龄整体提高5年，即女性工人退休年龄调整为55岁，女性干部调整至60岁；（2）适度调整男性劳动参与率，将其退休年龄整体提高2年，即至2020年末，男性工人退休年龄调整为57岁，男性干部调整为62岁；（3）2025年，我国将逐渐进入退休人口高峰期，建议到2025年，视情况逐步延长男女职工退休年龄至62岁（女干部）、57岁（女工人）、65岁（男干部）和60岁（男工人）。

1.4.5.2 推行弹性退休年龄制度

现行退休年龄采取“一刀切”办法，过于刚性。可以考虑根据不同行业、职业、性别、身体状况、知识结构群体、个人意愿等制定有多个弹性段的，既与社会保障及社会就业相适应，又体现人性化的弹性退休年龄。在操作上，允许缴纳养老保险到一定年限且愿意退休的职工退休。例如，以男62岁（干部）或57岁（工人）、女60岁（干部）或55岁（工人）作为标准退休年龄。早退休者低于标准领取退休金，晚退休者高于标准领取退休金。

1.4.5.3 允许部分地区、部分行业先行试验

延迟退休事关各方利益。政府部门期望适当延迟职工退休年龄，延迟社会保障福利支付，从而减轻财政支付压力；而已经缴纳养老保险到一定年限的职工则希望适当提前退休，以便早点享受社会保障福利。因此，瑞典斯德哥尔摩大学经济学教授尼尔森将计算退休年龄称为政府“最难的一道数学题”。延迟退休年龄属于社会重大敏感议题，不妨允许部分地区、部分行业先行试验。例如，可以考虑允许智力密集型行业，如教育、卫生等行业，以及企业技能型人才，以及人口寿命预期较长的城市，如北京、上海等先行试验退休年龄改革，并及时总结经验，适时推广。

1.5 小　结

本章主要研究“中国智造”的人力资源需求问题。“中国制造”的产业布局、产业规模及其发展阶段决定着其人力资源需求总量、素质和结构；“中国智造”是“中国制造”的升级版，与“中国制造”具有劳动密集、资源密集等表征不同，“中国智造”具有智力密集、技术密集、信息化、制造业服务化等特征。人力资源是“中国制造”转向“中国智造”的关键，然而“中国制造”晋级“中国智造”中面临人才安全困境。人才安全阻碍中国制造业转型升级，但问题的出现、蔓延又与特定的文化氛围、制度安排和政策举措息息相关。面对百年一遇的金融危机，世界各国纷纷对经济发展和国家安全具有重大影响力的战略性新兴产业进行遴选和培育。培育战略性新兴产业要求实现从资本深化到技术深化，从投资拉动到技术驱动。

技术创新和人力资源供给必将成为培育战略性新兴产业成败的关键。临空经济在国内发展迅速，临空经济具有经济临空化、产业高端化、城市国际化、空港枢纽化特征，解读临空经济的智力要素集聚机制，必须以此为基础。实施“中国智造”战略还面临老龄化压力。政策设计应具有一定的前瞻性，尽管在现阶段实现全民延迟退休年龄的条件尚不具备，但这并不妨碍先行进行总体框架设计和局部试验。

2 “中国智造”的人力资源供给：测度体系及其实践

无论是“中国制造”还是“中国智造”，都需要规模宏大的企业家队伍、高素质经营管理人才、高层次创新人才和高技能实用人才。为实现制造强国目标，国家启动人力资源强国战略，各省市也先后启动人力资源强省战略，但囿于人口规模、人口结构、教育发达程度不同，国内各地区人力资源素质不同。实现“中国智造”战略，必须高度重视高素质人力资源供给，以人力资源的“素质红利”转向人力资源的“质量红利”。其中，教育是关键。

2.1 人力资源强省的测度体系设计及其验证

什么是人力资源，它具备什么样的性质和特点，它能为我们的社会经济生活和企业做出什么样的贡献？这些问题是我们首先需要弄清楚的。资源是“资财的来源”。在经济学上，资源是指为了创造物质财富而投入于生产活动中的一切要素。现代管理科学普遍认为，经营好企业需要四大资源：人力资源、经济资源、物质资源、信息资源。在这四大资源中，人力资源是最重要的资源。它是生产活动中最活跃的因素，也是一切资源中最重要的资源，被经济学家称为第一资源。

那么究竟何为人力资源？经济学家从不同的角度给出了不同的定义，常见的有以下几种：（1）人力资源是指能够推动国民经济和社会发展的、具有智力劳动和体力劳动能力的人们的总和，它包括数量和质量两个方面；

（2）人力资源是指一个国家或地区有劳动能力的人口总和；（3）人力资源是指具有智力劳动能力或体力劳动能力的人们的总和；（4）人力资源是指包含在人体内的一种生产能力，若这种能力未发挥出来，它就是潜在的劳动生产力，若开发出来，就变成了现实的劳动生产力；（5）人力资源是指能够推动整个经济和社会发展的劳动者的能力，即处在劳动年龄的已直接投入建设或尚未投入建设的人口的能力；（6）人力资源是指一切具有为社会创造物质文化财富、为社会提供劳务和服务的人。

2.1.1 人力资源强省测度体系设计

2.1.1.1 区域人力资源的度量

经济学家对人力资源的内涵有不同认识。其中，较典型的看法认为人力资源是指一个国家或地区有劳动能力的人口总和。人力资源由数量和质量两个方面构成，人力资源强省测度体系设计也应从数量和质量两个维度进行考量。

（1）区域人力资源的数量构成

区域人力资源数量是指某地区所拥有的具有劳动能力的人口资源，也即劳动力人口的数量。人力资源数量在统计与使用中可分为现实人力资源数量与潜在人力资源数量。现实人力资源数量是指在现实国民经济活动中已经被利用的人力资源数量，它具体表现为已就业的人口和正在谋求职业的人口（图2－1中的a、b、c、d四个部分）。潜在的人力资源数量指在现实国民经济活动中可以被利用但尚未被利用的人力资源数量（图2－1中的e、f、g、h四个部分）。

（2）区域人力资源的质量测度

人力资源质量具体反映在构成人力资源总量的劳动力人口的整体素质上，即指人力资源所具有的体质、智力、知识和技能水平，以及劳动者的劳动态度。统计中或采用劳动者的人均受教育年限、每万人中大学生拥有量、大中小学入学比例，或采用劳动者技术职称等级的现实比例、每万人中高级职称人员所占的比例等指标来衡量某地区人力资源的质量。

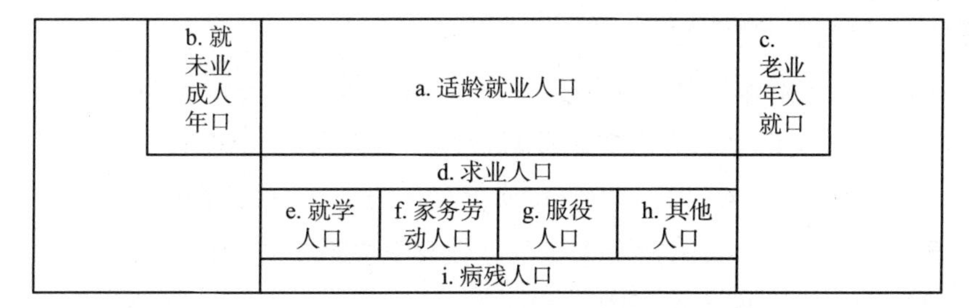

图 2－1　人力资源的构成

2.1.1.2　区域人力资源竞争力的测度体系设计

人力资源强省有其质的规定性。根据人力资源的分类和构成，某地区的人力资源竞争力有数量竞争力、质量竞争力和综合竞争力之分。

（1）区域人力资源数量竞争力

通常情况下，区域人力资源数量与其人口总量呈正相关。即人口总量越多，拥有劳动能力的人越多，人力资源的绝对量越大。为使测度体系简单化，我们用区域内人口总量（T）代替区域人力资源总量。

人力资源的数量是构建人力资源强省的基础。为比较方便，我们以国内常住人口第一大省的总人口为基础，以其他省份与该省份的比值作为计算人力资源数量竞争力的依据。则：

某省的人口数量竞争力（C_1）= 该省份人口总量（T_1）/第一人口大省人口总量（T）。

这里的 C_1 表示某省的人口数量竞争力；T_1 表示该省份人口总量；T 表示国内常住人口第一大省的人口总量。

（2）区域人力资源质量竞争力

接受教育是实现人力资本增值的重要途径。1979 年诺贝尔奖获得者西奥多·W·舒尔茨（Thodore W. Schults，1902～1998）认为，人力资本是体现在劳动者身上的一种资本类型，它以劳动者的数量和质量，即劳动者的知识程度、技术水平、工作能力以及健康状况来表示，是这些方面价值的总和。一般而言，受教育程度与人力资源质量成正比，即受教育程度越高，人力资源素质越高。为使测度体系简单化，我们以接受大学专科以上教育人数最多的省份为基础，以其他省份与该省份的比值作为计算人力资源质

量竞争力的依据。则:

某省的人力资源质量竞争力（C_2）=某省接受大专以上教育的总人数（Q_1）/接受大专以上教育人数最多省份的受教育人数（Q）。

这里的 C_2 表示某省的人力资源质量竞争力，Q_1 表示某省份接受大专以上教育的人口数，Q 表示接受大专以上教育人数最多省份的受教育人数。

（3）人力资源综合竞争力

人力资源强省建设既要考虑到人力资源数量因素，又应考虑到人力资源质量因素。论文简单假定两者同等重要，故取其权重各为50%。根据区域人力资源数量竞争力与质量竞争力，可以计算出某省人力资源综合竞争力（C）。即:

某省人力资源综合竞争力（C）$= C_1 \times 50\% + C_2 \times 50\%$。

2.1.2　国内各省（市、自治区）人力资源竞争力排序

利用人力资源数量竞争力、质量竞争力和综合竞争力公式，我们可以对国内各省（市、自治区）人力资源竞争力进行测度，并对其人力资源强省建设进行排序。

2.1.2.1　各省（市、自治区）人力资源数量竞争力测度

根据《中国统计年鉴》(2008)，2007 年广东省拥有常住人口 9449 万人，为人力资源第一大省[①]，记为 T，利用计算公式 C_1，可以计算出 2007 年度各省（市、自治区）的人力资源数量竞争力（见表 2－1）。

根据该计算方法，广东、山东、河南、四川、江苏 5 省人口超过 7000 万，人力资源富足，列人力资源数量竞争力第一梯队；河北、湖南、安徽、湖北、广西、浙江、云南、江西 8 省人口总量在4000 万至 7000 万之间，列人力资源数量竞争力第二梯队；辽宁、黑龙江、贵州、陕西、福建、山西、重庆、吉林、甘肃、内蒙古、新疆 11 省（市、自治区）人口总量在 2000

---

① 2008 年《中国统计年鉴》中的人口数据根据全国人口变动情况抽样调查推算而得。《中国统计年鉴》显示，2007 年国内常住人口最多的省份为广东省，而非河南省 .

万至4000万之间，列人力资源数量竞争力第三梯队；上海、北京、天津、海南、宁夏、青海、西藏7省（市、自治区）人口总量在2000万以下，列人力资源数量竞争力第四梯队。

表2-1　　我国各省（市、自治区）人力资源数量竞争力排序

省份	总人口（万人）	竞争力	排名	省份	总人口（万人）	竞争力	排名
广东	9449	1.000	1	陕西	3748	0.397	17
山东	9367	0.991	2	福建	3581	0.379	18
河南	9360	0.991	3	山西	3393	0.359	19
四川	8127	0.860	4	重庆	2816	0.298	20
江苏	7625	0.807	5	吉林	2617	0.277	21
河北	6943	0.735	6	甘肃	2593	0.274	22
湖南	6355	0.673	7	内蒙古	2405	0.255	23
安徽	6118	0.647	8	新疆	2095	0.222	24
湖北	5699	0.603	9	上海	1858	0.197	25
浙江	5060	0.536	10	北京	1633	0.176	26
广西	4768	0.495	11	天津	1115	0.118	27
云南	4514	0.478	12	海南	845	0.089	28
江西	4368	0.462	13	宁夏	610	0.065	29
辽宁	4298	0.455	14	青海	552	0.058	30
黑龙江	3824	0.405	15	西藏	284	0.030	31
贵州	3762	0.398	16				

注：本表根据《中国统计年鉴》（2008）整理并计算而得。

2.1.2.2　各省（市、自治区）人力资源质量竞争力

根据2008年《中国统计年鉴》，2007年国内接受大学以上教育人数最多的省份为江苏省（535万人），记为Q，利用计算公式C_2，可以测出2007年度各省（市、自治区）的人力资源质量竞争力（见表2-2）。

表 2-2 我国各省（市、自治区）人力资源质量竞争力排序

省份	大专人口数（千人）	竞争力	排名	省份	大专人口数（千人）	竞争力	排名
江苏	5355	1.000	1	安徽	2054	0.384	17
广东	5207	0.972	2	吉林	1790	0.334	18
山东	4652	0.869	3	福建	1741	0.325	19
北京	4213	0.787	4	广西	1606	0.300	20
湖北	4057	0.758	5	新疆	1567	0.293	21
辽宁	3765	0.703	6	内蒙古	1560	0.291	22
浙江	3727	0.696	7	云南	1540	0.288	23
上海	3457	0.646	8	天津	1498	0.280	24
湖南	3384	0.632	9	贵州	1026	0.192	25
河南	3237	0.604	10	重庆	918	0.171	26
江西	2638	0.493	11	甘肃	864	0.161	27
陕西	2525	0.472	12	海南	447	0.083	28
河北	2454	0.458	13	宁夏	380	0.071	29
黑龙江	2151	0.402	14	青海	331	0.062	30
山西	2105	0.393	15	西藏	26	0.005	31
四川	2091	0.390	16				

注：本表根据《中国统计年鉴》（2008）整理并计算而得。

根据该计算方法，江苏、广东、山东3省接受大学专科以上教育的人口众多而列人力资源质量竞争力第一梯队；北京、湖北、辽宁、浙江、上海、湖南、河南7省（市）列人力资源质量竞争力第二梯队；江西、陕西、河北、黑龙江、山西、四川、安徽、吉林、福建、广西10省（自治区）列人力资源质量竞争力第三梯队；新疆、内蒙古、云南、天津、贵州、重庆、甘肃、海南、宁夏、青海、西藏11省（市、自治区）列人力资源质量竞争力第四梯队。

2.1.2.3 各省（市、自治区）的人力资源综合竞争力测度

根据各省（市、自治区）人力资源数量竞争力和质量竞争力，利用计

算公式 C，可以测出2007年度各省（市、自治区）的人力资源综合竞争力（见表2-3）。

表2-3　　各省（市、自治区）人力资源综合竞争力排序

省份	数量竞争力	质量竞争力	竞争力	排名	省份	数量竞争力	质量竞争力	竞争力	排名
广东	1.000	0.972	0.986	1	广西	0.495	0.300	0.398	17
山东	0.991	0.869	0.930	2	云南	0.478	0.288	0.383	18
江苏	0.807	1.000	0.904	3	山西	0.359	0.393	0.376	19
河南	0.991	0.604	0.798	4	福建	0.379	0.325	0.352	20
湖北	0.603	0.758	0.681	5	吉林	0.277	0.334	0.306	21
湖南	0.673	0.632	0.653	6	贵州	0.398	0.192	0.295	22
四川	0.860	0.390	0.625	7	内蒙古	0.255	0.291	0.273	23
浙江	0.536	0.696	0.616	8	新疆	0.222	0.293	0.258	24
河北	0.735	0.458	0.597	9	重庆	0.298	0.171	0.234	25
辽宁	0.455	0.703	0.579	10	甘肃	0.274	0.161	0.218	26
安徽	0.647	0.384	0.516	11	天津	0.118	0.280	0.199	27
北京	0.176	0.787	0.482	12	海南	0.089	0.083	0.086	28
江西	0.462	0.493	0.478	13	宁夏	0.065	0.071	0.068	29
陕西	0.397	0.472	0.435	14	青海	0.058	0.062	0.060	30
上海	0.197	0.646	0.413	15	西藏	0.030	0.005	0.018	31
黑龙江	0.405	0.402	0.404	16					

根据该计算方法，广东、山东、江苏3省人力资源丰富且受教育程度高，列国内人力资源综合竞争力第一梯队，为国内人力资源强省；河南、湖北、湖南、四川、浙江、河北、辽宁、安徽8省人力资源总量富足，接受大学专科以上教育人口较多，列人力资源综合竞争力第二梯队，是国内人力资源大省；北京、江西、陕西、上海、黑龙江、广西、云南、山西、福建、吉林、贵州、内蒙古、新疆、重庆、天津15省（市、自治区），或整体受教育程度较高但人力资源总量有限，或人力资源总量较大但受教育

程度较低，列人力资源总综合竞争力第三梯队；海南、宁夏、青海、西藏4省（自治区）列综合竞争力第四梯队。

2.1.3 人力资源强省建设的基本经验

毫无疑问，本书关于区域人力资源竞争力的方法设计仍存在不足之处。例如，对人力资源质量竞争力的测度以接受大学专科以上教育的人口总量为计算依据，其结果只能是人力资源质量的绝对竞争力。事实上，对人力资源质量的相对竞争力的计算，即受教育人口与区域人口总量之比也许更能反映该区域人力资源质量。尽管如此，该方法仍给我们诸多启发。

2.1.3.1 人力资源强省建设应实现质与量的统一

人力资源强省建设有对人口数量的要求，又有质量的要求，质与量不可偏废。例如，广东、山东、江苏3省既有富足的人力资源存量，又有较高的人力资源质量，已初步成为国内人力资源强省。对于人力资源存量相对有限的省份而言，受制于计划生育基本国策和现有人口基数，预期在较长时期内增量有限。对这些省份而言，一方面，应着眼于人力资源质量的提高；另一方面，应优化软环境，筑巢引凤，实施高水平人力资源引进战略，借力发展。

2.1.3.2 人力资源大省的战略转型任重道远

河南、四川、河北、湖南、安徽、湖北都是我国传统人口大省，具有人力资源量的优势。然而，由于人均受教育程度较低，这些省份属于典型的人力资源大省和劳务输出大省，其人力资源强省战略的实现将是一个长期过程。

2.1.3.3 人力资源强省战略的关键在于教育

强国必先强教，人力资源强省建设的关键在于教育。这要求国内人力资源大省优化教育结构，加快普及高中阶段教育，大力发展职业教育、高等教育、远程教育和继续教育，鼓励和规范社会力量兴办教育。同时，应加快实施高技能人才培养工程、专业技术人才知识更新工程和战略高技术人才培养工程，建设全民学习、终身学习的学习型社会。

2.1.4 河南省实施人力资源强省战略的难点

《河南省中长期教育改革和发展规划纲要》（2010～2020年）提出，“到2020年，基本实现教育现代化，基本形成学习型社会，进入人力资源强省行列”。规划提出，到2020年，要实现更高水平的普及教育。基本普及学前教育，学前三年毛入园率达到72%；巩固提高九年义务教育水平，巩固率达到97%；加快普及高中阶段教育，毛入学率达到92%；高等教育大众化水平进一步提高，毛入学率达到41%；扫除青壮年文盲；主要劳动年龄人口中受过高等教育的比例达到20%，具有高等教育文化程度的人数比2009年翻一番（见表2－4）。

表2－4　河南省教育事业发展的主要目标

	2009年		2015年		2020年	
	全国	河南	全国	河南	全国	河南
职业教育						
中等职业教育在校生（万人）	2179	188	2250	210	2350	231
高等职业教育在校生（万人）	1280	92	1390	104	1480	111
高等教育						
在校总规模（万人）	2979	228	3350	300	3550	330
其中：普通本专科和研究生在校生（万人）	2285	140	2500	185	2700	228
毛入学率（%）	24.2	22.0	36.0	36.5	40.0	41.0
继续教育						
从业人员继续教育（万人次）	16600	1300	29000	2300	35000	2800

《河南省中长期教育改革和发展规划纲要》（2010～2020年）显示，河

南省截至2009年，普通本专科和研究生在校生人数和毛入学率均落后于全国平均水平。人力资源强省建设的关键在教育，较为落后的高等教育将直接制约河南省人力资源强省战略的实现。

2.1.5 高等教育与人力资源强国（强省）建设

2.1.5.1 人力资源是实现区域经济社会发展的最重要资源

人力资源（Human Resource，简称HR），是指一定时期内组织中的人所拥有的能够被企业所用，且对价值创造起贡献作用的教育、能力、技能、经验、体力等的总称。根据人力资源的概念：（1）人力资源的本质是人所具有的脑力和体力的总和，可以统称为劳动能力；（2）这一能力要能够对财富的创造起贡献作用，成为社会财富的源泉；（3）这一能力还要能够被组织所利用，这里的“组织”可以大到一个国家或地区，也可以小到一个企业或作坊。

人力资源具有一定的时效性（其开发和利用受时间限制）、能动性（不仅为被开发和被利用的对象，且具有自我开发的能力）、两重性（是生产者也是消费者）、智力性（智力具有继承性，能得到积累、延续和增强）、再生性（基于人口的再生产和社会再生产过程）、连续性（使用后还能继续开发）、时代性（经济发展水平不同的人力资源的质量也会不同）、社会性（文化特征是通过人这个载体表现出来的）和消耗性。

20世纪80年代后期到90年代初期，新经济增长理论应运而生。该理论引入内生经济增长思路，将专业化的知识和人力资本积累引入生产函数，突破了传统经济理论关于要素收益递减或不变的假定，说明了经济增长持续的、永久的源泉和动力。在新经济增长理论诞生之后，人力资本与经济增长关系的研究取得了长足发展：理论方面，新一代的经济增长模型试图将人力资本、物质资本、创新的相互作用纳入模型分析，建立人力资本与创新的战略性互补关系模型；实证方面，主要涉及人力资本作用于经济增长的方式、人力资本的外溢、人力资本的质量和等级与经济增长、人力资本与经济增长的双向作用等方面的实证检验①。

尼尔森和菲尔普斯指出，人力资本一方面影响企业创新能力，直接推动经济增长，另一方面影响工人使用机器的能力，间接推动经济增长；不是人力资本积累率，而是人力资本水平影响经济增长，并对经济增长有效率作用（rate ef-fect）。卢卡斯认为，人力资本作为一个生产要素直接参与生产，较多人力资本的工人具有更高的劳动生产率，从而带来产出的增长，人力资本水平的提高只有水平作用（level effect）。人力资本作为一种生产要素进入生产函数，成为标准的经验分析路径，研究大都表明人力资本投资在经济增长中有显著贡献，可以有效提高经济增长质量和持续发展潜力。

随着新经济增长理论的兴起，人力资本与经济增长关系的研究大量涌现。在N·格雷戈里·曼昆（N. Gregor Mankiw，1958 ~ ）等人的一篇开创性文章中，通过引入人力资本积累过程，将人力资本纳入索洛新古典增长模型，发现模型中的三个变量（储蓄率、教育和人口增长）能解释绝大部分（80%）国际间收入的变化。西方经济学家保罗·罗默（Paul M. Romer，1955 ~ ）在其知识溢出和驱动模型中引入人力资本概念，特殊的知识和专业化的人力资本是经济增长的主要因素，不仅使知识和人力资本自身形成递增收益，而且能够使资本和劳动等要素投入也产生递增收益。这种递增收益将使整个经济的规模收益递增，并导致无约束的长期增长。②

2.1.5.2 教育是实现人力资源素质提升的基本途径

人力资源有数量和质量之别。人力资源质量是人力资源在质上的规定性，具体反映在构成人力资源总量的劳动力人口的整体素质上，即指人力资源所具有的体质、智力、知识和技能水平，以及劳动者的劳动态度，一般体现在劳动者的体质、文化、专业技术水平及劳动积极性上。在统计与使用中，可以用平均寿命、婴儿死亡率、每万人口拥有的医务人员数量、人均日摄入热量等指标来反映健康卫生状况；可以用劳动者的人均受教育

①② 张士斌，梁宏志．国外人力资本与经济增长关系研究前沿述评［J］．学术探索，2009（3）．

年限、每万人中大学生拥有量、大中小学入学比例等指标来反映教育发展程度；也可以用劳动者技术职称等级的现实比例、每万人中高级职称人员所占的比例等指标来反映劳动者的技术状况；还可以用对工作的满意程度、工作的努力程度、工作的负责程度、与他人的合作性等指标来反映劳动态度。

人力资源质量对经济社会发展的作用更加显著。罗伯特·巴罗（Robert Barro）用数学和科学测试中的10作为教育质量的指标，证明了人力资本对经济影响最显著的部分是它的质量，而不是它的数量（用分配到教育体系中的财政资源来度量）。

影响人力资源质量的因素众多。其中，教育最重要。教育是人为传授知识、经验的一种社会活动，是一部分人对另一部分人进行多方面影响的过程，这是赋予人力资源质量的一种最重要、最直接的手段，它能使人力资源的智力水平和专业技能水平都得到提高。人类的体质，尽管在不同民族、不同国家、不同个体之间具有一定的差异，但从智能即表现的文化水平、专业技术水平方面的差异来看，则是比较小的。尤其是随着现代科学技术的发展，人类生产力水平的不断提高，人的现代专业科学知识和技术能力等智能的作用将不断上升，同时伴随知识经济的到来，现代专业科学知识和技术能力的“老化”与“更新”速度将不断加快。基米尔（Gemmell）则将人力资本划分为初级、中级和高级，并区分了人力资本存量和流量，发现在不同发展程度的国家（发达国家和欠发达国家），无论是长期还是短期，初期人力资本存量及其增长都引起收入更快增长。在欠发达国家，初级和中级人力资本对增长的影响最明显，而对于发达国家，高级人力资本最明显。阿基米·吉凯斯（Akimi Gikes）对93个不同发展程度国家的数据研究表明，随着教育水平（初级、中级和高级）的提高，人力资本的作用越来越显著，即不同层次的教育对经济增长作用是递增的。

2.1.5.3 高水平大学对人力资源强国（强省）建设具有强大牵领作用

教育是提升人力资源质量的最重要途径，高等教育是在完全中等教育的基础上进行的专业教育，是培养高级专门人才的社会活动。高等教育具有三项基本职能，即：培养专门人才；科学研究；服务社会。因此，高等教育在高层次人才培养中具有不可替代的作用。

大学是高等教育的承担者。从学校类型上讲，高等学校包括普通高等学校、成人高等学校、民办高等学校等。课题研究的对象主要是普通高等学校。然而，高等院校从其规模水平、社会声望、综合实力等角度出发，也有层次之分。教育部就将高校分为985建设高校、211建设高校、省部共建高校和一般院校。而教育学研究者将大学分为研究型大学、教学研究型大学、研究教学型大学和教学型大学。更有专业机构将国内大学进行年度排序，以区别高等院校的办学水平。

高水平大学对人力资源强国建设具有强大牵领作用。美国、英国、日本、澳大利亚等发达国家无不拥有世界知名的高水平大学。在国内，发达省份也多拥有重点大学和知名大学。正因为此，教育部提出在国内若干学校要建设世界一流大学，地方政府提出要建设国内一流大学的目标。

2.1.6 河南省高水平特色型大学的战略布局与定位

2.1.6.1 河南省高等教育发展现状

根据河南省教育厅《2012年教育事业发展情况的统计通报》，全省研究生培养机构26处；普通高等学校120所，其中本科院校47所（含8所独立学院），高职高专院校73所；成人高等学校14所。博士学位授权一级学科点44个，博士学位授权二级学科点12个，硕士学位授权一级学科点282个。一级学科国家重点学科1个，二级学科国家重点（培育）学科8个。一级学科省级重点学科259个，二级学科省级重点学科92个。国家重点实验室1个，国家重点实验室培育基地3个，国家工程实验室4个（含国家地方联合工程实验室），国家工程（技术）研究中心2个。全省高等教育总规模258.59万人，高等教育毛入学率27.22%。

与国内发达省份高等教育相比，河南省高等教育呈现出鲜明的“一大一低”特点，即：（1）规模大。河南省高校数量、高校在校生规模在国内居前列。（2）水平较低。目前，河南省只有一所211院校，985高校为空白，衡量办学水平的重要指标，如国家重点学科、一级博士点、国家重点实验室、在校院士、百篇优秀博士论文等均较弱，甚至为空白。例如，2012年，全省高校和科研机构共有博士学位授权一级学科点44个；硕士学位授权一级学科点282个。全省新招博士生395人，在校博士生1298人，其博士点数量和招生数量仅仅与国内1所985高校的规模相当。

2.1.6.2 河南省高水平特色型大学建设现状

专业特色和学科建设是衡量高校办学特色和办学水平的重要标志。课题以特色专业建设和学科建设这两个指标对河南省高水平特色型大学建设现状进行分析。

（1）河南省特色专业建设

高等学校特色专业是优化专业结构，提高人才培养质量，办出专业特色的重要措施。按照教育部、财政部有关加强“质量工程”本科特色专业建设的要求，特色专业建设要紧密结合国家、地方经济社会发展需要，改革人才培养方案、强化实践教学、优化课程体系、加强教师队伍和教材建设，切实为同类型高校相关专业和本校的专业建设与改革起到示范带动作用。

一般而言，所谓特色专业，指的是在办学理念、教学内容、培养模式等方面具有独特色彩、风格的学业类别。特色专业具有人无我有、人有我优、人优我精、人精我新、人新我特等特征。根据目前国家特色专业建设实际情况，特色专业分为国家级、省部级和校级。

①河南省高校的国家级特色专业建设。为促进高校面向社会需求培养人才、强化实践教学，帮助学校形成自己的特色与品牌，“十一五”期间，教育部、财政部决定分5批在高等学校立项建设3000个左右的特色专业建设点。在这5批特色专业建设点中，第一批特色专业建设点主要是依据国家需要，在优先发展行业、紧缺专门人才行业和艰苦行业中，选择若干专业领域的专业点进行重点建设，由地方和高校推荐，教育部、财政部择优遴选，每个专业点给予80万元的经费支持。第二至第五批特色专业建设点主要面向国家和区域经济社会发展需要，选择优势明显、特色鲜明的专业点进行重点建设，由各地和高校按照规划，结合实际，择优推荐，每个专业点给予20万元的经费支持。

2007年，郑州大学、河南理工大学等5所高校的新闻学、采矿工程等8

个专业被列入第一批高等学校特色专业建设点名单（见表2－5）。

表2－5　　第一批高等学校特色专业建设点名单（河南部分）

郑州大学	新闻学	新闻传播类
	水利水电工程	水利工程
河南理工大学	采矿工程	煤矿与安全工程
	安全工程	煤矿与安全工程
河南农业大学	农学	植物生产类
河南师范大学	物理学	师范教育
解放军外国语学院	非通用语种群（普什图语、乌克兰语、哈萨克语、吉尔吉斯语、乌兹别克语等16个语种）	外语非通用语种
	非通用语种群（印地语、乌尔都语、尼泊尔语3个语种）	外语非通用语种

同年，国家第二批高等学校特色专业建设点名单下达，郑州大学、河南工业大学、中原工学院等12所学校的17个专业入选（见表2－6）。

表2－6　　第二批高等学校特色专业建设点名单（河南部分）

郑州大学	法学
	化学工程与工艺
	化学
河南理工大学	测绘工程
	地质工程
河南工业大学	食品科学与工程
河南科技大学	机械设计制造及其自动化
河南农业大学	动物医学
河南大学	经济学
	英语
	地理科学

续表

河南师范大学	生物科学
郑州轻工业学院	工业设计
中原工学院	纺织工程
河南中医学院	中药学
新乡医学院	临床医学
河南财经学院	金融学

2008年，郑州大学、华北水利水电学院、河南大学等16所高校的23个专业入选第三批高等学校特色专业建设点名单（见表2-7）。

表2-7　　第三批高等学校特色专业建设点名单（河南部分）

项目编号	学校名称	专业名称	备注
TS10958	郑州大学	历史学	
TS10959	郑州大学	物理学	
TS10960	郑州大学	材料科学与工程	
TS10961	郑州大学	行政管理	
TS10962	河南理工大学	机械设计制造及其自动化	
TS10963	河南理工大学	电气工程及其自动化	
TS1Z175	河南工业大学	土木工程	经费自筹
TS10964	河南科技大学	材料成型及控制工程	
TS10965	河南科技大学	车辆工程	
TS10966	华北水利水电学院	地质工程	
TS10967	郑州轻工业学院	食品科学与工程	
TS1Z176	中原工学院	机械设计制造及其自动化	经费自筹
TS10968	河南科技学院	农学	
TS10969	河南农业大学	农业建筑环境与能源工程	
TS10970	河南农业大学	园林	
TS10971	河南中医学院	中医学	

续表

项目编号	学校名称	专业名称	备注
TS10972	新乡医学院	医学检验	
TS10973	河南大学	汉语言文学	
TS10974	河南大学	生物科学	
TS10975	河南师范大学	化学	
TS10976	信阳师范学院	数学与应用数学	
TS10977	河南财经学院	工商管理	
TS10978	郑州航空工业管理学院	会计学	

2009 年，郑州大学、河南大学、河南农业大学等 22 所高校 23 个专业入选第四批高等学校特色专业建设点名单（见表 2－8）。

表 2－8　　第四批高等学校特色专业建设点名单（河南部分）

项目编号	学校名称	专业名称	备注
TS11560	郑州大学	预防医学	
TS11561	河南大学	教育学	
TS11562	河南科技大学	计算机科学与技术	
TS11563	河南理工大学	土木工程	
TS1Z253	河南理工大学	工商管理	经费自筹
TS11564	河南工业大学	电子商务	
TS11565	河南农业大学	植物保护	
TS11566	河南师范大学	数学与应用数学	
TS11567	华北水利水电学院	水利水电工程	
TS11568	郑州轻工业学院	热能与动力工程	
TS11569	郑州航空工业管理学院	工业工程	
TS1Z254	中原工学院	建筑环境与设备工程	经费自筹
TS11570	河南工程学院	安全工程	
TS11571	河南中医学院	针灸推拿学	

续表

项目编号	学校名称	专业名称	备注
TS11572	新乡医学院	护理学	
TS11573	信阳师范学院	思想政治教育	
TS1Z255	南阳师范学院	生物科学	经费自筹
TS11574	洛阳师范学院	物理学	
TS11575	商丘师范学院	数学与应用数学	
TS11576	安阳师范学院	计算机科学与技术	
TS11577	河南财经学院	会计学	
TS11578	黄淮学院	动画	
TS11579	河南科技学院	食品科学与工程	

2009 年，第五批高等学校特色专业建设点下达，河南高校为空白。

2010 年，郑州大学、河南科技大学等 23 所高校的 33 个专业被列入第六批高等学校特色专业建设点名单（见表 2－9）。至此，河南省拥有国家级特色专业 86 个。

表 2－9　　第六批高等学校特色专业建设点名单（河南部分）

项目编号	学校名称	专业名称	备注
TS12237	郑州大学	通信工程	
TS12238	郑州大学	工程力学	
TS12239	郑州大学	旅游管理	
TS1Z304	郑州大学	金融学	经费自筹
TS12240	河南大学	体育教育	
TS12241	河南大学	历史学	
TS12242	河南大学	化学	
TS12243	河南科技大学	金属材料工程	
TS12244	河南科技大学	农业机械化及其自动化	
TS12245	河南理工大学	矿物加工工程	

续表

项目编号	学校名称	专业名称	备注
TS12246	河南理工大学	计算机科学与技术	
TS12247	河南工业大学	计算机科学与技术	
TS12248	河南工业大学	粮食工程	
TS12249	河南农业大学	烟草	
TS12250	河南农业大学	林学	
TS12251	河南师范大学	经济学	
TS12252	河南师范大学	环境工程	
TS12253	河南财经政法大学	国际经济与贸易	
TS12254	华北水利水电学院	农业水利工程	
TS12255	郑州轻工业学院	高分子材料与工程	
TS12256	中原工学院	自动化	
TS12257	郑州航空工业管理学院	审计学	
TS12258	河南城建学院	建筑环境与设备工程	
TS12259	河南中医学院	中西医临床医学	
TS12260	新乡医学院	药学	
TS1Z305	信阳师范学院	汉语言文学	经费自筹
TS1Z306	周口师范学院	生物科学	经费自筹
TS1Z307	洛阳师范学院	化学	经费自筹
TS1Z308	商丘师范学院	物理学	经费自筹
TS12261	南阳师范学院	化学	
TS12262	安阳师范学院	材料化学	
TS1Z309	许昌学院	电气工程及其自动化	经费自筹
TS12263	河南科技学院	园艺	

通过对2007～2010年国家高等学校特色专业建设点的分析，我们发现：第一，河南省高校获得的国家高等学校特色专业建设点总量偏少，“十一五”期间，国家分5批先后批准3000个建设点，河南只有96个，约占总数的3.2%。第二，国家高等学校特色专业建设点在省内高校分布不平

衡，郑州大学拥有96个建设点的14个，河南理工大学拥有10个、河南大学拥有9个。河南师范大学、河南农业大学、河南科技大学、华北水利水电学院、中原工学院、河南中医学院、信阳师范学院、郑州航院、河南科技学院拥有3个以上建设点，而南阳师范学院等9所高校分别拥有1~2个建设点。第三，建设点主要布局于郑州大学、河南理工大学、河南大学等博士授权点或拥有硕士授权点的单位。除郑州航空管理学院拥有3个建设点外，无硕士授权点的高校多为1~2个（见表2-10）。

表2-10　省内部分高校“十一五”期间承担国家级特色专业数量

高校名称	个数	高校名称	个数
郑州大学	14	河南师范大学	6
河南大学	9	中原工学院	4
河南理工大学	10	华北水利水电学院	3
河南工业大学	5	河南财经政法大学	4
河南农业大学	7	郑州轻工业学院	4
河南科技大学	5	河南中医学院	4
信阳师范学院	3	河南科技学院	3
郑州航院	3		

“十二五”期间，教育部启动“本科质量工程”，河南省内高校承担的数量仍与高校数量不相匹配。根据教育部《关于批准实施“十二五”期间“高等学校本科教学质量与教学改革工程”建设项目的通知》（教高函〔2011〕12号、教高函〔2012〕2号、教高函〔2013〕2号），三年内，河南无一高校获得教育部立项。

②河南省高校的省级特色专业建设。与国家特色专业建设相衔接，河南省也启动了省级高等院校特色专业建设。河南省特色专业建设具有下列特点：第一，建设数量逐年稳中有增。2007年，66个专业被列入建设点，2012年，新增建设专业数增81个（见表2-11）。第二，高职高专学校与本科院校一道被纳入特色专业建设单位，且特色专业的建设数量逐年增加。第三，民办高校的品牌专业也被列入特色专业建设点，黄河科技学院、升

达学院等民办高校的特色专业入选。与国家级特色专业建设点布局相比，省级特色专业布局更加均衡。

表 2-11　河南省省级特色专业建设点分布

年度	个数	高校		
		公办本科	民办本科	高职高专
2013	81	38	3	41
2012	81	42	3	36
2010	95	51	5	40
2009	79	46	1	32
2008	75			
2007	66	45	45	21

资料来源：河南省教育厅网站。

（2）河南省高校的重点学科建设

重点学科一般是指高校或学术性科研机构，将有限的资源用于某些学科，以实现人才和技术上的突破。重点学科有校级、省级、国家级等不同层次。学科建设是高校发展的龙头，重点学科是高校学术水平、科研成果、师资力量、在国内外的地位和声誉的综合反映。因此，重点学科的多少，直接反映该学校在全省乃至全国高校的学术地位、科研水平及培养学生的质量。重点学科也有国家级、省部级和校级之分。

①河南省高校的国家重点学科。国家重点学科是国家根据发展战略与重大需求，择优确定并重点建设的培养创新人才、开展科学研究的重要基地，在高等教育学科体系中居于骨干和引领地位。国家重点学科是满足经济建设和社会发展对高层次创新人才的需求，为建设创新型国家提供高层次人才和智力支撑的基地。国家重点学科充分体现全国各高校科学研究和人才培养的实力和水平。到目前为止，我国共组织了三次评选工作：共评选出全国 286 个一级学科国家重点学科（某高校一级学科国家重点学科所覆盖下的二级学科未必都是国家重点学科）、全国 677 个二级学科国家重点学科、全国 217 个国家重点（培育）学科。

然而，令人遗憾的是，根据教育部2007年公布的国家重点学科目录，河南省高校只有河南农业大学作物学入选一级学科国家重点学科，郑州大学的材料加工工程、凝聚态物理等入选二级学科国家重点学科。入选的数量与河南省高校数量、河南省高校在校生规模远不成比例。显然，单以重点学科衡量，河南省高等教育总体水平较低，对人力资源强省的支持力度有限。

②河南省高校的省级重点学科。为加快学科建设，河南省也启动省级重点学科布局。根据豫教高〔2008〕169号《河南省教育厅关于公布第七批河南省重点学科名单的通知》，郑州大学的历史学等258个学科被确认为第七批河南省重点学科，其中一级学科88个，分布在郑州大学、河南大学、河南农业大学等具有硕士、博士授予权（或建设单位）的高校。2012年，根据河南省教育厅《关于开展第八批河南省重点学科评审建设工作的通知》（教高〔2012〕728号），郑州大学马克思主义理论等351个学科被确认为第八批河南省重点学科，其中一级学科重点学科259个，二级学科重点学科92个。这些高校多全部承担着国家级特色专业建设任务。显然，该类高校已经成为河南省骨干高校，应成为河南省高水平特色型高校的建设单位。

（3）河南省高水平特色型大学尚不能支撑人力资源强省战略

①高水平特色型大学的内涵。何谓“高水平特色型大学”在学界有不同的看法。2007年12月11日，由北京邮电大学发起并承办首届高水平特色型大学发展论坛在北京举行。时任教育部副部长赵沁平针对高水平特色型大学的发展作了重要讲话。他指出，特色型大学是重要的大学形态。特色型大学是高等教育适应社会发展需要的产物，是又好又快培养社会所需专门人才的产物，是发展行业所需共性技术的产物。特色型大学具有专才型人才培养理念，有相对集中的学科布局，具有行业共性技术研究开发的能力，以及密切的行业领域产学研合作历史等特点。而高水平特色型大学的特点则包括具有行业精英人才培养理念与大学文化、国内（国际）领先的优势学科、是行业共性技术研究中试基地和行业发展战略研究基地、是发展行业文化的中心等。由于前两届的参加高校多为原部属院校，因此，“行业特殊、特色明显”被认为是高水平特色型大学的基础。

所谓“高水平特色型大学”不应限于原部属院校。固然，原部属院校具有鲜明的所谓行业特色，但这并不妨碍具有鲜明行业背景的地方高校特色化发展，例如，作为省属高校河南农业大学在农业领域具有很高的知名度，其作物学被列入国家重点学科就充分证明了其办学水平。因此，课题组认为，“高水平特色型大学”是指行业特色显著、办学水平高的多科性大学。这里的“特色显著”要求学科专业具有行业依托；这里的“高水平”主要通过重点学科和特色专业建设来衡量。

②河南省高水平特色型大学的分布。根据“高水平特色型大学”的内涵和衡量标准，河南省高水平特色型大学主要分为两类：第一，划归河南省政府管理的原部属高校，例如原粮食部下属的郑州粮食学院（今河南工业大学）、原水利部下属的华北水利水电学院（今华北水利水电大学）、原纺织部下属的郑州纺织工学院（今中原工学院）、原机械工业部下属的洛阳工学院（今河南科技大学）、焦作工学院（今河南理工大学）、原轻工业部下属的郑州轻工业学院、原中国航空工业总公司下属的郑州航空工业管理学院等；第二，具有鲜明学科特色的省属本科院校，例如河南农业大学、河南财经政法大学、河南中医学院、新乡医学院、河南科技学院等。根据“高水平特色型大学”的内涵和衡量标准，郑州大学、河南大学以及河南师范大学等众多以师范为主的高校，虽处省内领先地位，但因其综合性，不被列入研究范围。

这两类学校具有下列共性：第一，人才培养和科学研究多依托特性行业，服务面向明确；第二，多为博士或硕士授权单位，拥有多个省部级重点学科、国家级特色专业、省部级特色专业，个别学校甚至拥有国家级特色专业、国家级重点实验室，学科实力在省内处于前列，是河南省骨干高校。

河南省高水平特色型大学在空间布局上以郑州为中心，其特色学科历史悠久，学科实力强，社会认可度高。例如河南理工大学与煤炭相关的学科、河南科技大学机械工程学、河南工业大学的与粮食相关学科、华北水利水电大学的水利学科、中原工学院的纺织服装学科、河南农业大学的作物学、河南中医学院的中医学等。

③河南省高水平特色型大学建设任重道远。河南省高水平特色型大学

多为河南省骨干高校。尽管河南省高水平特色型大学在人才培养、科学研究、社会服务能力方面取得长足进展，但多数高校的综合实力并不强，尚不能有效支撑其河南省人力资源强省战略的建设重任。主要表现为：第一，多属于教学研究型或教学型高校，反映办学水平的主要指标，例如国家级重点学科数量、国家级特色专业数量、博士点数量过少。目前，除河南农业大学外，多数河南省高水平特色型大学尚未获准国家重点学科和博士授权点，这直接制约着高端人才培养的数量和质量；第二，河南省高水平特色型大学的特色学科、优势学科多分布在传统产业，在经济转型背景下，对战略新兴产业人才培养能力有限，这直接影响到战略新兴产业的人力资源供给；第三，河南省高水平特色型大学已经从单科性学校发展为多科性大学，受规模扩张影响，特色专业受到冲击。

2.1.6.3 河南省构建高水平特色型大学的政策建议

（1）河南省高水平特色型大学的战略定位

建设高水平特色型大学，要求河南省政府在师资、资金、可利用的政策有限的情况下，在加快郑州大学、河南大学等高水平综合大学建设的同时，实施“钉子战略”，即将有限的资源集中于某一学科点、学科面，坚持有所为，有所不为，以特色打造竞争之矛，实施差异化战略，使部分高校的若干学科、专业进入国内先进行列。《河南省教育发展中长期规划纲要》（2010~2020年）也明确指出，“建设高水平大学和重点学科。以学科建设为基础，加快高水平大学建设步伐，在若干领域抢占制高点，构筑河南思想文化、科学技术高地。加快郑州大学‘211工程’建设，大力推进河南大学等高校实施省部共建，建设若干所骨干高等学校，使其整体水平或若干学科、专业进入国内先进行列”。

（2）河南省高等院校必须强化办学特色

高校的办学特色是指高校在办学过程中逐步形成、传承并被社会认可的、独特的办学特征和个性风貌。我们反对泛特色论，即某高校的任何行为都富有特色；更不赞同特色虚无论，认为高校特色可有可无。因为办学特色事关大学核心竞争力的有无与强弱，事关高校的就业与招生，事关省属高校承担社会责任的能力，事关高校的社会服务能力的强弱。因为：首先，具有鲜明的特色办学才能适应学生的个性发展，才能为各种人才的成长开辟不同的道路（陈小娅，2009）。其次，鲜明的办学特色有利于省属多科性大学开展行业共性技术研究，有利于形成在国内或者国际领先的优势学科。最后，鲜明的办学特色有利于省属多科性大学建立有效的产学研结合机制和广泛的行业企业合作网络，才能把发展优势学科和优化学科布局相结合，做到立行业需求之地，顶国际领先之天（赵沁平，2007）。

①特色学科的战略设计与制度保证。特色定位属于高校的战略问题，需要由校领导推动，并辅以科学的战略设计与制度保证。其要点为：第一，学校领导根据学校的历史变迁、行业依托，提炼出富有特色的办学理念；第二，学校领导根据学校学科基础、行业依托、师资力量、科研基础、专业前景，进行广泛调研、论证，明确现有某学科为学校的特色学科或将某学科发展为特色学科，并通过规范性文件确保该学科重点发展、优先发展；第三，学校制定特色学科发展规划，明确特色学科内涵建设指标与标志性成果获取计划；第四，构建特色型高校应有的行业精英人才培养理念和相应的大学文化。

②特色学科的资源保证。多科性大学的发展应坚持有所为、有所不为的办学思路，将有限的办学资源向特色学科倾斜。第一，明确学校的可支配资源。这里的资源既包括有形的资源，如资金、设备、场地、图书、实验室，也包括无形资源，如科研政策、人事政策、考核政策等；第二，将学校可调控资源向特色学科倾斜，完善特色学科的办学条件；第三，打造保证特色学科发展所必需的学科平台，培育特色学科发展的研究团队。

③特色学科的人力资源保证。大学之大，在于大楼，更在于大师。特色学科一般应拥有高水平的师资队伍和研究团队。特色学科的人力资源保证包括：第一，学科带头人遴选。学校通过内部培养与外部引进相结合的方式，根据胜任力模型遴选出特色学科的学科带头人，并围绕该带头人组建研究团队。第二，将有限的人事编制向特色学科倾斜，根据学科发展需要引进学术骨干，形成学源结构、职称结构、学历结构、年龄结构相对协调的学术梯队。第三，特色学科辅助人员保证，即设立专职化管理人员或学科秘书处理特色学科发展中的日常事务。

④特色学科的绩效评价体系。特色学科的绩效评价体系应区别于其他

学科。第一，特色学科的评价应着眼于长远。目前，多数高校对教师的考核采取年度考核与聘期考核相结合的方式，聘期考核一般为3年。培养一个特色学科，所需要的时间长，取得标志性成果的难度大。因此，对特色学科的绩效考核应采取长周期制。例如，可以考虑将特色学科团队的聘期设为5年，采取3年期中考核，5年期末考核制度。第二，考核内容多元化，但应有所侧重。特色学科的考核内容包括学科硕博士点建设、实验室建设、科研成果、人才培养、学科地位等内容，但考核内容应有所侧重。第三，考核对象是学科带头人领导下的学科团队。其中，学科带头人为考核重点。第四，引入独立第三方考核制度。即考核由本校人事部门牵头，由国内外本学科权威人士组成，避免形成“外行评价内行”的畸形评价制度。第五，评价后应及时反馈，避免考核流于形式。

⑤特色学科与其他学科的协调机制。在某种意义上讲，将有限的教学资源向特色学科倾斜也是省属高校的无奈之举，但多科性大学不同于单科性高校。多科性大学在强化特色的同时，对其他学科也需要给予高度关注和适度扶持，保证其他学科正常运行和有序发展。我们认为，对多科性大学而言，其他学科可以围绕特色学科布局，围绕特色优势学科进行专业与学科拓展，以实现特色学科办学效益的最大化。例如，原纺织部所属高校围绕纺织学科开设纺织经济、纺织营销、纺织贸易研究方向，既突出学校的纺织特色，又拓展了学科范围。

⑥特色学科的宏观扶持政策。特色学科的培育与构建不仅需要高校自身的战略调整，也需要地方高等教育管理部门的支持。地方高等教育管理部门应认识到特色型高校建设的重要性，并给予必要的政策支持。2008年，教育部直属高校第二届高水平特色型大学发展论坛明确提出，应将建设高水平特色型大学纳入高等教育发展战略重点，建立针对特色型大学的科学评价体系，实行更加适合特色型大学建设的教育拨款制度，加强特色型大学与所在地区及行业合作。

（3）河南省高等院校人才培养必须服务于经济转型

河南省产业结构呈现出“重型化”特征，即传统优势产业比重大，战略新兴产业比重轻。所谓传统优势产业，是指在某一区域内由于某种原因而成长发展起来的，具有悠久历史和区域特色的，在区域整体经济发展中具有较强市场竞争力、获取附加值能力强、资本积累能力强、对本区域或本国经济有较强影响力和控制力的产业。目前，河南省高等院校工科设置多围绕材料、化工、纺织、食品、煤炭、钢铁、机械制造等专业展开，不能为战略新兴产业提供充分的人力资源供给。

战略性新兴产业，是指处在成长期、发展速度快、产业关联性强、市场影响力巨大、能够成为未来一个时期的国民经济支柱，并对未来产业结构产生决定性作用的产业。培育战略性新兴产业要求实现从资本深化到技术深化，从投资拉动到技术驱动。从某种意义上讲，战略性新兴产业是国家创新体系建设在产业层面的强力推进，因此，技术创新和人力资源供给是培育战略性新兴产业成败的关键。国家显然已经意识到上述问题的严重性与迫切性。2010 年初至今，国家先后出台《国家中长期人才发展规划纲要（2010～2020 年）》《国家中长期教育改革和发展规划纲要（2010～2020 年）》《中国的人力资源状况白皮书》等系列文件，提出要“造就宏大的高素质人才队伍，突出培养创新型科技人才，重视培养领军人才和复合型人才，大力开发经济社会发展重点领域急需紧缺专门人才”。2010 年 3 月，教育部以教高厅函〔2010〕13 号的形式鼓励国内高校新能源产业、信息网络产业、新材料产业、农业和医药产业、微电子和光电子材料等领域申报新专业。2010 年 6 月 23 日，教育部启动“卓越工程师教育培养计划”，以加速战略性新兴产业的人才培养。

然而，上述计划，都与河南省高校无缘。破解河南省战略性新兴产业的人力资源供给“瓶颈”必须加强相关人才发展统筹规划和分类指导，围绕重点领域技术创新人才、工程技术人才、产业实用专业技术人才等异质性人力资源，创新相关产业的人才培养开发与评价发现机制。开发战略性新兴产业人才需要围绕装备制造、信息、生物技术、新材料、海洋、能源资源、现代交通运输等重点领域，兼顾当前需求与长远需求。一方面，依托国家重大科研项目、国家重点工程和重大建设项目，培养中青年科技创新领军人才、科技创新创业人才、高技能复合型高端人才，建设重点领域创新团队、创新人才培养示范基地；另一方面，建立其人才培养结构与经济社会发展需求相适应的动态调控机制，优化教育学科专业、类型、层次结构和区域布局，围绕战略性新兴产业，开展大规模的知识更新继续教育，培训骨干专业技术人才、产业实用专业技术人才，构建起网络化、开放式、自主性终身教育体系。

2.2 科技人力资源供给：基于协同理论的中部实践①

科技人力资源是指实际从事或有潜力从事系统性科学和技术知识的产生、发展、传播和应用活动的人力资源，既包括实际从事科技活动（或科技职业）的人员，也包括具有从事科技活动（或科技职业）潜能的人员。科技人力资源是建设创新型国家的主导力量和战略资源。实现中部崛起，关键在于科技创新，其核心在于科技人力资源的开发。因此，需要对中部地区科技人力资源的开发策略进行研究。

2.2.1 中部地区科技人员开发现状

科技人力资源的数量、质量和结构是衡量一个国家和地区科技实力和创新能力的重要指标。科技人力资源的数量决定该地区科技活动的规模，科技人力资源的素质决定该地区的科技创新能力，科技人力资源的结构对科技人员在科技和经济发展中的作用产生重要影响。因此，分析中部地区科技人力资源开发现状，也应着眼于科技人力资源的数量、质量和结构。

2.2.1.1 中部地区科技人员规模

科技人力资源的认定依据主要有二：一是“资格”，即受教育程度；二是“职业”。具体来讲，科技人力资源是指满足下列条件之一的人：

第一，完成科技领域大专或大专以上学历（学位）教育的人员，或按

① 赵志泉．基于协同理论的中部地区人力资源开发策略研究［J］．技术经济与管理研究，2013（2）．

联合国教科文组织《国际教育标准分类法 1997》（ISCED1997）的标准分类，在科技领域完成第五级教育或第五级以上教育的人员。

第二，虽然不具备上述正式资格，但从事通常需要上述资格的科技职业的人员。根据上述标准。2007 年，我国从事科技活动人员达到 4500 万人，其中，中部地区 1020 万人，占国内科技人力资源的比重为 22.53%，低于中部地区人口比重（26%）。2008 年，中部万人专业技术人员数名次列全国第 12 至 29 位之间，均低于全国平均水平（见表 2－12）[①]。

表 2－12　　　　2008 年度中部地区科技人力资源监测值

地区	河南		湖北		湖南		江西		安徽		山西	
	监测值	名次	监测值	名次	监测值	名次	监测值	名次	监测值	名次	监测值	名次
科技人力资源	42. 23	24	66. 62	12	50. 87	21	55. 57	18	36. 34	29	66. 53	13
万人专业技术人员数	220. 1	24	258. 36	16	200. 3	27	194. 6	28	166. 6	30	305. 8	6
万人 R&D 科学家和工程师	5. 17	22	10. 21	13	5. 64	18	4. 94	23	4. 86	24	8. 32	15

资料来源：根据科技部《科技资料汇编》（2009）整理。

2. 2. 1. 2　科技人力资源结构

衡量科技人力资源结构有多重指标，如学历结构、年龄结构、行业分布、组织分布状况等。统计中，常以执行部门、学科分布、产业分布等来判断科技人力资源结构的合理性。

（1）执行部门

企业、政府研究机构、高等院校是我国 R&D 活动的三大执行部门。企业是我国科技创新活动的主力。2009 年，我国 71. 9% 的 R&D 人员分布在企业[②]。中部企业 R&D 人员比重低于全国平均水平。以山西省、江西省为

---

① 科技部．科技统计资料汇编（2009）［EB/OL］.（2012－04－19），http：//www. sts. org. cn/zlhb/zlhb2009. htm.

② 科技部．中国科技统计数据（2010）［EB /OL］.（2010－04－19），http：//www. sts. org. cn/zlhb/zlhb2009. htm.

例，2007 年，山西省企业 R&D 人员比重为66.5%，近34%的 R&D 人员分布在高等院校和科研机构[①]。2008 年，江西省主要学术学科带头人和“井冈之星”青年科学家培养对象主要分布在高校、科研和医疗卫生机构，企业作为科技创新的主体，占有比例明显偏低，不到20%[②]。

（2）学科分布

这里的学科主要包括自然科学领域、农业科学领域、医药科学领域、工程与技术科学领域、人文与社会科学领域。与全国情况相似，中部科技人力资源主要分布在工程与技术科学领域。

（3）产业分布

中部地区传统优势产业以能源、普通机械制造业、食品加工、纺织、电子及通信设备制造业、石油加工及炼焦业、有色金属冶炼及压延加工业等为主导，其科技人力资源也主要分布在这些传统优势产业。

2.2.1.3 科技人力资源质量

根据从事科技活动的内容和范围，可以将科技人力资源分为专业技术人员、科技活动人员和研究与发展人员、科学家和工程师等层次。其中，研究与开发（R&D）人员、科学家和工程师是直接从事研究与发展活动的人员，是科技人力资源中质量较高的部分。然而，中部六省研究与开发（R&D）人员远低于全国水平。2008 年，湖北、山西、湖南、河南、江西、安徽6省万人 R&D 科学家和工程师数分别列全国第13、第15、第18、第22、第23和第24位[③]。2010 年，中部地区 R&D 人员每千人总计417.3人（见表2－13）[④]，占全国的16.35%，虽较2009年有所增长，但仍远低于全国平均水平（25.54%）。

---

① 陈静．山西省 R&D 人力资源投入现状分析［J］．山西高等学校社会科学学报，2009（5）．

② 科技部发展计划司．2007 年江西省科技人力资源发展状况分析［R］．科技统计报告，2008（17）．

③ 科技部．科技统计资料汇编（2009）［EB/OL］．(2010－04－19)，http：//www.sts.org.cn/zlhb/zlhb2009.htm．

④ 李燕萍，施丹．中部地区科技人力资源软实力“塌陷”现象研究［J］．武汉大学学报（社会科学版），2008（5）．

表 2-13　　中部地区 R&D 人员数量　　单位：千人年

地区	2010 年	2009 年
	R&D 人员	R&D 人员
湖北	97.9	91.16
湖南	72.6	63.84
河南	101.5	92.57
山西	46.3	47.77
江西	34.8	33.06
安徽	64.2	59.70
合计	417.3	388.54
全国平均	2553.8	2291.25

资料来源：科技部：2011 年中国科技统计数据，科技部网站。

2.2.2　中部地区科技人力资源开发存在的问题

2.2.2.1　科技人力资源总量不足，结构和配置不合理

中部地区科技人力资源总量有限，不足全国的25%，且在结构和配置上也不尽合理。(1) 中部地区专业技术人员更呈现出“两低”特征：一是平均每万人中专业技术人员数与我国其他主要地区相比较低；二是平均每万名专业技术人员中 R&D 科学家和工程师数与我国其他主要地区相比较低；(2) 高校和科研院所科技人才所占比例较高，面向经济主战场的企业科技人才比例较低，而非公有制经济占有的科技人才比重更低；(3) 试验发展人员比重大，基础研究、应用研究人员比重较小。

2.2.2.2　高水平科技人才、创新团队匮乏

中部地区 R&D 科学家工程师数量比在全国处于中下游水平，国内有影响、有实力的创新型领军人才、科技创新团队屈指可数。以河南省为例。截至2011 年年底，河南全省仅有院士 18 人，低于国内一所知名大学拥有的院士数。高层次、创新型的领军人才奇缺，导致中部人才聚集效应无法形

成，人才的“放大效应”难以实现。

2.2.2.3 科技人力资源投入强度有限，产出能力不强

根据科技部统计数据，中部地区科技活动投入和产出水平均低于全国平均水平。2009年，湖北、湖南、山西、江西、安徽科技活动投入指数分别列全国第11位至第20位之间，科技活动产出水平只有湖北进入全国前十名（第10名）①。科技人力资源数量不足、投入不足使中部地区综合科技进步水平低于全国平均水平。同年，中部地区安徽、河南、山西、湖南均列全国综合科技进步水平第三类区域，江西列第四类区域，只有湖北进入第二类区域②，但仍低于全国平均水平（见表2-14）。

表2-14　　　　中部科技活动投入、产出指数及位次

	投入指数	投入指数位次	产出指数	产出指数位次
湖北	49.91	11	40.16	10
湖南	39.73	18	39.51	12
河南	37.19	22	23.64	24
山西	42.10	16	17.00	29
江西	38.25	19	20.15	27
安徽	42.76	14	27.30	20
全国平均	55.13		56.47	

资料来源：科技部发展计划司：2010全国及各地区科技进步统计监测结果，科技部网站。

2.2.2.4 科技人力资源不足以支持战略性新兴产业发展

战略性新兴产业，是指处在成长期、发展速度快、产业关联性强、市场影响力巨大、能够成为未来一个时期国民经济支柱，并对未来产业结构产生决定性作用的产业。战略性新兴产业是国家创新体系建设在产业层面

① 科技部发展计划司.2010全国及各地区科技进步统计监测结果（二）[R].科技统计报告，2010（2）.

② 科技部发展计划司.2010全国及各地区科技进步统计监测结果（一）[R].科技统计报告，2010（1）.

的强力推进，技术创新和人力资源供给是培育战略性新兴产业成败的关键。中部地区新能源、节能环保、电动汽车、新材料、新医药、生物育种和信息产业等战略性新兴产业科技人力资源相对匮乏。2010 年 6 月 23 日，教育部启动“卓越工程师教育培养计划”，以期加速战略性新兴产业科技人力资源培养，但中部高校入选者仍然甚少。

2.2.3 中部地区科技人力资源协同开发机制

所谓协同，是指两个或者两个以上的不同资源或者个体，协同一致地完成某一目标的过程或能力。该理论 1971 年由德国科学家哈肯提出。哈肯认为，自然界和人类社会的各种事物普遍存在有序、无序的现象，一定的条件下，有序和无序之间会相互转化，无序就是混沌，有序就是协同。在一个系统内，若系统中各子系统（要素）能很好配合、协同，就能集聚成一个总力量。中部科技人力资源的数量、质量落后于全国平均水平，只有实施协同开发战略，才能实现科技人才开发的“整体崛起”。

2.2.3.1 围绕战略产业构建科技人力资源联盟

协同理论强调开放和整合。中部地区科技人力资源的规模、质量虽整体落后于全国平均水平，但武汉、合肥、郑州等城市仍聚合了一批国内领先的高校、国家重点实验室、国家工程技术中心和科研团队。为实现“后发优势”，中部各省不妨以开放的心态，围绕其传统优势产业和战略性新兴产业整合科技优势，建立科技人力资源战略联盟，实现科技人力资源培养与开发工作的整体联动。这要求强化地区间高新技术企业与高等院校、科研院所人才培训与交流的跨省合作，依托国家重大科研项目、国家重点工程和重大建设项目，联合培养高层次领军人才、中青年科技创新领军人才、科技创新创业人才、高技能复合型高端人才，培训骨干专业技术人才、产业实用专业技术人才，联合建设重点领域创新团队、创新人才培养示范基地。

2.2.3.2 协同实施科技人力资源流动与配置机制

协同理论强调共生与双赢。协同实施科技人力资源流动与配置机制要求中部地区协调人才评价机制，打破人才流动的行政障碍，健全科技人力资源的供求、价格、竞争机制。这要求中部地区加强对人才流动的政策引导和监督，推行科技人力资源共享政策，采取兼职聘用、项目开发、科研和技术合作等方式，吸引各类科技人力资源服务于中部；要求推进科技人力资源一体化进程，破除人才流动的体制性障碍，完善发挥市场配置人才资源基础性作用的政策措施；要求政府协调海外人才引进渠道和工作机制，吸引海外人才流向中部；要求政府健全专业化、信息化、产业化、国际化的人才市场服务体系，推动区域产业、人才协调发展。

2.2.3.3 协同实施科技人力资源激励与保障机制

协同理论强调系统要素的主动配合和自动协调。培养一支规模宏大、结构合理、素质优良的科技人力资源队伍，要求中部地区协调知识、技术、管理、技能等生产要素按贡献参与分配的办法，协调创新人才的绩效评价制度、薪酬制度和医疗保健和社会保障制度；协调以养老保险和医疗保险为重点的人才保障体系，使科技人力资源主动扎根中部、服务中部。

2.3 “中国制造”人才供给威胁：“读书无用论”

2.3.1 “读书无用论”在中国

教育是提高人力资源素质的最重要途径，人力资源强国建设，关键在教育。然而，读书无用论在我国却颇具市场。所谓读书无用论是指某些人或群体在评价社会现象时，因为目标与现实之间存在差距，自我难以理解或难以改变，而对读书（或教育、知识、学习）所持有的一系列否定态度和观点。

新中国成立后，读书无用论在三个历史阶段最为流行。

第一阶段：“文革”期间。“文革”期间，“智育第一”“分数挂帅”“白专道路”受到猛烈批判，全国流行“停课闹革命”，书读得愈多反而被认为是愈反动。大批大中学生毕业纷纷上山下乡，知识分子沦为“资产阶级知识分子”“反动学术权威”“臭老九”，全国高校大面积停办，大批判贯穿教学，工农兵走上讲台，教育内容稀薄、残缺。师道尊严荡然无存，教育工作者人人自危。

第二阶段：20 世纪中后期。起步于 1978 年的经济体制改革使私营经济得到快速发展。最早一批从事简单生产加工和贸易的人受益于有计划的商品经济体制使其收入快速增长，而国家工作人员、事业单位人员的收入却无法得到显著改善，体脑倒挂现象严重，“造原子弹的不如卖茶叶蛋的，拿手术刀的不如拿杀猪刀的”社会现实，使读书无用论再次盛行。

第三阶段：20 世纪末至今。1998 年开始为应对亚洲经济危机，教育出现产业化倾向，高校招生规模急剧扩张，各级学校学费猛增，教育体制畸形，教育质量相对下降，教学与社会脱节，大学生就业困难。贫困群体（尤其是农村）负债读书、还债无望，初中生流失、辍学现象严重。读书无用论再次抬头。

2.3.2 读书与否的投资决策

影响人力资源质量的因素具有多样性。其中，教育投资是提升人力资源质量的最重要途径。按照教育投资的层次，教育投资可分为宏观层次和微观层次，前者主要是指国家和社会投资办教育，后者主要是指家庭和个人对子女或本人的教育投入。根据经济人假说，家庭或个人是否愿意投资教育仍受成本收益分析法支配。

2.3.2.1 教育投资成本

教育投资需要一定成本。对个人而言，教育投资成本包括：

（1）直接成本

包括学费、书籍费和交通费、住宿费以及因为接受教育而引起的生活费用方面的额外支出等。《二〇〇六年：中国教育的转型与发展》蓝皮书指出，中国大学学费一般在 5000 元到 1 万元不等，比起 1989 年，增加了 25 倍以上；而同期，城镇居民人均年收入只增长了 4 倍，扣除价格因素实际增长2.3倍，大学学费的涨幅几乎10倍于居民收入的增长。根据2004年我国城镇居民年平均纯收入和农民年平均纯收入9422元和2936元计算，供养一个大学生，需要一个城镇居民4.2年纯收入，需要一个农民13.6年纯收入。

对“三本”而言，学费更加高昂，多在1万元到1.5万元之间，而部分院校的部分专业收费之高更是惊人。2011年，江苏省“三本”高校的收费基本上是每年1.3万元，浙江省多在1.6万元以上，湖北省“三本”高校普通文理专业学费每年多在1万元。北京工商大学嘉华学院保险、英语、市场营销专业学费每年都在2.2万元。作为独立学院的北京邮电大学世纪学院有6个专业每年学费都在1.8万元，数字媒体技术专业学费更是高达3.2万元。

高校收费标准已经逼近我国广大普通家庭的承受能力。高收费已经成为西部地区农民脱贫的严重障碍。

（2）间接成本

即因受教育而放弃的收入或所谓的机会成本。2009年，外出农民工月平均收入为1417元。

2.3.2.2 教育投资收益

这里的收益主要是指个人从高等教育中得到的收益，包括经济收益、社会收益和心理收益。其中，经济收益是每个普通家庭考虑的重点。个人收益可以用个人教育收益率衡量。个人教育收益率是指个人因受高等职业教育而增加的个人收入扣除所得税（指增加的个人纯收入）并经贴现后，与贴现后的教育成本之比值，再乘以100%所得的值。教育投资收益多寡是是否接受高等教育的重要考量。其直观评价指标为大学毕业后的薪酬水平。根据智联招聘统计，经历2009年下调，2010年各学历毕业生起薪点都会有所上浮。预计全国大专生平均薪酬为1468元/月，本科生平均起薪为2036元/月，硕士生平均起薪为2946元/月，博士生平均起薪为4325元/月。

大学生薪酬水平与教育质量息息相关。评价教育质量的重要指标为大学生就业的专业对口率。根据麦可思调查公司2010年度颁布的本科专业对口率的调查结果显示，2009届本科毕业生专业对口的比例为67%，较2008

年下降了4个百分点，也就是说有近三成大学生毕业后的工作与本科专业毫无关系。对口率最低的专业为哲学，仅为41%。专业不对口，意味着“所学非所用”，4年受教育对职业发展整体失败。

劳动力市场供求关系是影响大学教育回报的另一重要因素。随着高校逐年扩张，大众教育取代精英教育（见表2－15），大学学历不再是稀缺资源，高校学历的含金量被不断稀释。

表2－15　　扩招以来全国高招情况

年份	报考人数（万人）	招生人数（万人）	录取率（%）
1999	288	159.6	55.6
2000	375	220.5	58.9
2001	454	268.1	59.0
2002	510	313.7	62.7
2003	613	345	62.3
2004	729	423.3	61.3
2005	877	504.4	57.5
2006	950	540	57.5
2007	1010	567	56.0
2008	1050	599	57.0
2009	1020	625	61.7
2010	947	657	69.4
2011	933	675	72.3
2012	915	685	74.86
2013	912	694	76.0
2014	939	698	74.33
2015	942	700	74.33

资料来源：根据中华人民共和国教育部历年的《全国教育事业发展统计公报》以及网络新闻整理。

2.3.2.3　两难决策：是否读大学

接受教育是一种人力资本投资行为，读大学与否的决策可以用人力资本投资的成本—收益分析模型得以解释（如图 2 - 2 所示）。

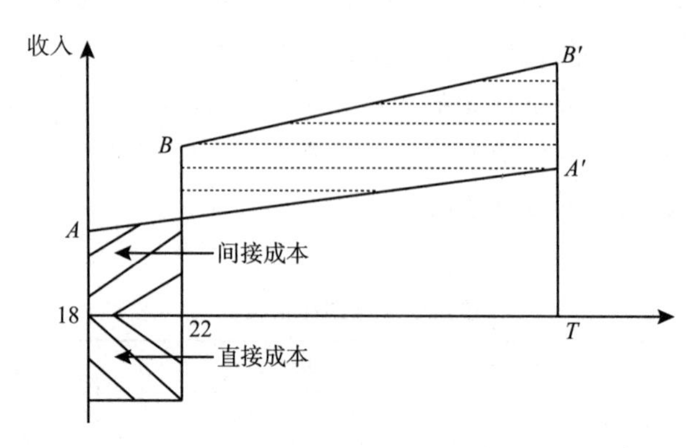

图 2 - 2 受教育的投资收益

假定直线 AA'表示未接受高等教育的收入流，BB'表示接受高等教育的收入流，通常情况下，直线 BB'将高于直线 AA'，即接受高等教育的个人收益将高于未接受高等教育者，但接受高等教育将至少发生两种成本：包括学费在内的直接成本和未及时就业所构成的间接成本（机会成本）。作为理性人，只有接受高等教育后增加收入部分超过其成本支出时，才决定接受高等教育。同时，增加的收入是未来的收入，教育的成本却是近期发生的（接受高等教育的成本—收益分析需要引入现值和贴现因子的概念）①。

接受高等教育获得的净收益现值可以由下式表示：

$$V = \sum_{I=18}^{T} \frac{Y_i^b - Y_i^a}{(1+r)^{i-18}}$$

V 表示接受高等教育获得的净收益现值，Y_i^b 和 Y_i^a（$i = 18, 19, \cdots, T$）分别表示接受高等教育和不接受高等教育的净收入流，T 表示退休年龄，r 是一个主观贴现因子，表示某人的时间偏好，r 越大表示其偏好现在，那么未来贴现值越小。如果 Y_i^b 和 Y_i^a 外生给定，则接受高等教育者一定是相对偏好未来的人。（一般情况下，人们对未来主观贴现率与利率呈正相关，即给定利率的情况下，理性的教育投资决策应是将人力资本投资

① 陆铭．劳动经济学［M］．上海：复旦大学出版社，2002（9）：92 - 93.

进行到教育的内部收入率等于利率为止。）相反，较高的银行利率和其他投资收益率将降低人们接受高等教育的热情。根据该模型，收入流的时间长度 $T-18$ 是影响教育收益。延迟退休年龄，将提高接受高等教育者（或培训者）的净收益。

2.3.3 展望

读书无用论是受教育者教育投资—收益理性分析的结果。然而，该分析存在着重物质回报、轻精神回报的缺陷，读书所可能带来的社会地位提升、体力劳动强度降低、读书带来的愉悦等效用被忽视。

从长期看，读书无用论的舆论空间势必会被压缩。原因至少有二：其一，随着国家人力资源强国战略的推进，国家对教育的财政经费投入必将稳定增长。换言之，家庭和个人的教育投资份额将相对下降，个人受益将相对上升；其二，随着中国老龄化加剧，延迟退休年龄将成为必然，换言之，教育投资收益期间将延长。

2.4 创新型人才供给管理：高校人力资源开发

2013 年国内城镇需就业的劳动力达到 2500 万。其中，全国大学毕业人数近 700 万左右，占新增就业人口的 28%，史称“最难就业季”。为此，国务院出台《国务院办公厅关于做好 2013 年全国普通高等学校毕业生就业工作的通知》（国办发〔2013〕35 号），要求把高校毕业生就业工作摆在更加突出的重要位置。2012 年 11 月、2013 年 2 月、2013 年 4 月，教育部先后召开教育系统部署会、形势分析会、工作推进会，要求有关部门研究拓宽渠道、扶持创业、困难帮扶、征集入伍等有针对性的政策措施，督促各地各校全力做好高校毕业生工作。

就业问题是最大的民生问题，中国高等院校人才培养首先应服务于学生就业需求。然而，长期以来，中国高校专业设置和人才培养存在严重同质化倾向，高等教育重规模、轻质量，重学历、轻能力，重理论、轻实践，大学毕业生更像一个“移动的书柜”“盲目的学奴”，而非智慧的职场精英[①]，鉴于此，社会各界要求高等院校进行人才培养模式改革的呼声此伏彼起。高等院校承担着人才培养、科学研究、服务社会、文化传承创新四大功能。人才培养是高等院校的基础性、主导性工作，满足学生高质量求学需求是高校的主要任务。高校人才培养模式改革应以学生需求为导向。

2.4.1 高校毕业生的主要需求及其研判[②]

高校毕业生的需求大体有三：直接就业、继续深造和独立创业。

2.4.1.1 就业需求

直接就业是学生毕业后的主要选择，70%的高校毕业生会在毕业时选择直接就业。对就业而言，涉及的问题有二：就业规模和就业质量。

（1）就业规模

评价就业规模的指标主要是就业率。毕业生就业率=已就业毕业生人数/需就业的总毕业生人数。教育部每年会统计并发布就业率数据，各研究机构则通过调查、统计、发布不同专业的就业率，进行红牌专业、黄牌专业预警。根据2013年6月9日麦可思研究院发布的《2013年中国大学生就业报告》（即“就业蓝皮书”），2012届大学生毕业半年后的就业率为90.9%。其中，本科院校为91.5%，高职高专院校为90.4%[③]。其中，动画、法学、生物技术、生物科学与工程、数学与应用数学、体育教育、生物工程、英语、美术学被列入红牌专业，就业形势不被看好。

（2）就业质量

就业质量评价较为复杂。因为它不仅涉及就业行业、就业岗位、工资薪酬、就业地点等客观因素，还涉及就业者的主观感受。一般而言，评价

---

① 2012年高校人才培养面临的问题与发展趋势［EB/OL］.（2012-02-14），http：//edu. cyol. com.

② 赵志泉，黄乾．以学生需求为导向的高校人才培养模式研究［J］．中原工学院学报，2013（6）．

③ 麦可思研究院．2013年中国大学生就业报告（EB/OL）．（2013-06-06），http：//news. wehefei. com/html/201306/0691742722. html.

就业质量主要依据下列因素：①就业行业，即是在国家政府部门、垄断行业就业，还是在竞争性行业就业；②就业企业，即是在国有垄断企业、跨国公司、事业单位，还是在民营企业就业，是在大型企业就业，还是在中小型企业就业；③就业岗位，即是任职管理层（白领），还是普通员工（蓝领）；④就业地点，即是在北京、上海、广州、深圳等大中城市就业，还是在小城市、小城镇就业；⑤工资薪酬，即用工单位所支付的工资薪酬是否能为毕业生接受或达到其心理预期。为便于考察，实践中多以就业满意度、职业期待吻合度、就业薪酬水平进行评判。

①就业满意度。就业满意度是指就业人群对自己目前就业现状所进行的主观判断。根据《2013 年中国大学生就业报告》，2012 届本科毕业生就业满意度为58%，但半年后降低至55%。对2009 届毕业生而言，毕业3 年后，就业满意度降至36%[①]。显然，国内高校毕业生就业满意度整体偏低。

②职业期待吻合度。即毕业生被调查时的工作与职业期待吻合的人数百分比。根据《2013 年中国大学生就业报告》，2012 届本科毕业生职业期待吻合度全国平均为47%，其中，建筑学最高，为70%；材料化学最低，为30%。换言之，全国超过一半本科毕业生的所学专业与所从事的职业无直接关系。

③初次就业薪酬水平。薪酬是评价就业满意度的最直接指标。根据《2013 年中国大学生就业报告》，全国 2012 届大学毕业生月收入 3048 元，较 2011 届增长了 282 元，而 2009 届毕业生薪酬平均达到 4550 元。这表明人力资本投入（接受高等教育）与其收益（薪酬收入）成正比。

2.4.1.2 深造需求

部分大学毕业生存在继续考研深造需求或专升本需求。考研深造包括国内攻读研究生和出国攻读研究生。研判考研深造需求的指标主要有二：考研率和研究生考取率。考研率是评判考研深造需求总量的主要指标；研究生考取率则是评价课堂教学质量的主要指标。

---

① 麦可思研究院．2013 年中国大学生就业报告（EB/OL)．(2013－06－06)，http：//news.wehefei.com/html/201306/0691742722.html.

某专业的读研比例 = 该专业毕业后就读研究生的毕业生人数/该专业毕业总人数。根据麦可思研究院发布《2013 年中国大学生就业报告》，2012 届本科毕业生读研比例占全国 9.5%，其中，临床医学、能源动力系统及自动化专业高达 42.7%、40.4%。

2.4.1.3 创业需求

科尔（Cole，1965）认为，创业是发起、维持和发展以利润为导向的有目的性的行为。创业是一种高质量就业，是创业者对自己拥有的资源或通过努力能够拥有的资源进行优化整合，从而创造出更大经济或社会价值的过程。

成功的创业者需要有较强的创新活力、冒险精神、执行能力以及团队精神。因此，不是每一个大学毕业生都适合创业。因此，创业需求者在高校毕业生中所占比例较小。然而，创业本身所蕴含着巨大社会效益与经济效益，因此，国家和各高等院校普遍重视创业教育。为推动高等学校创业教育科学化、制度化、规范化，2012 年 8 月教育部发布教育部办公厅关于印发《普通本科学校创业教育教学基本要求（试行）》的通知》（教高厅〔2012〕4 号），要求切实加强普通高等学校创业教育工作。

2.4.2 基于毕业生需求满足视角的问题研判

中国高等教育历经十多年规模扩张后，重规模、轻质量的发展模式已饱受非议。因此，稳定规模、优化结构，强化特色、注重创新，走以质量提升为核心的内涵式发展道路已经成为国家和社会的共识。2012 年 3 月 16 日，教育部以教高〔2012〕4 号印发《关于全面提高高等教育质量的若干意见》（以下简称《意见》）。该《意见》强调，要完善人才培养质量标准体系，创新人才培养模式，要“全面实施素质教育，把促进人的全面发展和适应社会需要作为衡量人才培养水平的根本标准”①。然而，现行人才培

① 教育部. 关于全面提高高等教育质量的若干意见（教高〔2012〕4 号）（EB/OL).（2012－04－20），http://money.163.com/12/0420/14/7VHSH81F00253B0H.html.

养模式与国家要求、社会期盼仍相距甚远。

2.4.2.1 现行质量评价标准缺乏对毕业生需求的考量

为切实提高高等教育质量，国家已经确立起政府、学校、专门机构和社会等多元化高等教育质量评价制度。其具体内容包括：国家评价，即组织国家本科教学水平评估和专业评估；高校自我评价，即要求高校发布本科教学质量报告；社会评价，即鼓励行业依据国家标准制定相关专业人才培养评价标准，鼓励高校参加行业专业认证；国际评价，即在工程、医学等领域探索与国际实质等效的专业认证，鼓励有条件的高校开展学科专业国际评估。

毕业生是高等教育质量评价的直接受益者，也应当是质量评价的参与者。然而，依据现行教育质量评估制度，高校毕业生的主体地位被忽视，其多元化需求无法直接体现在评价体系中。国内多数高校对毕业生的需求缺乏理性分析，更无实质性改革举措。

2.4.2.2 签约率并不能完全反映学生真实需求

国家教育行政主管部门一直将签约率作为高校办学质量评价的重要依据。签约率=已经签约人数/毕业总人数。为满足国家教育行政管理部门对于签约率的要求，高校不得不采取各种变通政策提高签约率。例如，将签约与否与毕业证发放挂钩、强迫学生签订虚假就业协议。尽管各高校每年所公布的签约率都超过90%，但这与学生感受和社会观察相距甚远，真实签约率成为无法确认的谜团。基于此，教育部再三重申，高校不准以任何方式强迫毕业生签订就业协议和劳动合同；不准将毕业证书、学位证书发放与毕业生签约挂钩；不准以户档托管为由劝说毕业生签订虚假就业协议；不准将毕业生顶岗实习、见习证明材料作为就业证明材料①。

---

① 教育部办公厅．关于切实做好全国普通高校毕业生离校阶段就业管理和服务工作的通知（教学厅〔2011〕7号）（EB/OL）.（2011-06-09），http：//www.fayi.com.cn/page/Fagui/128/doc_9_0_644971.html.

就业行为属市场行为，是高校毕业生和用工单位基于自我理性相互选择的结果。单纯以就业率评判办学质量，并将其与招生政策、专业设置政策挂钩，则带有明显的行政管理导向。其结果，各高校为提高报表所需的就业率而不得不做出虚假数字，就业率数据失真，学生真实需求被忽视。

2.4.2.3 对毕业生需求缺乏针对性的教改措施

高校毕业生面临着直接就业、继续深造和创新创业等多元化需求，但国内高等教育的同质化，使各高校在人才培养、目标定位、专业设置、课程体系等出现千校一面的局面。尽管国家一再鼓励高等科学定位，办出特色、办出水平，但现有并辅以“本科教学工程”“专业综合改革”等教育改革举措，包括“本科教学工程”“卓越计划”在内的教改项目，更多体现为质量评价的国家意志，并成为资源分配的手段。因此，现有教改措施无不沿袭着“争取项目—总结包装—再争取项目”的逻辑怪圈，教改效果大打折扣。

2.4.3 基于学生需求导向的人才培养模式改革

高等教育改革应以学生需求为本。因此，应将学生需求纳入人才培养评价体系，以学生需求为导向调整专业设置，以学生需求为导向进行人才培养模式改革。

2.4.3.1 将学生需求纳入人才培养评价体系

现行人才培养评价体系具有显著的行政管理痕迹。市场经济条件下，应确立起以学生需求为导向的人才质量评价体系。其一级评价指标为就业、深造、创业，其二级评价指标应至少包括学生就业规模、就业质量、薪酬水平、专业职业吻合度、综合满意度、研究生报考率、考研录取率、专升本率、创业意愿、创业成功率等。

2.4.3.2 以学生需求为导向打造特色专业群

学生需求根源于社会经济发展和企业需求。“高校设置学科专业不在多、不在全、而在特、而在强”①。因此，高等院校应根据社会经济发展变动趋势，积极进行专业调整，培育特色专业、品牌专业和强势专业。以中原工学院经济管理学院为例，学院充分认识到河南“三区”建设战略，即中原经济区、郑州航空港综合经济试验区、国家粮食生产核心区建设带来的机遇，提出根据“人有我优”“人优我强”“人强我特”原则，布局工商管理、管理科学与工程和应用经济学三大专业群。专业群内各专业以培养高级应用型人才为目标，确立特色课程模块，力争将会计学（税务筹划与管理）、工商管理（人力资源与管理决策）和市场营销（市场调查方向）建成在河南省具领先地位的特色专业。

2.4.3.3 以学生需求为导向进行人才培养模式改革

（1）以满足学生就业需求的教学改革

满足学生就业需求应着眼于提高毕业生的职业技能和职业素养。为提高学生职业技能和职业素养，中原工学院经济管理学院在教学中强化模拟教学和实践环节。①修订综合培养方案，强化管理学、经济学专业学生的工程意识和专业技术能力，在“卓越会计师计划”试点基础上，将工程化教育思想推广至工商管理、市场营销、信息系统与信息管理、工程造价等所有专业；②强化实践教学环节和企业仿真模拟教学。学院各专业不同比例提高实践教学课时数，并通过经济管理省级实验教学中心建设，实现各教学环节仿真模拟；③鼓励学科竞赛，以赛代教。即举办并鼓励学生参加电子商务大赛、市场营销大赛、“挑战杯”竞赛、国际贸易跟单大赛等各项赛事，鼓励学生在竞赛中提高实战技能；④实施“三证”教育，即鼓励学生在获取毕业证、学位证的同时，取得职业资格证书；⑤强化案例教学，学院组建本土化案例库，鼓励学生主动参与课堂讨论。

（2）以满足学生考研需求的教学改革

为满足部分学生考研深造需求，中原工学院经济管理学院通过定期教研活动，梳理专业课程理论要点，分析国内名校研究生考试的重点与偏好；

---

① 杜玉波．教育部副部长谈做好2013年高校毕业生就业工作［EB/OL］.（2013－06－09），http：//kaoyan. eol. cn.

通过修改综合培养方案，通过公共选修课，强化外语教学环节和数学教学环节，在理论广度和深度上满足考研学生对公共课程和主要专业课程的需求。

（3）以满足学生创业创新需求的教学改革

成功的创业者需要较强的创新意识、冒险精神、执行能力以及团队精神，中原工学院经济管理学院引入创业课程和创业竞赛，定期举办企业家论坛，引入企业导师，历练学生对机会、环境、资源和团队的把握和建设能力，为学生创业奠定基础。

2.5 制造强国的人力资源开发：印度的经验与启示[①]

中、印两国经济对比常常能引起国内外媒体的兴趣。美国纽约大学教授鲁比尼表示，如果印度放松外资对零售业的投资并且加大道路和桥梁等基础设施的支出，该国经济总量可能会在10年内超越中国。印度媒体也常用“飞奔的大象正在紧抓着龙的脚后跟”来表达本国在经济上发展的成就，认为印度经济“距离持续的双位数增长已经只剩下一层窗户纸”，“一个属于印度的经济发展神话也正在逐步到来”。国际社会之所以“唱高”印度经济，多以其人力资源潜力为基础。尽管目前印度全球人力资源竞争力排名落后于中国，但其一系列开发举措仍值得中国学习、借鉴。

2.5.1 印度人力资源：总量、结构与质量

2.5.1.1 印度人力资源总量与结构

印度是世界第二人口大国。2008年，印度总人口超过11.3亿。其中，男性5.8亿，女性5.5亿，15~64岁占64.5%，由于印度未实施强制性计划生育政策，其人口增量将继续快速增加。印度政府公布的数据显示，印

① 赵志泉，杨云．印度科技强国战略及其人力资源支持体系研究［J］．创新科技，2013（1）．

度将在16年内超越中国，成为世界上人口最多的国家。联合国人口基金会在其公布的《2008世界人口状况报告》中也指出，2008年印度总生育率是2.78%，而中国总生育率为1.73%[①]，到2050年时印度人口将达16.58亿人，超过中国同年的14.08亿人，成为世界人口第一大国。

与其快速增长的人口总量相比，印度人口年龄更令国际社会羡慕。截至2009年底，我国60岁及以上老年人口已达1.67亿，占总人口的12.5%，预计到2015年，老年人口将达到2.15亿，约占总人口的15%；2020年达到2.43亿，约占总人口的18%。而印度平均年龄是25岁，拥有世界上最多的青壮年人口（见表2-16）。庞大数量的年轻人口将是印度经济实现快速发展的最重要资本。

表2-16　　中国与印度人口结构比较　　单位：万人

年龄组	中国	印度	年龄组	中国	印度	年龄组	中国	印度
0~4	6846	12291	35~39	12464	7518	70~74	3434	1540
5~9	8005	11938	40~44	11136	6389	75~79	2190	928
10~14	10213	11233	45~49	8661	5375	80~84	1178	444
15~19	10894	10527	50~54	9335	4450	85~89	427	148
20~24	7824	9925	55~59	6849	3639	90~94	119	30
25~29	8380	9263	60~64	5044	2918	95+	25	3
30~34	10923	8581	65~69	4257	2216			
中国：2005年1%人口抽样调查；印度：美国人口普查局2006年资料。								

资料来源：水寒．中印人口结构初探，http：//tieba. baidu. com/f? kz=192140154。

在印度11亿人口中，适龄劳动力近5亿，其中，农村人口占60%，工业人口占17%，服务业人口占23%。印度劳动力增量惊人。联合国（UN）估计，到2035年，印度同期劳动力数量将增长33%，达到近10亿人，处在工作年龄段（15~59岁）的印度人将占到该国总人口的65%左右，令该国成为全球最大的劳动力市场。高盛（Goldman Sachs）表示，未来十年印

① 赵志泉，杨云．印度科技强国战略及其人力资源支持体系研究［J］. 创新科技，2013（1）.

度劳动力数量将增加1.1亿人，其GDP增速可能由此增加4个百分点。

2.5.1.2 印度人力资源质量

印度整体受教育水平较低。根据联合国教科文组织的数据，大学毕业生大约4800万人，占整个劳动人口不到12%。印度文盲人口居世界之最，缺乏基本识字能力的人口达3亿以上，占全球文盲人数的35%，成人识字率仅为59.5%。全球失学儿童20%在印度。

然而，科技人力资源开发在印度则居于战略地位。《印度科学报告》指出，科技人力资源是“技术进步、经济增长、社会发展和环境友好之间的重要桥梁，是人力资源的重要部分”。根据印度国家应用经济委员会《全国科技调查》（2004）所提供的数据，根据教育资格定义的印度科技人力资源多达4020万，占社会劳动力总量的11.0%；根据从事职业定义的科技人力资源为2680万，占社会劳动力总量的7.3%。

2.5.1.3 印度人力资源竞争力

评价人力资源竞争力竞争的主要指标包括人力资源开发存量、开发能力、开发投入和开发负债等。根据《人力资源强国报告》，2009年印度人力资源竞争力总体排名（第54位）远落后于中国（第19位），也与其人口大国的地位不符。影响其排名的原因在于15岁以上受劳动力比例、人均预期寿命、人均教育年限、人均GDP、公共卫生支出占GDP比例和三级教育综合入学率太低。然而，根据该报告，印度人力资源开发潜力列第4位，未来潜在的劳动力十分丰富。

印度科技人力资源在世界上具有强大的竞争力。印度科技人力资源集中于核能技术、空间技术、信息技术、生物技术和海洋技术等领域，这既成就了“印度硅谷”和印度科技的兴起，也支撑着软件、制造业、制药、生物科技、电讯、造船、航空和旅游等印度主导产业。富足的科技人力资源使印度成为软件及金融技术人员的“输出国”。以印度最负盛名的软件业为例。据美国移民局统计，印度每年大约培养出10万名工程师，其中5万~6万人都去了美国。美国每年发放的H-B1签证中，印度占了44%。

2.5.2 印度的人力资源开发体系：实践与成就

经济学家舒尔茨将人力资源作为解决“里昂惕夫之谜”的关键，印度政府也深谙教育在其经济社会发展中的地位。2010 年 7 月 24 日印度总统帕提尔女士表示，教育是印度最优先发展的产业，印度将大力提升高等教育产业，使高等教育的覆盖率提高到 30%，届时印度高校在校人数将从目前的 1400 万人提高到 4000 万人①。印度人力资源开发体系主要包括：

2.5.2.1 义务教育：以均衡化为导向

印度义务教育阶段在校人数 1.88 亿人，占全部受教育人口的 77.4%。2006 年印度人力资源开发部部长阿疆·塞提出希望 2010 年入学率达到 100%。为了确保所有儿童不论性别和社会阶层都要接受教育，2010 年 4 月 1 日正式生效的印度《儿童免费义务教育权利法》将女童、表列种姓和表列部落儿童、少数民族儿童和其他处境不利儿童等高失学率群体视为特别焦点群体予以重点关注。例如依据该法，国家实施失学女童返回学校计划，为大龄女童开设补习课程，设立女童教育专项资金；国家关注表列种姓和表列部落儿童的受教育机会，向一至八年级表列种姓和表列部落学生提供免费教科书，向每个表列部落儿童集中的县提供专项资金，开展教育创新活动，为穆斯林儿童实施“马德拉萨教育质量提高计划”；国家开办“替代性和创新性教育中心”，服务失学和辍学儿童、随家庭季节性流动儿童、流浪儿童、童工和其他处境不利儿童。该法将成为印度扫清教育均衡发展障碍、促进群体间教育均衡的利器。

2.5.2.2 高等教育：庞大而富有特色

印度将高等教育作为教育发展的龙头，其高等教育规模与质量居世界前列。印度现有国立大学 250 多所，各种公立学院 1 万多所。此外，全国还

---

① 胡唯敏．印度总统称将把高等教育覆盖率提高到 30% [EB/OL]. http://www.chinadaily.com.cn/hqgj/jryw/. 2010-09-25.

有私立理工学院1100多所。目前印度高等学校在校生约1400万人，高等教育的入学率约为11%，总体上属于精英教育。

印度把高等教育视作社会福利事业，其公立高校实行低收费政策。以尼赫鲁大学为例，2006～2007学年，尼赫鲁大学的本科生和硕士生年学费仅为216卢比（约合37.24元人民币）、杂费114.5卢比（约合19.74元人民币）。在高等教育领域，印度实施著名“保留入学配额”制度，为表列种姓学生保留15%、表列部落保留7.5%的入学配额①，以实现其教育均衡化目标。根据印度最高法院的决定，从2008年开始，印度中央所属高等院校不仅要为表列种姓、表列部落学生保留入学名额，也要为其他落后阶层学生保留27%的入学配额，以增加“夹心层”学生的入学机会。

印度高度重视工程技术教育。印度建国后不但仿照美国麻省理工学院（MIT）建立起6所“印度理工学院”（IIT），还在全国所有邦设立印度信息技术学院，以印度理工学院为鉴，专门培养高水平的信息技术人才。

2.5.2.3 职业教育体系：立体、多层次

印度职业教育具有普通教育职业化特点。印度政府在1978年开始实施普通教育与职业教育相结合的“10+2”的职业教育方案，即在前10年对中小学生着重进行普通教育，然后在接下来的两年分别设立两套课程，一套是着重帮助学生准备到高等院校继续深造的相关课程，另一套则是帮助学生通过职业教育培训以便顺利实现就业的课程②。在印度，有6700所学校实施“10+2”职业教育方案。为保证职业教育质量，印度政府围绕农业、商业、工程技术、健康与Para医疗服务、家政科学与人文六大学科门类提供150多门优质课程。

印度职业教育主要由三类学校承担：以事实职业教育为主的工业训练学校、以实施技术教育为主的多科技术学校、以实施就业为导向的高中职业科；工业训练学校主要培养熟练工人与手工艺人；多科技术学校主要培养技术员、高中职业科则相当于我国的职业高中。1968年，科塔尔（D.

① 李建忠．印度：关注弱势群体　促进区域教育均衡［N］．中国教育报，2011-01-25.

② 蔡承荣．印度人力资源开发的经验及其给我们的启示［J］．世界华商经济年鉴，2009（2）.

C. Kothari）委员会在印度《国家教育政策》中提出，至少50%的学生应该接受职业教育，但受社会价值观等因素影响，目前只有约1/4的学生选择职业教育。

2.5.2.4 终生教育体系：多措并举、灵活多样

针对国民教育水平现状和产业发展需要，印度多措并举，构建起符合自身特点的终生教育体系。例如，针对国民文盲人数众多的现实，实施“黑板行动”“大众半文盲行动计划”“农村半文盲计划”，开展扫盲运动。为加快技术工人培养，制定《学徒法》，在大中型企业实行学徒制；为培养高级技工，实施高级职业培训计划和针对特殊人群的培训计划；为培养软件人才，鼓励软件产业公司独立办学或与高校联合办学，支持在印度跨国公司和本土实施员工培训计划。

2.5.3 经验与启示

强国必先强教，建设人力资源强国必须优先发展教育。尽管中国高等教育总规模已居世界首位，在义务教育、民族教育、特殊教育等方面也取得卓越成就，但教育体制改革呼声仍此起彼伏。借它山之石可以攻玉，虽然印度的初级教育与中国仍存在较大差距，但其高等教育、职业教育等方面取得的成功经验仍值得中国借鉴。

2.5.3.1 重视质量，均衡发展

印度高等教育质量深受国际社会称道，德里大学、贝拿勒斯印度教大学、贾瓦哈拉尔·尼赫鲁大学、国际大学、孟买大学、亚格拉大学等更是享誉世界。2009年底，我国15岁以上人口平均受教育年限接近8.9年，虽然高等教育毛入学率达到24.2%，但在国际上有影响力的高等院校屈指可数。因此，必须实施“以质图强”战略（张力、高书国，2010），提高教育质量、提高学习质量和民族素质。这要求要通过实施有高水平大学和重点学科计划，加强重点实验室建设，启动高水平师资培养计划，建立教育质量保障体系，增强我国高等教育的全球竞争力和人才培养能力。

2.5.3.2 心态开放，国际化培养

印度人力资源开发的国际化主要表现为：(1) 向外国投资者和世界顶尖大学开放其高等教育产业，允许哈佛、斯坦福和耶鲁等顶尖大学进入印度，帮助印度本土企业的管理者和员工提升素质；(2) 视海外人才为本国“智囊银行”，既允许其软件人才移民发达国家，更鼓励其在国外获得成功之后，回国创业，带动传统产业的管理与效率。据麦肯锡报告，我国10%的大学毕业生具有在外国公司工作的技能，而印度学生胜任外企工作比率达25%；我国每年新培养60万工程师，仅1.6万人拥有在外国公司工作的实用能力和语言能力。实施人力资源强国战略必须改变我国教育体系相对封闭的现状，引入国际教育质量评价标准，培养适应现代国际产业分工需要的人才。

2.5.3.3 制度保证与经费支持

教育优先在印度已经不再停留在口号上，印度先后出台《国家教育政策和实施规划》《学徒法》《印度大学拨款委员会法》等系列文件法律，规范国家办学行为。尽管印度经济总量远低于中国，但其教育投入达到GDP的6%，而我国国家教育投入与经济增长速度长期失衡，国家财政性教育经费占GDP的比例始终徘徊在3%左右，人力资源开发战略负债运行①。教育投入是支撑国家长远发展的基础性、战略性投资，是教育事业的物质基础。因此，一方面必须切实落实《国家中长期教育改革和发展规划纲要(2010~2020年)》所提出的，2012年国家财政性教育经费支出占GDP比例达到4%的目标，另一方面必须调动全社会办教育的积极性，扩大社会资源进入教育途径，多渠道增加教育投入。

2.5.3.4 能力导向，强调工程应用

印度籍工程师、教师、医生和劳工在国际上职业评价良好，与其人才

① 蔡永飞．为什么政协委员10年监督不了一个问题［EB/OL］.(2007-03-14)，http：//guancha. gmw. cn/show. aspx? id=393.

培养方案息息相关。良好的英语语言能力、数学计算能力和计算机应用与开发能力使印度工程应用人才储备富足。我国现行教育重基础知识，重考试分数，重学术型，轻技能型，学生记忆能力强，实践能力弱，模仿能力强，创新能力弱，其直接后果使建立创新国家所需要的创新型、技能型人才不足。因此，我国必须围绕经济转型，围绕战略新兴产业加强人才发展统筹规划和分类指导，必须转变人才培养模式，高度重视技术创新人才、工程技术人才、产业实用专业技术人才开发。

2.6 小　　结

本章主要研究“中国智造”的人力资源供给问题。人力资源由数量和质量两个方面构成，人力资源强省测度体系设计也应从数量和质量两个维度进行考量。建设制造强国，必须重视实施人力资源强国（强省）战略，课题以河南省为例，提出构建高水平特色型大学的政策建议。科技人力资源是人力资源中的最宝贵部分，科技人力资源的数量、质量和结构是衡量一个国家和地区科技实力和创新能力的重要指标。中部地区科技人力资源开发存在着下列问题：科技人力资源总量不足；结构和配置不合理，高水平科技人才、创新团队匮乏；科技人力资源投入强度有限，产出能力不强；科技人力资源不足以支持战略性新兴产业发展。因此，中部地区开发科技人力资源，可以试试协同开发机制。“读书无用论”同样威胁着“中国智造”人才供给。高校是创新型人才的主要供给者，高校毕业生的需求大体有三：直接就业、继续深造和独立创业，必须以学生需求为导向进行人才培养模式改革。实现“中国智造”，需要一批具有国际视野、战略思维的企业家队伍和高级管理人才。对退休企业家的价值进行再开发应提上日程。印度正成为世界制造强国，其人力资源开发的经验值得我国借鉴。

3 “中国智造”中的员工配置：管理精确化

员工招聘与配置是人力资源管理的重要职能。当前，我国制造业发展既面临“用工荒”问题，又面临“就业难”难题。实现“中国智造”，应当尊重市场在资源配置中的决定性作用。

3.1 就业管理：关于“三方协议”的冷思考

国家高度重视大学生群体就业，每年教育部以及各省市教育行政主管部门都会出台扶持大学生就业创业政策，帮助大学生就业。同时，国家和社会机构根据就业数据进行“红牌”“黄牌”专业预警。国家就业统计的根据虽然不完全依赖“三方协议”签订状况，但“三方协议”仍是衡量就业数量和就业质量的主要依据。所谓“三方协议”是《普通高等学校毕业生、毕业研究生就业协议书》的简称，该协议由国家教育部统一印制，属于格式合同，是国家统计大学生就业率的重要根据。根据上海市教育部统计，截至2015年6月11日，2015届应届大学生“三方协议”签约率为62.40%（含三方协议就业）。

3.1.1 “三方协议”的法律性质与作用

3.1.1.1 “三方协议”的民事效力

“三方协议”是民事合同而非劳动合同。理由：（1）从签约主体看，三方协议书的当事人为毕业生、用人单位、学校，毕业生签约时的身份为在校学生，尚未进入劳动力市场。(2) 从时间效力看，“三方协议”具有临时性，该协议有效期限自协议签订时开始生效，于毕业生到单位报到、用人单位正式接收后自行终止。期间，毕业生与用人单位仅仅是书面形式确立就业意向。(3) 从实践结果看，毕业生报到后还应与用人单位签订劳动合同。届时，毕业生与用人单位之间方形成正式的劳动关系。因此，“三方协议”属于民事合同形式，不能视为缔结劳动合同的预约，也不能视为劳动合同，当事人之间并不产生劳动法律关系，其争议解决适用《民法通则》有关规定。《民法通则》第 111 条规定：当事人一方不履行合同义务或者履行合同义务不符合约定条件的，另一方有权要求履行或者采取补救措施，并有权要求赔偿损失。第 112 条规定：当事人一方违反合同的赔偿责任，应当相当于另一方因此所受到的损失。当事人可以在合同中约定，一方违反合同时，向另一方支付一定数额的违约金；也可以在合同中约定对于违反合同而产生的损失赔偿额的计算方法。

3.1.1.2 “三方协议”的证明力

“三方协议”是国家发放派遣证的重要证明。派遣证一式两份，即派遣证和报到证，其作用在于：前者在毕业生毕业时放入个人档案，非经个人投递至用人单位。如果用人单位拥有档案保存资格，则其档案存放用人单位；否则，用人单位将其档案存放人才市场进行档案保存。对于无工作者，其档案就派发回原籍。报到证则由毕业生自行保管并交用人单位。因为，派遣证用于应届毕业生户籍迁移、组织关系转移、档案保管、社会保险缴纳、公积金缴纳等问题。

3.1.1.3 “三方协议”的行政效力

“三方协议”的行政效力主要表现为干部身份确认上。目前，我国正常从业人员分农民、工人、干部三种身份，大学生是国家培养的专业人才，属于国家干部身份。但其干部身份的确定依靠“三方协议”和派遣证。由于我国用工体制仍带有较明显的计划经济痕迹，干部身份可能会影响到公务员报考，国有企业、事业单位招录，职称评定、工龄审核等问题。当然，下列情况，毕业大学生失去干部身份：（1）档案交给就业单位，而单位没有档案保存、管理资质；（2）没有就业，档案转到原籍居委会、村民委员会。

3.1.2 关于“三方协议”产生的问题

教育部制定、推广“三方协议”的本意在于规范毕业统计数据、保障毕业生合法权益。然而，实践中“三方协议”的推行却并不理想。高校、毕业大学生和用人单位都对此颇有微词。其缘由在于：

3.1.2.1 计划经济体系下的就业体制与市场经济就业理念冲突

计划经济体制下，国有企业、集体企业、事业单位、国家机关是就业的主渠道，大学毕业生进入上述单位，当然要取得国家干部身份。然而，市场经济条件下，就业渠道多元化，特别是民营企业、中小企业和大学生自主创业日益成为大学生就业的主渠道。根据2014年《中国大学生就业报告》（光明日报2014年6月10日6、15版），民营企业/个体是2013届大学毕业生就业最多的用人单位，本科院校中有45%的毕业生就业于民营企业/个体，高职高专院校毕业生的比例更高达63%。根据该《报告》，中小民营企业是大学生就业的主要雇用者，2013届大学毕业生受雇于300人及以下规模的中小企业达到51%；此外，2.3%的大学毕业生选择自主创业。

3.1.2.2 “三方协议”并不能从总体上把握大学生就业状况

“三方协议”主要判断应届大学毕业生的即期就业水平，即毕业时部分学生的就业状况。单单依此判断大学生就业情况有失偏颇：（1）毕业大学生并没有充分的时间进行职业搜索。根据劳动经济学的职业搜索理论，大学生就业应历经一个职业搜寻过程，大学学习期间，只有1个月至半年的实习期，实习是学业的组成部分，尽管部分学生在实习期内与用人单位达成就业意向，但对于绝大多数学生而言，实习并不等于职业搜寻，毕业离校才是其工作搜寻的开始，因此，即签订“三方协议”，即期就业并不能准确把握大学生就业状况。根据麦可思研究院《2013年中国大学生就业报告》，从2012年10月29日至2013年4月10日，被调查的2013届硕士、本科、高职高专毕业生签约率仅有26%，但2012届大学生毕业半年后的就业率为90.9%。(2) 大学生就业问题也是劳动参与率研究的主要内容。大学生的就业意愿受工作、休闲决策、工资水平、社会保障等影响。其中，不愿就业的“啃老族”占有一定比重。

3.1.2.3 高校、毕业生和用人单位对“三方协议”的态度使之成为“鸡肋”

高校、毕业生和用人单位对此颇有微词：

(1) 高校的不满

教育部将就业率，特别是“三方合同”签约率作为办学质量的评判标准，并以此为杠杆，调节专业设置、招生计划和资源投入。然而，现实就业渠道以私营企业、中小企业为主，该类单位多无档案管理资质，倾向于直接签订劳动合同，无签订“三方协议”的积极性；一旦学生同国有企业、事业单位等有档案管理资质单位签订“三方协议”，学校作为签字方之一为整体利益和声誉考虑，强调毕业生要慎重选择、认真履约，担心学生违约。对违约者往往施加压力。

(2) 用人单位的不满

按照现行用工办法，国家机关、事业单位、国有企业一般都有人事接收权。民营企业、外资企业则需要经过人事局或人才交流中心的审批才能招收职工。部分毕业生为自身利益考虑，要求民营企业、外资企业出示用工审批文件，使其不胜其烦。实践中，对用人单位而言，还存在下列问题：一方面，用人单位为招聘投入人力、物力、财力，已考虑、安排录用人员的后期工作。一旦毕业生违约，整个招聘工作陷入被动。另一方面，即使因单位性质必须签订“三方协议”，但可以根据情事变更原则，随时毁约。因此，签订“三方协议”对其而言，只是完成“政治任务”。

(3) 毕业生的不满

进入国家机关、事业单位、国有企业，享有“国家干部”身份者为少数群体，多数毕业生囿于学校强制，被迫签订、上交签订“灵活就业协议”，该部分群体因就业质量的失落感对“三方协议”在情绪上抵触。

3.1.2.4 “三方协议”与劳动合同可能并行使毕业生利益存在受损可能

“三方协议”不同于劳动合同。在实行全员合同制、聘任制的用工体制下，毕业生报到后还需要与用人单位签订劳动合同。劳动合同中将约定劳动者在单位的试用期限、服务期限、工资待遇及其他各项福利等事宜。然而，少部分企业为节约用工成本，与学生签订“三方协议”后，要求学生毕业前到公司零薪酬实习。而在劳动合同的试用期（或见习期）内，不与毕业生签订劳动合同。一旦试用期满（或见习期），则借口辞退。

3.1.3 几点思考

“三方协议”是计划经济体制下就业管理方式的延伸，与市场经济下的人力资源配置政策产生冲突，并屡屡为高校、用人单位和毕业生的诟病。落实十八大关于市场在资源配置中的决定性作用，应当废除“三方协议”制度，代之以毕业失业登记制度、毕业生就业统计制度、毕业生就业跟踪调查制度。

3.1.3.1 实施毕业生失业登记统计制度

实施毕业生失业登记统计制度基于下列逻辑考虑：未失业即为就业。2006年6月，国家出台规定，9月1日以后仍未就业的应届大学毕业生可到户籍所在地劳动保障部门办理失业登记。高校毕业生在进行失业登记后，可以在求职、技能培训、小额贷款等多方面获得相应扶持。而劳动部门为其提供的职业指导、岗位推荐、技能培训等帮助措施都是结合就业援助对象有针对性地进行的。大学生进行失业登记、申请就业援助将更有利于自身尽快实现就业①。尽管实施毕业生失业登记统计制度不能精确统计大学生即期就业状况，但能反映毕业生即期就业意愿，即主动失业者或自愿不就业者不能作为衡量高校办学质量优劣的标准，统计毕业生就业数量，应对此单独分析。

---

① 大学生失业登记“冷”[EB/OL].(2006-10-28)，http://www.sina.com.cn.

3.1.3.2 由官方实施统一的就业统计标准

在市场经济完善的美国，每月全国就业统计报告由官方的劳工部劳工统计局（BLS）和民间的自动数据处理公司（ADP）分别发布。自动数据处理公司对全国约50万家私营非农企业通过电子考勤机联网自动提取数据进行统计，报告发布快，几乎排除了人为统计错误的发生，为此，该报告数据得到广泛引用①。国内除国家机关、事业单位、国有企业、三资企业外，大量私营企业普遍存在无合同就业现象，现行统计制度将私营企业就业、家庭就业、个体创业排除在就业统计数据之外，使就业数据严重失真。而正常国家都把所有从业人员纳入工资统计范围。如法国，2007年总就业人口是14354994人，平均工资31090欧元，连保姆、发廊理发员、自由职业者、农业季节性工人等都纳入统计范围。美国等世界多数国家重视私营企业就业数据的原因很简单：任何劳动者都是国家财富的创造者，不把他们统计进去那就是对他们的漠视，就相当于国家把他们抛弃，抛弃了“吃皇粮”的衣食父母是忘本的不道德的行为②。因此，建议由国家劳动主管部门根据真实状况统一统计大学生就业数据，而非由各个高校自行上报。

3.1.3.3 毕业生就业跟踪调查制度

在美国，政府非常重视毕业生就业跟踪调查。其中，美国国家教育统计中心（NCES）和国家科学基金会（NSF）专司大学毕业生就业状况统计。国家教育统计中心主要负责全国大学毕业生就业状况的调查与统计的总体工作，对毕业生就业进行三次跟踪。第一次为大学生毕业1年后，第二次为毕业4年后，第三次为毕业10年后。第一次主要调查毕业后的就业经历、跳槽活动、求职活动、工作关联培训及责任、收入、求学情况等；第二次和第三次主要调查就业的历史、新的学位完成后的求职战略、职业发展、附加的工作关联培训、收入等。国家科学基金会专门负责理工科类大学毕业生的就业状况统计，调查对象为近两届的理工科类大学毕业生，

---

①② 刘植荣．美国私营企业就业统计值得借鉴［EB/OL］．(2010－08－25)，http：//guancha. gmw. cn/content/2010－08/25/content_1227868. htm.

主要调查项目有就业状态、初始工作活动、全日制就业状况、所从事的职业和行业部门、薪水等，从中得出理工科类大学毕业生的就业状况数据。根据调查数据，美国重视对大学毕业生就业质量的分析，分析全日制就业、非全日制就业以及自由职业的人数、比率以及工作收入、工作稳定性等指标①。虽然中国上报统计数据分多个时间点，但基本上为一次性就业统计，缺乏对就业率和就业质量的长期跟踪。

3.2 战略企业家再就业：退休企业家价值再开发

企业家是企业最重要的人力资源，经济学家多从不确定性识别、对机会的洞察、承担风险、创新与创业、生成与激励等角度对企业家群体进行多维度研究。实现“中国智造”，需要一批具有国际视野、战略思维的企业家队伍和高级管理人才。受职业生命周期和生理周期的双重作用，即使最成功的企业家也必将最终退出管理层。然而，企业家退休后仍具有很高的人力资源价值。他们的知识、技能及经验远非普通员工可比。再开发企业家退休后的人力资源价值不仅是其历史贡献的尊重与认可，更有助于企业平稳、健康、持续发展。

3.2.1 企业家退休后的人力资源价值定位

再开发企业家退休后的人力资源价值是发挥其“余热”的过程。经验表明，退休企业家在颐养天年的同时，仍具有很高的人力资源价值。

3.2.1.1 企业家退休后仍可充任企业内外部冲突的协调者

冲突是组织生命中不可或缺的组成部分。现代管理学家既承认冲突存在的必然性，更强调以合作方式解决冲突的重要性。成功的企业家，特别

① 刘植荣．美国私营企业就业统计值得借鉴［EB/OL］．(2010－08－25)，http：//guancha. gmw. cn/content/2010－08/25/content_1227868. htm.

是创业型企业家具有极大的权威和良好的职业声誉，他们既可以以“外部人”身份与利益相关群体进行非正式沟通，与员工进行有效情感交流，以达成群体间的默契与合作；也可以以“过来人”“内部人”身份向现任管理者提出冲突解决建议，引导内部冲突良性发展，避免破坏性冲突结果的蔓延。

3.2.1.2 企业家退休后仍可充任企业文化的宣传者

企业家特别是创业型企业家是该企业文化的缔造者和践行者。尽管已经退休，但该企业的价值观、气质作风、经营理念仍将带有退休企业家的性格烙印。为保证企业风格的延续，企业家退休后仍可充任企业文化的宣传者，防范因文化断裂对企业造成实质性伤害。

3.2.1.3 企业家退休后仍可充任各类资源的协调者

企业家往往具有非凡的“运用资本的经营才能”，是整合各种生产要素的核心力量。尽管已经退休，但其丰富的人际关系网络和社会网络关系远非普通员工可比。特别是国有企业的企业家，他们具有政治家与企业家双重人格，具有政治家的思维方式和与政府打交道的娴熟技巧，可以有效处理企业公共关系，为企业争取到各种必要资源①。

3.2.1.4 退休企业家的职业声誉是企业重要的无形资产

在成功的企业家身上蕴藏着重要的无形资产，他们曾是企业的代言人与形象代表，社会往往通过他们认识该企业、了解该企业、接受该企业。尽管已经退休，但蕴藏在他们身上的无形价值却无法主动在企业内部沉淀下来，需要继任者对其开发。

3.2.2 企业家退休后的人力资源再开发形式

总结国内外企业实践，企业家退休后的人力资源再开发形式主要有下

① 杨敏．国有企业创业型企业家传承机制研究［M］．北京：中国经济出版社，2008（3）．

列五种：

3.2.2.1 担任企业决策委员会顾问

组织中的管理者以直线主管和参谋两类不同身份从事管理工作。为保证决策的科学性，企业内部又常常设立各种顾问委员会，辅助高层决策。企业家退休后，可以聘任其进入不同类别的专业委员会，从研发、生产、营销、财务、人事等各个角度提供建设性意见，供现任领导决策参考。涉及公司战略转型决策时，退休企业家的建议则更具价值。

3.2.2.2 担任企业文化建设顾问

企业文化的传承是企业家性格向企业的渗透过程，具有继承性和长期性。退休企业家，特别是创业型企业家受聘企业文化建设顾问，可以通过其言传身教保证文化建设的持续性和稳定性。

3.2.2.3 担任独立董事或监事会成员

退休企业家深谙本企业战略决策和经营活动，可以聘任其进入董事会或监事会，使其能以名誉董事会主席、独立董事、名誉监事会主席或监事等身份适度参与决策。

3.2.2.4 担任政府主管部门经济顾问

政府经济决策需要倾听企业家的建议。退休企业家，特别是国有大中型企业的企业家和大型民营企业的创业者，长期处于行业领导地位，深谙行业现状与发展趋势，他们受聘政府主管部门经济顾问，有助于改善政府经济决策的模式与效率、提高经济决策的质量。

3.2.2.5 受聘高校学者或高级讲师

尽管已经退休，他们对企业管理有独到的见解和丰富的企业实践，熟悉企业和政府的运作规则、了解行业变动趋势。如果在高校获得兼职授课，著书立说，可以弥补企业管理类学生强理论、弱实践的缺陷；如受聘管理咨询机构的高级讲师，其言传身教，可以避免行业晚辈犯同样的错误，这对我国职业经理人队伍的培育，作用不可小觑。

3.2.3 再开发退休企业家人力资源应注意的几个问题

退休后的企业家毕竟不同于在任者，再开发企业家退休后的人力资源价值应注意下列问题：

3.2.3.1 不可“不顾不问”

不少现任管理者担心企业家卸任后干预其管理决策，对退休后的企业家不顾不问。我们认为，综合各种因素考虑，即使企业家退休后不再聘任，但切不可不闻不问，毕竟他们曾为企业倾注毕生心血，不闻不问不仅使其心寒，更会使在岗员工寒心，不利于企业凝聚力的形成。

3.2.3.2 不可“顾而不问”

企业家退休后的人力资源再开发属于企业家发挥余热的过程。由于不再是企业的在岗员工，其群体归属感可能有所减弱。因此，退休后受聘顾问的企业家对企业可能顾而不问。对于顾而不问者，应让其颐养天年，企业且不可勉为其难，为撑面子而设“顾问”。

3.2.3.3 不可“垂帘听政”

成功的企业家往往呈现出较高的成就需要和控制欲，他们更倾向于自我依赖、独立决策和自治。因此，即使受聘各种顾问，退休企业家应准确定位，切不可“垂帘听政”，利用自己退休前营造的人事安排武断干预现任管理层的决策。

3.2.3.4 有针对性的利益保证

退休企业家多具有较多的资产积累和良好的福利保障，他们对企业的物质索取更多是象征性的。因此，在保障其基本物质利益，如支付顾问费的同时，更应尊重其人格尊严，维护其职业声誉。

3.3 员工流动管理：“跳槽”员工问题

3.3.1 开篇案例①

王××2010年7月从某大学获得心理学博士学位，2011年成为某大学心理学系一名正式教师（职称讲师）。2013年，王××欲从某大学调入A大学工作，没想到辞职时，却收到了学校开出的13万元的罚单。其中包括5万元“同行竞业禁止”违约金、3万元“未满5年聘用期”违约金、5万元“科研奖励”违约金。

王××本以为按照劳动合同办事，自己只能认赔，可当他弄清“竞业禁止”的真正含义后，感觉学校的做法既不合理，也不合法。

王××认为，此前与某大学签订的劳务合同中，学校在“同行竞业禁止”条款中错误地套用“企业”的条款。“大学教师的工作是创造性的劳动居多，照搬企业的‘同业竞争’不恰当。况且，我在某大学的大多数成果，是在某大学心理学团队、心理学实验室支持下完成的，那是否某大学也应该向我追讨‘竞业禁止’违约金?”目前，王××已向劳动部门申请仲裁，欲讨回“竞业禁止”违约金及部分“未满5年聘用期”违约金。

3.3.2 员工“跳槽”的学理分析

员工“跳槽”行为，可以置于员工流动理论框架下予以解释。国外管理学界关于员工流动动因主要有四种理论：库尔特·勒温的场论、卡兹的组织寿命曲线、库克曲线和中松义郎的目标一致理论。

① 2013年十大劳动维权案例［EB/OL］.(2014-01-02)，http：//www.btophr.com/v2/b_article/38415.shtml.

3.3.2.1 库尔特·勒温的场论[①]

库尔特·勒温（Kurt. Lewin，1890～1947），德裔美国心理学家，拓扑心理学的创始人。他认为，人是一个场（field），人的心理活动是在一种心理场或生活空间里发生的。生活空间（Life Space，简称 Lsp）包括个人及其心理环境。一个人的行为（B）取决于个人（P）和他的环境（E）的相互作用，即一个人的行为（Behavior）是其人格或个性（Personality）与其当时所处情景或环境（Environment）的函数。勒温关于单个人与环境的关系常用下列公式表示：

$$B = f(P, E)$$

式中：B 代表个人行为的方向和向量；f 代表某个函数关系；P 代表个人的内部动力；E 代表环境的刺激。

根据勒温的场论，个人绩效大小既与个人能力、个性、素质有关，也与其所处的环境（即“场”）有关。如果环境抑制其能力发挥，影响其绩效提高，其选择只能有二：改变环境或离开该环境。根据勒温的理论，能职匹配是个人绩效的关键，当能力和绩效之间出现偏差，离职将是一种理性决策。

3.3.2.2 卡兹的组织寿命曲线[②]

美国学者卡兹（Katz），通过调查统计绘出了一条组织寿命曲线，即卡兹曲线。根据卡兹曲线，在一起工作的科研人员，在 1.5～5 年期间里，信息沟通水平最高，获得成果也最多。不到 1.5 年，成员彼此相处时间不长，信息沟通水平不高，获得成果也不多。超过 5 年，彼此过于了解和熟悉，思维上形成定式，反应迟钝和认识趋同。根据卡兹曲线，雇员流动是保证组织活力、防范组织老化的必要条件。同时，根据卡兹（Katz）的组织寿命学说，人员流动也不易过快，流动间隔应大于 2 年。一般而言，人的一生

---

① 百度百科［EB/OL］. http：//baike. baidu. com/link？url = 65tipu2MGm7d – Ra7RIh4F1p5SBrqOyqASr39D5i_Y3JbIWOx2fhNnzEAEBG0bjKgFwHziOjtoTz2nZl5B0Ne5a.

② 百度百科［EB/OL］. http：//baike. baidu. com/view/1054607. htm.

流动 7~8 次是可以的，流动次数过多反而会降低效益。卡兹的研究针对研究人员展开，与企业实践也较为吻合。

3.3.2.3 库克曲线①

美国学者库克（Kuck）从如何更好地发挥人的创造力的角度论证了员工流动的必要性。根据库克曲线（Kuck curve），员工职业发展分为入职前期、入职期、成熟期、衰退期、衰减稳定期。根据该理论，研究生在 3 年的学习期间为创造力的导入期，创造力增长平稳；研究生毕业后参加工作的初期，第一次承担任务的挑战性、新鲜感、新环境的激励，创造力快速增长；创造力的成熟期为 1 年左右，该时期即为创造力发挥的峰值区，是出成果的黄金时期；在初衰期，创造力开始下降，持续时间为 0.5~1.5 年；而在衰减稳定期，创造力继续下降并稳定在一个固定值，如不改变环境和工作内容，创造力将在低水平上徘徊不前。为了激发研究人员的创造力，企业应及时变换其工作部门。根据库克曲线，一个研究人员到一个单位工作创造力较强的时期大约有 4 年（AD）。为激发和保持自己的创造力，即走完一个 S 型曲线，就应再走下一个 S 型曲线，即及时调整员工工作岗位，保证其较长期间保持较高创造热情。

3.3.2.4 目标一致理论②

日本学者中松义郎在《人际关系方程式》一书中指出“目标一致理论”。根据该理论，处于群体中的个人，只有在个体方向与群体方向一致的时候，个体的能力才会得到充分发挥，群体的整体功能水平也才会最大化。如果个体在缺乏外界条件或者心情抑郁的压制状态下，就很难在工作中充分展现才华，发挥潜能。个体的发展途径也不会得到群体的认可和激励，特别是在个人方向与群体方向不一致的时候，整体工作效率必然要蒙受损失，群体功能水平势必下降。解决问题的途径有二：其一，个人目标主动向组织目标靠拢；其二，流动到与个人目标一致的新单位。根据目标一致

---

① 百度百科［EB/OL］. http：//baike. baidu. com/view/3245785. htm.

② 百度百科［EB/OL］. http：//baike. baidu. com/view/3243001. htm.

理论，如果个体与组织目标发生偏离且无法调整个人目标时，允许员工合理流动，可以提高整体工作效率。

3.3.3 问题与焦点

国外学者的研究以西方成熟市场经济为背景，其前提假设为员工自由流动为可能。通常认为，保持一定的流动率有利于企业活力。国外一般以人力资源离职率、人力资源新进率、净人力资源流动率计算流动状况。

人力资源离职率（Demission Rate）是以某一单位时间（如以月为单位）的离职人数，除以工资册的月初月末平均人数然后乘以100%。以公式表示：

离职率＝(离职人数/工资册平均人数)×100%

离职人数包括辞职、免职、解职人数，工资册上的平均人数是指月初人数加月末人数然后除以2。

人力资源新进率（Employment Rate）是新进人员除以工资册平均人数然后乘以100%。用公式表示：

新进率＝(新进人数/工资册平均人数)×100%

净人力资源流动率（Netlabor Turnover Rate）是补充人数除以工资册平均人数。所谓补充人数是指为补充离职人员所雇用的人数。用公式表示：

净人力资源流动率＝(补充人数/工资册平均人数)×100%

根据国外学者的研究，企业的人员流动比例在10%～15%之间属于正常。而在我国经济社会转轨期，员工流动，特别是员工对外流出受到体制、机制、法律等诸多因素制约。特别是掌握关键技术或销售渠道的核心员工的流失容易致使企业成本增加、人心不稳，甚至引起流动中的不规范、不诚信行为给企业带来无法估量和难以挽回的损失。

3.3.3.1 员工流动的主要原因分析

国内影响员工流失的因素可以分为外部宏观因素、企业因素和个人因素三种。

（1）外部宏观因素

主要包括地区之间、行业之间的经济社会发展水平、收入差距过大等。从地区之间看，我国长三角、珠三角、环渤海地区经济发展水平较高，通常是西部高素质人才，甚至是普通农民工的流入地，“孔雀东南飞”成为常态，广东省也因此成为国内第一常住人口大省；而行业间收入差距过大在我国也成为不争之事实。根据2011年统计数据，我国收入最高10%群体和收入最低10%群体的收入差距，从1988年的7.3倍已经上升到23倍，行业差距达到8倍，地域差距近3倍。

（2）单位因素

单位因素主要包括：工资水平、职位的工作内容、企业管理模式和企业对员工流失的态度。其中，工资水平的影响最大。根据中国2011年统计数据，2011年全国职工年平均工资，城镇私营单位就业人员为24556元，非私营单位在岗职工为42452元，私营企业收入远低于非私营企业。其中，非私营单位金融业的平均工资最高，达9万元以上，最低的农、林、牧、渔业每年收入只有2万元左右，两者相差4倍多。私营单位中，其中非私营单位金融业的平均工资与私营单位的公共管理和社会组织相比，两者差距超8倍。

（3）个人因素

与工作相关的个人因素主要包括：职位满足程度、企业文化等。在我国，由于“圈子文化”的存在，部分员工因不能融入所在单位的圈子而被迫离职。

3.3.3.2 员工流动中的主要问题

在我国员工流动的主要问题体现为：

（1）身份转换难

因为体制原因，我国用工形式极为复杂，既存在编制内用工又存在编制外用工（人事代理、合同制）。编制内人员既可能因享受体制好处，如医疗、保险、福利，不愿流动；或所在单位不愿员工流动，以人事档案、保证金等进行要挟。而编制外人员向编制内单位流动，受编制限制，又往往难以实现。

（2）工作搜寻渠道窄

根据费尔浦斯（Phelps）的职业搜寻理论，在信息不充分条件下，工作搜寻者通过搜寻活动来逐渐了解工资分布，通过比较工作搜寻的边际成本和可能获得的边际收益来决定是否继续搜寻。该理论假定：劳动力市场的信息是不完全的；工资有差别，搜寻时间与高薪成正比；失业是找高薪工作的一种投资；失业是有成本的。目前，由于我国劳动力市场不健全，员工工作搜寻渠道狭窄，职业搜寻成本较高，不利于劳动力市场配置机制的充分发挥。

（3）流动成本高

由于我国劳动力市场存在条块分割和事实存在的身份管理，即国家公务员、事业单位职工和私营企业存在不同管理体制，员工流动成本较高，即员工离职面临违约金、培训费等身份转置成本。另一方面，受我国“五险一金”分散管理体制约束，各种保险尚不能在全国范围实现统筹，各种保险金转移、接续存在政策障碍，员工流动往往意味着已经缴纳各种保险金的丧失，这加大了员工流动成本。

（4）法律问题突出

这里的法律问题主要表现在竞业禁止问题上。所谓竞业禁止，又称为竞业回避，是用人单位对员工采取的以保护其商业秘密为目的的一种法律措施，是根据法律规定或双方约定，在劳动关系存续期间或劳动关系结束后的一定时期内，限制并禁止员工在本单位任职期间同时兼职于业务竞争单位，限制并禁止员工在离职后从事与本单位竞争的业务，包括不得在生产同类产品或经营同类业务且有竞争关系或其他利害关系的其他业务单位任职，不得到生产同类产品或经营同类业务且具有竞争关系的其他用人单位兼职或任职，也不得自己生产与原单位有竞争关系的同类产品或经营同类业务。

3.3.4 几点思考

3.3.4.1 应理性认识员工流动的利弊

允许员工合理流动是人力资源合理配置的重要内容，员工流动，特别是新员工的加盟，会产生“员工流动效应”，短期有助于企业薪酬成本控制，因此企业应允许员工合理流动，实现员工—企业的最佳配置。同时，员工流动过于频繁和核心员工流动也会对企业产生负面影响，前者加大企业培训成本，后者则直接降低企业竞争力。因此，企业应制定合理的员工规划，塑造企业文化，利用有竞争力的薪酬、较高事业平台、融洽工作环境，留住核心员工。

3.3.4.2 打破员工流动的不合理藩篱

我国员工面临着体制障碍，应在宏观层面创造条件，改变身份管理体制，打破员工流动事实存在的户籍、保险等制度藩篱；应加大职业搜寻公共平台，降低员工流动中的工作搜寻成本。

3.3.4.3 规范员工流动行为

员工流动应依据劳动合同和劳动法制，即依照法律规定和合同约定解决员工流动产生的竞业禁止纠纷、离职赔偿纠纷；依据法律规定解决各种保险接续纠纷。特别需要指出，国家应尽快实现各种社保保险，特别是养老保险全国统筹，以免员工有流动意愿而不敢流动的尴尬局面。

3.4 小　结

实现“中国智造”必须尊重市场在资源配置中的决定性作用。目前，我国大学生就业、退休企业家再就业和劳动力流动存在计划经济人力资源配置痕迹，应当进行必要改革。

4 “中国制造”迈向“中国智造”中的员工关系管理

和谐稳定的员工关系是保证企业正常运行的前提。企业的转型期，由于劳资矛盾深化而不断见诸报端的劳资群体性事件对中国制造业发展造成了伤害。实现“中国制造”转型“中国智造”，必须高度重视员工关系管理，构建和谐劳动关系。这里的员工关系管理包括伦理管理、压力管理、文化管理和社会责任管理。

4.1 人力资源伦理管理

“伦”是指人、群体、社会、自然之间的利益关系，“理”即道理、规则和原则。因此，所谓“伦理”就是处理人、群体、社会、自然之间利益关系的行为规范[①]。在日常用语中，“伦理”与“道德”一词通用，伦理是处于道德最底线的一种人与人之间的关于性、爱以及普遍自然法则的行为规范。这种行为规范不便明文规定，而是约定俗成的，并且随着道德标准的普遍上升而呈上升趋势。

西方企业高度重视伦理管理。据美国伦理研究中心的资料显示，1964年美国大企业中约40%的企业制定了企业行动宪章或类似的伦理守则，而1987年的调查显示，在200家企业中约有87%的企业有宪章或类似的伦理守则。到了90年代中期，在《幸福》杂志排名前500家的大企业中，有

① 周祖城．企业伦理学（第2版）［M］．北京：清华大学出版社，2009（8）：7.

90%以上的企业通过制定成文的企业行动宪章来规范其员工的行为。

将伦理的概念引入企业人力资源管理分析框架，人力资源管理伦理是指企业处理内部员工、管理团队、利益相关者、政府、社会和自然利益关系的行为规范，它包括但不限于道德理念、道德精神、道德传统、道德规范、道德实践等内容。重义轻利是中国人的传统。然而，市场经济使这种观念受到冲击，“血汗工厂”“现代包身工”等恶性事件屡屡见诸报端，这与人本管理理念相悖，必须引起高度重视。

4.1.1 人力资源伦理管理理论框架

人力资源伦理管理作为企业伦理的组成部分，强调人力资源管理过程中产生的各种伦理关系及其道德原则、道德规范和道德实践[①]。国内外学者对管理伦理的研究集中于下列方面：

4.1.1.1 人力资源伦理管理的必要性

鲍卡斯（Baucus，1997）从社会规范的角度指出发生不伦理行为有三个基本原因：不伦理行为的界定模糊、为作恶者提供了干坏事的机会、压力。巴克利（Buckley，2001）等学者还提出了在选拔、薪酬和奖励系统、缩减规模决策、培训发展、日常工作事务和组织员工沟通中可能出现的不伦理行为。

企业应承担伦理责任已无异议。黎世波（2007）从马克思人道思想角度提出了对人力资源管理伦理的启示，确立人道理念，树立“以人为本”的伦理价值取向，实行道德激励，实现“效能最优”的伦理目标，中国台湾学者蔡天明和黄春陈（Ming - Tien Tsai and Chun - Chen Huang，2008）以护士为研究对象，研究结果表明医院可以通过影响组织伦理氛围（如关怀、自主和按规则办事等）来增加员工的工作满意度和组织承诺[②]。艾哈瑞德和范德凯克霍夫（Tsahuridu and Vandekerckhove，2008）研究了组织制定相关

① 黎世波．马克思人道思想对人力资源管理伦理的启示［J］．沿海企业与科技，2007（3）．

② 冯明，郭雅丽．我国企业人力资源管理伦理的时性特征的实证研究［J］．中国软科学，2009（5）．

的告密政策，使员工阻止公司错误行为成为自己的一种责任和义务。

4.1.1.2 人力资源管理伦理标准

人力资源管理伦理标准主要研究企业伦理责任的范围与程度。贺力（2007）将企业人力资源管理伦理分为底线伦理、互惠伦理和卓越伦理三个层次，指出基于底线伦理的人力资源管理模式的核心是遵守法律和最低限度的伦理规范；基于互惠伦理的人力资源管理模式的核心是通过在企业与员工之间建立平等协商的合作关系，争取实现“双赢”来获取最大限度的经济利益。

4.1.1.3 人力资源管理伦理表现

人力资源管理伦理的表现形式体现在人力资源管理实践中。周治华（2002）在其主编的《人力资源管理伦理》一书中，由众多学者分别从社会责任、人力资源战略、绩效管理、人员培训、员工激励、上下级关系、性骚扰、报酬公平等14个方面阐述了人力资源管理的伦理问题。

4.1.1.4 人力资源管理伦理原则

人力资源管理伦理原则是指判断企业人力资源管理是否合乎伦理原则。人力资源伦理管理，对企业、管理者、员工有所不同。

企业层面的人力资源管理伦理原则是国内外学者讨论的重点。英国人事和发展协会（CIPD）强调人力资源管理伦理的公平性、机密性和公正性（Maxwell and Beattie，2004）。舒曼（Chumann，2001）提出人力资源管理伦理判断的功利道德、权力道德、分配公正道德、照顾道德和德行道德5个道德原则[①]。杨清荣（1999）提出企业内部伦理的因素有管理道德价值观、尊重员工、民主管理、注意协调效率与公平的关系、干部廉政勤政；冯明、李学民（2009）认为，我国企业人力资源管理伦理应包含4个维度：

① 冯明，郭雅丽．我国企业人力资源管理伦理的时性特征的实证研究［J］．中国软科学，2009（5）．

民主管理、公平公正、诚实信用、以人为本①。陈春萍（2003）指出，人力资源管理伦理存在6项原则，即平等性原则、公平性原则、公开性原则、规范性原则、有序性原则和激励性原则②。

关于管理者和员工伦理，美国人力资源管理协会（SHRM）要求公司：美国的人力资源管理协会（SHRM）的“人力资源管理的职业标准和伦理规范”（SHRM Code of Ethical and Professional Standards in Human Resources Management）。该规范分为“职业责任”“职业发展”“道德表率”“公平与公正”“利益冲突”“信息的使用”六个部分③。威利（Wiley，2000）指出5个伦理判断原则，即正直诚实、合法性、能力、忠诚和机密性。戴木才等（2001）提出管理者、员工和团队之间的伦理准则包括信任、尊重、关心、权利、公平、民主。

4.1.2 人力资源伦理管理的难点

人力资源管理是一个系统工程，包括人力资源规划与招聘、绩效考核、薪酬福利管理、员工职业生涯规划、劳资管理等模块。人力资源管理中难点主要表现为：

4.1.2.1 不公平与歧视

公平是指按照法律、道德、政策等社会标准，公正、合理、不偏不倚地待人处事。公平有实体性公平和程序公平之分。前者强调结果公平，后者强调过程公平。人力资源管理作为制度化设计，要求实体性公平和程序公平的统一。

歧视，根据国际劳工组织在《关于就业和职业歧视公约和建议书》的定义：歧视是任何根据种族、肤色、性别、宗教、政治观点、民族、血统

---

① 冯明，李学民．我国企业人力资源管理伦理的结构维度［J］．工业工程，2009（2）．

② 冯明，郭雅丽．我国企业人力资源管理伦理的时性特征的实证研究［J］．中国软科学，2009（5）．

③ 周国华，刘贞华．从美国人力资源管理协会的伦理标准看我国中小学教师职业道德规范［J］．外国中小学教育，2009（4）．

或者社会出身所作的区别、排斥或者优惠，其结果是取消或有损于在就业或者职业上的机会均等或者待遇平等，从而构成歧视。根据《关于就业和职业歧视公约和建议书》和中国劳动实践，就业和职业歧视主要包括性别歧视、年龄歧视、健康歧视、地域歧视、户籍歧视、相貌歧视、待遇歧视、血型歧视、身高歧视等。

4.1.2.2 不安全与危险

安全，是意指平安、无危险。国家标准（GB/T 28001）对“安全”给出的定义是：“免除了不可接受的损害风险的状态”。人力资源管理中的安全既包括职员的人身安全，也包括其职员的财产安全。实践中，职员的安全权益主要体现为签约自由、自主劳动、安全保护、隐私安全等方面。

危险与安全相对应。所谓“危险”是指某一系统、产品或设备或操作的内部和外部的一种潜在的状态，该状态可能造成人员伤害、职业病、财产损失、作业环境破坏的状态。人力资源管理中的危险包括侵犯员工安全保护权、强制签约、隐私权、强制劳动、违章作业、冒险作业、违规兼职等行为。

4.1.2.3 不诚信与不违法经营

朱熹认为，诚者，真实无妄之谓。程颐认为，以实之谓信。所谓诚信，要求人们修德做事，必须效法天道，做到真实可信、诚实无欺，信守诺言，言行相符，表里如一。人力资源管理中的诚信要求企业家、管理者与员工诚实、善意、恪守信用。实践中，人力资源管理的不诚信行为主要有欺诈性签约、职业经纪人的机会主义、道德风险、个人利益至上等。2010年，沸沸扬扬的国美控制权争议中，国内舆论对董事会主席陈晓最多的责难就是认为他违背职业经理人的诚信受托义务。

在合法与非法之间，还存在不违法这一过渡地带，即其行为虽不违法，却未必道德。例如，跨国公司在我国奉行“地板工资”制度，其做法虽然不违反我国最低工资制度，但工人却只能通过长时间加班与高强度劳动获得薪资增加，员工压力极大，容易诱发极端事件。例如，富士康连续坠楼事件的诱因就与此有关。

4.1.2.4 不作为与乱作为

不作为是指员工负有实施某种积极行为的义务，能够作为而不为。例如，消极怠工。2008 年，东方航空公司昆明分公司飞行员的集体返航事件就是一起典型的集体怠工行为。该行为以旅客生命为赌注，超越职业道德底线，受到舆论指责。

乱作为是指管理者或员工超越岗位职责，越权管理、越权作业、内部夺权争斗、拉帮结派、排斥异己并对企业绩效产生负面影响的行为。例如，编造、传递虚假消息，流言蜚语，中伤同事，破坏团结。

4.1.2.5 不适当公开与暗箱操作

公平、公开、公正是现代企业制度设计的基本原则，但违规公开与不当公开则有悖职业操守。例如，转让员工个人信息、虚报浮夸；暗箱操作是指违反工作规范和业务流程，对应公开的事务有意不公开，使相关利益方知情权受损，进而剥夺其机会利益。人力资源管理中的暗箱操作主要发生在招聘、晋升、在职培训裁员等环节。至于保密薪酬是否有悖道德，则应当视具体情节和公司薪酬制度区别而论。

4.1.2.6 人力资源的过度使用与闲置

人力资源的过度使用是指对过分强调员工工作投入，忽视其职业发展的在职培训。实践中，人力资源的过度使用主要有二：其一，对员工根本无培训计划或担心影响工作而阻碍员工接受培训；其二，对某员工使用已形成依赖，长时间“无法”让其离岗培训。人力资源的闲置是指有意使有才者坐“冷板凳”，使人不能尽其才，不能尽其用，最终使有才者“白了少年头，空悲切”。

4.1.3 加强企业人力资源伦理管理的几点建议

《周易》中曾经提到“刚柔交错，天文也。文明以止，人文也。关乎天文以察时变，关乎人文以化成天下”。所谓“人文”，主要是指心性、道德、文化、情操、信仰、审美、学问、修养等人的品性（张炳申、罗明忠等，2007）。人力资源伦理管理就是企业的“人文”管理。现代企业的人文管理、伦理管理应在下列方面进行强化：

4.1.3.1 坚持以人为本

“天地万物，唯人为贵”，以人为本强调人是管理中最基本的要素，要求在管理过程中以人为出发点和中心，围绕着激发和调动人的主动性、积极性、创造性展开管理活动。拉杰罗曾提出“道德判断三要素框架”，即“义务”“理想”和“效果”。拉杰罗认为，考察企业行为是否道德就是看企业是否履行了义务，增进了理想，给人们带来了利益。是否坚持以人为本，仍可借鉴“道德判断三要素框架”，分析企业在人力资源管理活动中是否履行了义务，是否构建起以人为中心构建组织体系，是否增进了员工理想，是否为员工带来了利益。详言之，是否重视员工物质精神需要，尊重员工的成就、尊严和价值；是否鼓励员工进取向上，是否培养员工能力提升。

4.1.3.2 构建伦理制度

人力资源伦理建设是企业文化建设的重要组成部分，人力资源伦理管理要求将诚信、公平、民主、公开等现代道德观引入企业文化，在企业文化的精神层嵌入伦理观念；要求将伦理这一“软功”移植入岗位分析等制度层面，切实“硬做”，确保管理人员不得乱作为或胡作非为；要求建立起以员工需求为导向的激励机制、以员工自我自律为基础的道德约束机制、催人拼搏向前的压力机制、成果共享的薪资增长长效机制等。因此，国内企业应借鉴西方做法，适时引入伦理宪章制度，建立董事会领导下的伦理建设委员会，对管理者、员工进行伦理培训。

4.1.3.3 确保保证和保障机制到位

这里的保证机制包括法律保证和社会保障体系的保证。前者是指通过法律保证员工的基本权利、利益、名誉、人格、安全等不受侵害；后者既包括员工病、老、伤、残及失业保险权益实现，也包括企业弹性福利制度的灵活应用。通过保障与保证机制，善待员工，使员工能体面劳动、有尊严的劳动。

4.1.3.4 保证环境融洽和谐

这里的环境主要指人际关系和工作本身的条件和环境。前者要求构建和谐、友善、融洽的人际关系，拒绝流言蜚语、帮派纷争、公司政治斗争；后者要求工作条件环境安全、舒适，使人愉悦、健康。

4.2 社会责任管理：基于中小企业成长视角[①]

企业社会责任是指某一特定时期社会对组织所寄托的经济、法律、伦理和自由决定（慈善）的期望（Archie B. Carroll，1979）。西方学者对企业社会责任的理念研究围绕三条主线进行：企业社会响应、公司社会绩效和利益相关者[②]。学者研究发现，承担社会责任与企业绩效之间呈正相关。因为，“企业履行社会责任虽然是非功利性的，但能转化为企业的竞争力，有利于企业跨越国际壁垒，企业社会责任不仅仅提升企业社会形象，也提升企业的长期盈利能力（刘藏岩，2005）。然而，现有关于企业社会责任问题的研究存在下列缺陷：第一，以大中型企业或跨国公司为标本，规模小、资金匮乏、社会影响力小的中小企业，特别是成长型中小企业被忽视；第二，将社会责任与社会义务等同，割裂了企业担负责任与自身成长之间的内在关系，社会责任成为企业必须接受的外来义务，企业承担社会责任的主动性被忽视。

企业成长问题曾是国内外学界研究的热点。西方学者对企业成长问题的研究历经了古典经济学派、新古典经济学派、工商管理学派、内部资源论学派、现代管理学派、生态学派6个阶段[③]。国内学者对其成长性的研究集中于成长性企业的绩效管理体系（杨觉英、赵雄伟，2004）、经理激励机制（傅强、武娜，2008）、管理信息化模式（倪庆萍，2005）、财务管理

---

① 本文曾英文发表于国际会议2010年西湖中小企业国际论坛，作者：赵志泉.

② 李立清，李燕凌. 企业社会责任研究［M］. 北京：人民出版社，2005（8）.

③ 韩太祥. 企业成长理论综述［J］. 经济学动态，2005（5）.

（刘佳，2005）等方面。

成长性中小企业是指目前尚处于创业阶段，但由于自身的某些优势而可能在将来迸发出潜力，具有可持续发展能力、能得到高投资回报的中小企业。成长而无持续或有持续而无成长的企业都不能称作成长型企业。单方面成长而忽视整个组织系统的协调也不能称为成长型企业。与一般中小企业相比，成长型中小企业更重视未来绩效和长期目标的实现。为实现未来的高成长，成长型中小企业更具有承担社会责任的主动性。因此，应加强社会责任与中小企业成长内在机理的研究。

4.2.1 承担社会责任的压力源

作为企业的一种特殊形态，成长型中小企业承担社会责任的驱动力有二：压力与动力。

4.2.1.1 成长型中小企业承担社会的压力源：诚实信用交易规则

这里的压力是指基于中小企业为了获得良好的社会评价，实现企业利益与社会利益的平衡所必须承担的经济与法律之外责任。例如，西方企业对SA8000社会责任评价体系的遵守。这种责任可以表现为中小企业对雇员、股东、债权人、社区、环境要求的反应（见图4－1），这种责任与企业经济责任、法律责任和道德责任相对应，必须履行（Brummer，1991）。

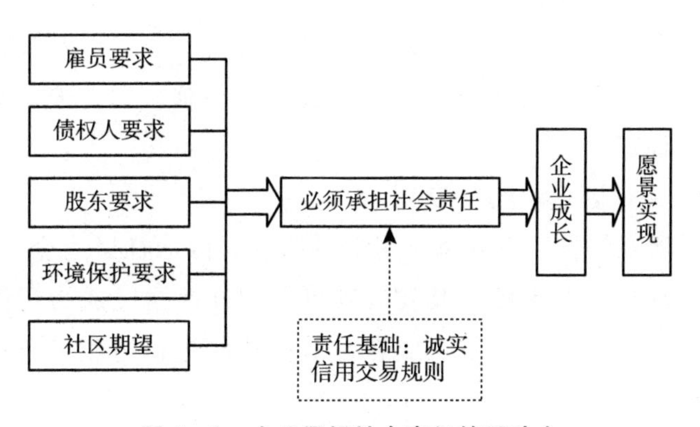

图4－1 企业承担社会责任的驱动力

企业必须承担社会责任源于诚实信用交易规划要求。作为市场经济的基本规则，诚实信用要求当事人在市场活动中应讲信用，恪守诺言、诚实不欺，在遵守交易道德基础上谋求当事人之间的利益平衡，以及当事人与社会的利益平衡。

根据企业的契约理论，企业与雇员、企业与债权人、企业与股东、企业与政府，甚至企业与社区之间存在着明示或隐性契约，根据契约精神，企业应满足雇员、债权人、股东、社区的合理诉求，进行技术创新，保护环境与生态。

4.2.1.2 成长型中小企业对承担社会责任承担压力的反应

（1）对雇员要求的反应

雇员是企业的重要利益相关者，企业对雇员责任是企业社会责任的主要内容，其内容包括在劳动法意义上保证雇员实现其就业和择业权、劳动报酬获取权、休息休假权、劳动安全卫生保障权、职业技能培训享受权、社会保险和社会福利待遇取得权等劳动权力的法律义务，也包括企业按照高于法律规定的标准对雇员担负的道德义务①。

（2）对消费者要求的反应

消费者是企业产品的接受者和使用者，但与厂商相比，客观上处于弱势地位。因此，企业社会责任的倡导者们要求企业不断提高产品品质、保证消费者的知情权、安全权与消费尊严。

（3）对债权人要求的反应

债权人是企业的重要利益相关者，对企业债权人除了要履行法定或约定债务责任外，还要求其在履行债务中合法、善意、无过失，确保交易安全和交易秩序稳定。

（4）对所在社区要求的反应

企业与其所在的社区有着密不可分的联系，因为社区为企业提供治安、基础设施等方面的必要保障，其发展则可能使社区居民成为污染的直接或间接的受害者。因此，这要求企业者对所在社区进行适度慈善性捐赠、帮

① 王琨．基于成长视角的中小企业社会责任研究［D］．合肥工业大学，2009.

扶社区内缺乏劳动技能或其他就业困难者。

（5）对环境保护的反应

环境、资源的保护与合理利用是企业对环境和资源所有现实的和潜在的受益人所负担的一项责任，这要求企业采用新技术，减少污染、降低能耗，实现人类社会可持续发展。

4.2.2 承担社会责任的动力源

与普通中小企业被迫承担社会责任不同，成长型中小企业更具有承担社会责任的动力。即对成长型中小企业而言，承担社会责任既源于对诚实信用交易规则的遵循，还内生于企业核心价值观和经营理念的选择（见图4-2）。

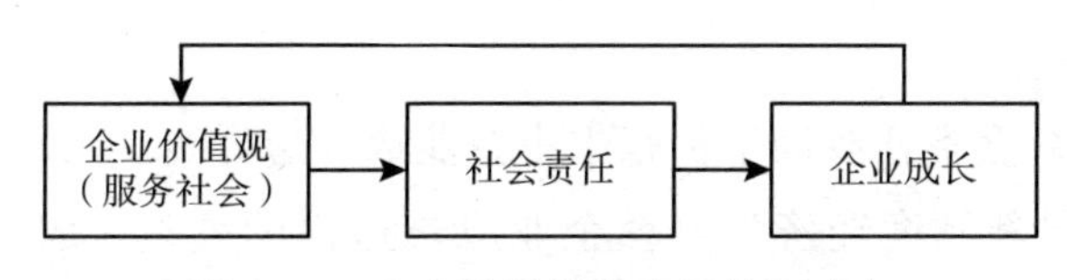

图4-2 企业承担社会责任的驱动力

4.2.2.1 承担社会责任内生于企业核心价值观

主动承担社会责任是企业坚信企业成长源于企业内部系统与外部系统协调，源于持续创新、持续增长能力的提高。

企业价值观，是指在企业创业和成长过程中形成的，为企业经营管理者和员工群体所持有的，对经营管理具有规范性作用的价值观念体系。企业价值观受到员工个人价值观、企业家价值观和社会价值观的影响。对于负责任的企业，它愿意将服务社会作为企业存在的动力。因此，它所关注的焦点不局限于短期财务指标，而是企业成长与员工发展的同步、企业成长与社会发展的同步。同时，有责任感的企业相信企业成长的最终目的在于服务社会。

4.2.2.2 承担社会责任也是企业成长的手段

关于企业的成长，国内外学者分别从交易费用、技术创新、资源竞争、知识管理、危机预警等角度进行分析。将企业社会责任引入上述理论，我们发现，担负社会责任也是促进企业成长的有效手段（见图4－3）。

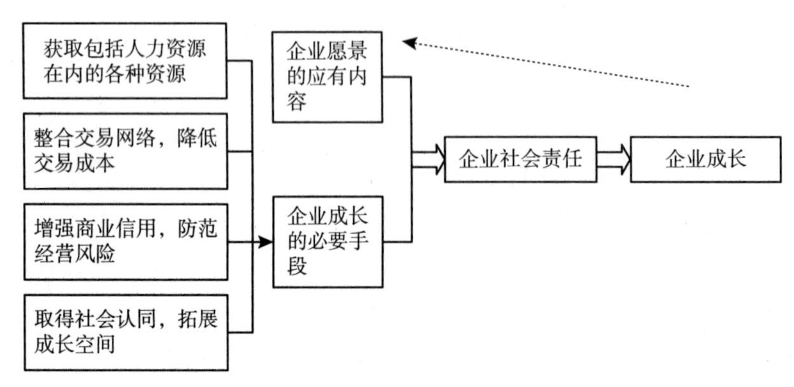

图4－3　承担社会责任对企业成长的作用

（1）承担社会责任有助于扩张中小企业成长边界

交易费用是新制度经济学解释企业成长边界的关键。成长型中小企业因其对社区、环境等公益性活动受到政府与社会认同，可以：①中小企业对消费者的关爱，将改善其“市场环境”，降低其进入壁垒，拓展其行业范围；②降低其交易中的“不确定性”，从而有效降低交易费用，提升交易效率。波特（Poter，1990）、蔡尔德（Child，1998）认为，行业决定了企业的竞争边界与竞争规则；③成长型中小企业对员工福利、员工安全的关注，可以有效解决劳资冲突，实现劳资和谐。

（2）承担社会责任有助于扩张中小企业边界成长能力

资源学派认为企业战略管理的主要内容就是如何最大限度地培育、发展和提升企业独特的战略资源，以及如何最大限度地培育、发展和提升、优化配置这种战略性资源的独特能力。富有社会责任感和道德观是成长型中小企业获取战略性资源的保证。因为，企业对员工负责有助于其获得高素质的员工与管理者，对股东负责有助于其缓解资金压力；同时，社会责任还意味着企业对关系资源的拥有，它包括良好的企业内部关系、良好的企业对外关系、良好的融资渠道以及与有助于企业发展的社会关系（赵志泉，2007）。而企业内部的组织能力、资源和知识的积累是解释企业获得超额收益、保持竞争优势的关键（B. Wernerfet，1984）。

（3）承担社会责任有助于强化中小企业边界成长的持续性

企业是一个生态系统，涉及供应商、分销商、外包服务公司、融资机构、关键技术提供商、互补产品制造商，以及竞争对手、客户、监管机构、媒体等（郭性哲，2004）①。成长性中小企业承担社会责任有助于改善企业生态，形成以价值链优化为基础的企业外部化成长机制。田丰（2004）指出：“企业通过承担社会责任，一方面可以通过自己的文化取向和价值观念，体现企业存在社会之中心价值；另一方面可以得到社会的认同和赢得声誉，为企业发展营造更佳的社会氛围，使企业得以保持旺盛的生命力，实现其可持续发展的战略目标。”

（4）担负社会责任有利于中小企业规避风险，化解危机

企业成长与危机相伴，不论何种类型的企业，其成长过程总可能面临着信誉危机、经营危机、法律危机、产品危机、财务危机、知识产权危机、自然灾害危机、人为灾害危机。这些危机具有突发性、难以预测性和破坏的致命性等特点，不仅危及企业基本目标的实现，甚至关乎企业的生死存亡。成长型中小企业因为成长高速，容易在战略、财务、人才、营销等方面产生危机。具有社会责任感的企业不仅能在危机发生前及时预警，其良好的社会形象还有助于危机发生后通过危机沟通，落实危机处理方案。

4.2.3 成长型中小企业承担社会责任的机制设计

为支持中小企业快速发展，我国不少省市先后出台成长型中小企业支持政策。然而，无论是广东、河南、浙江还是各种行业协会在对成长型中小企业进行评定时，多关注财务性指标，忽视发展性指标；或过多关注企业过去的成长性，而忽视其未来的成长性，企业社会责任更被忽视。事实上，劳资关系紧张、信用缺失、增长方式比较粗放、公益事业责任的缺失在所评定的成长型企业或多或少都有所体现。为实现成长的持续性，有必要对成长型中小企业承担社会责任的机制进行设计。

---

① 经济与管理研究编辑部．首届中国企业成长研讨会综述［J］．经济与管理研究，2004（6）．

4.2.3.1 认同社会责任，形成社会责任的心理契约

目前，国内企业对社会责任认知程度低。据新华网 2006 年 1 月 18 日题名为《调查报告显示，“企业社会责任”概念尚需普及》的报道称：《中国房地产企业社会责任发展现状调查报告》显示，“企业社会责任”的概念尚需普及，开发商对其概念的认知度仍偏低。只有半数的开发商听说过“企业社会责任”这一概念，而听说过“企业公民”概念的企业仅占 1/4①。因此，必须通过社会责任宣传，使成长型中小企业认同社会责任的存在。这里的社会责任有三：法律规定的社会责任、契约约定的社会责任、道德诉求的自愿性社会责任。道德诉求的自愿性社会责任完全出于企业自愿，是企业社会责任的最高标准。对成长型中小企业而言，应积极履行法律和契约规定的本分责任，按照国家和行业的标准，向社会提供合格的产品和服务、照章纳税；保障员工的基本福利、维护消费者权益、合理使用自然资源、注意环境保护、维护生态平衡。同时，还应主动提高社会责任标准，提升企业道德水准。

4.2.3.2 分清社会责任的轻重主次

跨国公司、大中型企业的社会责任主要聚焦于环境保护、循环经济、债权人、消费者、利益相关者、社会公益与社区等方面。成长型中小企业虽然成长迅速，且成长潜力巨大，但其资金实力与跨国公司、大中型企业不可同日而言。因此，对成长型中小企业而言，其社会责任的承担应分清轻重主次，轻重缓急。其侧重点为：（1）推行循环经济，开发有利于可持续发展的新技术，提高资源利用率；实施清洁生产，降低环境负担，推动资源再生利用，实施循环经济；（2）高度重视对员工的责任。主动履行 SA8000 劳工标准，提高健康的工作环境，及时支付公平合理的报酬，防止工作场合中的各种歧视，提供员工教育培训的机会，让员工有工作满足感，提高基本的福利待遇；（3）高度重视利益相关者责任。

---

① 中华慈善总会．中国房地产企业社会责任发展现状调查报告［EB/OL］.（2006－01－18），http：//www. sina. com. cn.

4.2.3.3 设计出社会责任评估体系并自我评估

社会责任已经成为对企业“高标准、高要求、可持续发展”的指标①。成长型中小企业应根据实际情况，高标准设计出符合自身特点的社会责任评估体系，并自我评估。该评估体系应包括员工权益责任、公益责任、诚信经营、合法经营等指标。成长型中小企业可以通过员工权益责任指标判断员工工资保障、福利保障和工作环境；可以通过公益责任指标，判断福利就业、扶贫支持、慈善捐助和特定事业支持情况；通过诚信经营责任指标判断顾客满意度、商业伙伴满意度、融资机构满意度；通过法律责任指标判断企业运行合法性和违法经营成本。

4.2.3.4 健全社会责任的利益转换机制

企业社会责任的利益转化分为企业与社会两个层面：通过制度化设计，确保企业内部员工和职能部门因高标准履行社会责任为企业赢得良好商誉而得到嘉奖；通过制度化设计，社会（包括政府）对高标准履行社会责任的企业予以良好评价，并通过舆论宣传、税收减免等形式进行回报。

4.3 文化管理：以国有企业为例

哈耶克说，现在的企业，不是人控制文化，而是文化控制人。在经济全球化与市场竞争日趋激烈的今天，企业文化的竞争已成为经济竞争的最高形式，企业文化管理也成为企业管理的最高模型。企业文化和企业管理离不开异质人力资源——企业家与员工素质整体提高，国有企业要实现制度创新、技术创新，并在创新中提高竞争力，必须重塑企业文化，并在国企文化重塑中开发人力资源。

---

① 王琨．基于成长视角的中小企业社会责任研究［D］．合肥工业大学，2009.

4.3.1 企业文化的内涵、价值功效及其与企业人力资源开发的竞合与互动

4.3.1.1 企业文化的历史溯源、内涵与价值功效

企业文化的概念最先是由美国的管理理论学者提出来的。学者认为文化管理是企业管理的最高层面，管理的重点是“人”，而非“物”与事。这与我们今天所说的“人本管理”思想一脉相承。企业文化理论的实质就是以人为本的现代管理体系。早在1962年，IBM的公司董事会主席小汤姆·奥森就说过，就企业的经营业绩来说，企业的基本经营思想、企业精神和企业目标，远远比技术资源、企业结构、发明创造以及随机决策重要得多。企业技术资源、企业结构、发明创造以及随机决策无一不是源自企业员工对企业基本价值观念的信仰程度。企业的基本经营思想、企业精神和企业目标就是指企业文化。

企业文化，广义上讲，是指企业所创造的相对于自然存在物而言的一切文明成果的总和，包括物质文化、制度文化、精神文化等；狭义上讲，企业文化指在企业长期的经营活动中逐渐形成和发展起来的，并为企业内部成员共同认可和尊奉的企业哲学、企业价值观、企业精神和企业道德等①。企业文化理论认为，随着社会发展，人的精神因素、企业的精神文化显得越来越重要。详言之，企业文化的价值功效具体体现在：（1）从战略意义上指导企业发展，显示企业目标和方向；（2）融合企业个体差异，促进沟通管理，稳定员工队伍，产生凝聚力；（3）展示企业个性，增加企业品牌价值；（4）推动企业管理，促进企业绩效。

4.3.1.2 企业文化与企业人力资源开发的竞合与互动

企业理论强调企业是企业家的企业，企业文化强调人性化管理。对人

---

① 约翰·科特，詹姆斯·赫斯可特．企业文化与经营业绩［M］．北京：华夏出版社，1997（6）．

（特别是企业家）的尊重使企业人力资本与企业文化之间具有某种互动与竞合关系。具体表现为：

（1）企业文化与企业人力资源开发都强调企业高级管理人员，特别是企业家的重要性

企业文化的定位与塑造、提升与强化离不开企业家的设计、开发、维持及其本身的权威。而制度经济学者则把企业家定义为“企业家是擅长于对稀缺资源的协调利用作出明智决断的人”，甚至“没有企业家（精神），企业就不能存在”①。

（2）企业文化与企业人力资源开发都强调企业的制度健全性

企业文化包括制度文化，但企业文化的形成，从企业经营策略、经营理念制定，到企业道德形成，都需要制度保证；企业人力资源开发也离不开制度保证。为规范人力资源开发、管理，制度经济学学者特设委托—代理等理论，从不同侧面对企业家、职业经理、职工进行激励与约束。制度在塑造企业文化与开发企业人力资源中起着工具性作用。

（3）企业文化与企业人力资源开发都强调企业组织的适当性

企业文化的存续必须以企业组织体为载体，而不同的企业组织形式、文化趋向不同。功能垂直型结构企业强调最高决策层的权威；控股公司型企业强调各组成部分的自治与民主决策；事业部型分权结构公司强调最高层权威决策与组成部分民主决策相结合。同样，不同的企业组织形态与治理结构影响企业人力资源开发。健全、合理的企业利益分配机制、职务晋升机制与权责奖罚机制利于实现人尽其用，用尽其才。

（4）企业文化与企业人力资源开发都强调创新的必要性

企业文化是动态的过程，企业文化创新包括引进一种新的经营理念，向企业员工灌输一种新的企业道德；创新是企业文化活力的源泉。企业人力资源开发实际是发现、培养、聘用企业家的过程。创新意味着必须采用适于企业家才能发挥的组织形式、管理形式、激励机制，意味着企业员工系统化培训、再教育与整体文化素养的提高。

---

① 张维迎．企业理论与国企改革［M］．北京：北京大学出版社，1999（3）．

4.3.2 传统国企文化的弊端及其与人力资源开发的断裂

4.3.2.1 传统国企文化的弊端及其表现

国企文化即在国有企业的价值观念与经营理念。各个国有企业，由于地理因素、人文环境差异，企业文化的内涵也有所不同。但是，共同的经济环境、经济体制，它们又具有不少共同因素和特征。企业文化有积极的、充满活力的，也有消极的、充满病态的。转轨时期，传统国企文化受计划经济观念束缚，呈现出消极、病态特征。其弊端主要表现为：

（1）职业企业家创新动力不足，冒险精神不强，经营方式呆板

例如，有些国企领导在规模兼并重组面前明显不适应，宁愿资产闲置也不愿与其他企业合作，或怕丢面子，或怕丢位子。观念陈旧无疑是国企改革的致命伤。英国经济学家英格尔曾说，如果人们还没有从心理、思想、态度和行为方式上都历经一个现代化变革，失败和畸形发展的悲剧是不可避免的，再完美的现代制度与管理方式，再先进的工艺，也会在一群传统的人手中变成一堆废纸。

（2）企业精神趋同，凝聚力不强

企业精神的凝聚功效源于企业精神的独特性、时代性与鲜明个性。而国有企业，企业精神几乎千篇一律，多如“团结、拼搏、求实、进取”“厂兴我荣、厂衰我辱、不屈不挠、艰苦奋斗”等，而榜样的力量则取自50年代的鞍钢孟泰精神和60年代的大庆精神①，缺乏时代感与个性特征，企业文化的凝聚力不能得到有效发挥。

（3）企业道德抽象，政治性观念大于市场理念

企业道德要求以善良与邪恶、公正与偏私、诚实与虚伪等道德范畴来评价企业与职工的行为。中国国企道德，强调共产主义与集体主义等政治性口号，将职工对企业的道德规范界定为“六爱”（爱集体、爱公物、爱劳动、爱科技、爱岗位、爱产品）和“六讲”（讲责任、讲纪律、讲质量、讲

---

① 宋光华．中国传统文化与现代企业形象［M］．北京：中国建材工业出版社，1996.

时效、讲信誉、讲协调)，将职工与职工的人际关系界定为，“平等、团结、互助、友爱”①，将企业与企业之间的关系界定为“诚信、联合、互利、互助”这些口号相当空乏，既不能引起大家共鸣，也不能产生凝聚力。

(4) 企业教育培训机制形式化

企业技术创新推陈出新，企业精神延续，健全的人才机制至关重要。要拥有适合企业发展的人才，培训必不可缺少。而中国国有企业，将人才培训等同于上政治课，以思想教育替代企业人力资源开发，一方面使得专业人才严重匮乏，另一方面封闭式的内部培训，使得受培训者自我约束不足，激励不足，培训沦为形式。

4.3.2.2 传统国企文化与国企人力资源开发的断裂

企业文化与企业人力资源开发存在互动关系，传统国企文化的理想化、形式化、政治化使国企人力资源开发动力不足、成本高昂。具体表现为：

(1) 国企精神文化的政治化使企业高级管理层观念陈旧，竞争与风险意识不强

与西方的市场化文化不同，中国国有企业经理都想当官，与国内外成功企业家相比，多数国企领导对政府的依赖远大于对市场的依赖，对企业权威的迷恋远大于对制度的遵循②。官本位的历史惰性使得国有企业高级管理层观念陈旧，因循守旧，不愿参与竞争、实现创新，不敢大胆决策。企业家人力资本有效发挥不足。

(2) 制度文化设计上的缺陷，使国企人力资源开发机制不健全

在这种文化背景下，不能保证真正有企业家才能的人被选为经理，或没有企业家才能的人不被聘任。企业激励机制不足，约束力度不够，在任国有企业家不能真正成为不确定因素的决策者，风险承担者、利益享受者。

(3) 组织文化流于形式，使国企组织在人力资源开发上作用有限

虽然经过股份制改造，我国已产生了相当一批股份制公司。然而，产权不清、政企不分的管理体制，使“翻牌公司”层出不穷。旧体制下效率

---

① 黄厚载. 中国社会主义企业文化［M］. 北京：石油大学出版社，1991.

② 张维迎. 企业理论与国企改革［M］. 北京：北京大学出版社，1999 (3).

不足、缺乏活力的企业弊病依然存在。

（4）趋同化的企业道德文化，使国企缺乏个性，凝聚力不强

一方面，过于抽象化、趋同化的企业道德，使企业员工缺乏明确的奋斗目标，积极性受到压抑，凝聚力不强；另一方面，企业家赖以成长的土壤遭到破坏，企业异质资本不能得到有效开发。

4.3.3 国企文化与国企人力资源开发的制度性整合

重塑国企文化我国不乏成功的先例。海尔集团的“市场斜坡理论”认为，企业在市场上所处的位置，就如斜坡上的一个球体，它受来自市场竞争和内部职工惰性形成的压力，如果没有动力则下滑。“海尔文化激活休克鱼”的事例成功宣告企业文化的力量①。重塑、健全国企文化，实现国企人力资源开发，重在建立企业家文化与相关制度建设。

4.3.3.1 重塑企业家文化，培养面向市场的企业家群体

企业家是具有禀赋性的人力资源，企业文化首先是企业家文化，企业文化的重塑，首先是企业家文化的重塑。在重塑国企文化中实现国企人力资源开发，首先应培育面向市场的职业经理队伍。具体措施包括：

（1）强化企业家的文化观念

企业家的人格魅力是企业文化形成、塑造、定型、强化的基础。企业家应率先垂范，身体力行，树立榜样，规范其工作作风、管理风格。国家应取消企业行政级别，企业不再套用政府机关的行政级别，不再比照公务员确定管理人员的行政级别，变身份管理为岗位管理。

（2）改变国企领导人的培养与选拔机制

建立管理人员竞聘上岗、能上能下的人事制度。具体措施包括：推行职业经理任职资格认证制度，实行管理人员竞聘上岗，除特殊行业外，所有管理人员均应实行公开竞争、择优聘用，对聘用人员要严格考核，公开答辩、公正评价、公示测评结果。

---

① 郑海航．中国企业理论五十年［M］．北京：经济科学出版社，1999（9）．

（3）强化国企企业家的激励兼容约束机制

激励方面：或财产激励，如年薪制、股票期权制、企业家姓名权商业化等；或精神激励，如赋予相应地位、荣誉称号等。

约束方面：完善企业家（经理）市场，强化聘用合同约束；定性与定量相结合，加强对现任管理人员的考评，对重要岗位管理人员建立定期述职报告制度等。

（4）强化企业制度建设与组织建设

调整企业组织机构，改革不适应市场竞争需要的企业组织体系与流程。按公司法要求，建立规范的法人治理结构，精简职能部门，减少管理层次、控制管理幅度，使部门和上下级之间做到责权明确、信息畅通、监控有力、运转高效。

4.3.3.2 营造重视人才的企业文化气氛，建立完善的人才晋升机制

彼得·德鲁克（Peter Drucker，1909～2005）认为，人是企业最大的资产，必须把对人的管理从“成本中心”转向发挥人的主观能动性，实现“人本管理”。人本管理的基本出发点有三：企业即人、企业为人和企业靠人[①]。而要做到这一点，就要建立完善的人才激励机制与合理的员工晋升机制。

（1）建立完善的人才激励机制

国有企业在发掘企业家资源的同时，还必须以物质激励与精神激励结合，激发员工热情。然而，调查的结果却并不乐观（见表4－1）：

表4－1　对职工激励因素的调查　单位：分[②]

	较好的福利	提高工资与物质奖励	提升职位与个人发展机会	领导支持与信任	表扬与荣誉
总体	16.9	27.8	23	25.7	6.5
21～30岁（42.3%）	14.4	24.3	29.8	26.5	5.1
大学（42.9%）	15.2	26	25.8	28.3	4.7
800元以上（33.86%）	15	25.3	22.5	30.2	7

① 刘善任．网络时代的企业文化［J］．中外管理，2000（4）．

② 王海．1999年国有企业职工激励机制的现状与要求调查报告［J］．企业管理，1999（4）．

调查结果表明，职工最关心的是工资与物质奖励的提高、职务提升、个人发展的机会与领导的信任与支持。然而，目前国企在工资分配、福利制度上还存在严重问题。平均主义与贫富悬殊共存使国企职工对工资、福利分配满意度较低。

激发国企职工热情，必须进行彻底的分配制度改革。这要求我们：①以效率优先、兼顾公平为原则，允许资本、技术、管理、风险承担等要素参与分配；②改革工资决定机制，企业应严格按照国家有关规定，按时支付职工工资，并执行最低工资保障制度；③完善企业内部分配办法，建立以岗位工资为主体的基本工资制度，明确规定岗位职责、技能要求，实行以岗定薪、岗变薪变，工资支付应与岗位职责、工作业绩、实际贡献挂钩，形成重实绩、重贡献的分配激励机制；④调整职工分配结构，把工资总额中的部分补贴、津贴纳入岗位工资，提高岗位工资比重，依照企业效益和职工实际贡献，确定职工工资，做到奖勤罚懒、奖优罚劣；⑤对专业技术人员实行按岗定酬、按任务定酬、按科技成果定酬的分配办法，对有贡献的专业技术人员可实行项目成果奖励、技术创新和产品商品化的净增利润提成，关键技术入股和股份奖励、股份期权等分配办法。

（2）建立完善的职工晋升机制

提升职务与寻求发展机会是激励职工的有效措施，然而调查表明，职工升职的依据由主到次为：能力、业绩、关系、学历、工龄。“关系”总体得分为21.8分，明显高于学历与工龄，接近能力与业绩得分[①]（见表4-2）。这表明国有企业靠关系晋升的现象还比较严重，任人唯亲、唯拍是用的用人观已引起职工的强烈不满。

表4-2　对企业职工升职依据的调查　单位：分

	能力	业绩	关系	学历	工龄
得分	25.2	22.2	21.8	17.8	13.1

① 王海.1999年国有企业职工激励机制的现状与要求调查报告［J］.企业管理，1999（4）.

新的国企文化，应建立完善的人才晋升机制。内容包括：在解决出资人缺位、完善法人治理结构前提下，按照面向社会、条件公开、平等竞争、择优录用的原则，公示人才晋升条件，防止“黑箱操作”；动态考核与静态考核相结合，实行能者上、庸者下的晋升制度。

（3）建立职工择优录用、能进能出的用工制度

企业应根据生产经营需要，依法自主决定用工数量和招工时间、条件和方式；规范劳动合同制，健全劳动合同管理；优化劳动组织结构，科学设置职工工作岗位，合理确定劳动定员定额标准，减员增效，不断提高生产率；推行职工竞争上岗制度，对在岗职工进行岗位动态考核，依据考核结果实行内部淘汰；加强以内部劳动管理，依法建立健全企业内部劳动管理的配套规章制度，规范奖惩办法，严肃劳动纪律；完善职工培训制度，企业要形成培训与使用相结合的激励机制，坚持先培训后上岗，大力开展职工岗前培训。对依规定必须持职业资格证书上岗的职工，应按国家职业资格标准进行培训，提高职工素质，增强职工创新能力。

4.4 员工压力管理：抑制“过劳死”

4.4.1 令人惊心的案例与数字

过劳死问题逐渐进入学界和舆论界的视野。根据媒体报道，近几年典型的“过劳死”事件至少包括：

2006 年 1 月 21 日，上海中发电气集团董事长南民，突发脑血栓，在上海浦东仁济医院经抢救无效病逝，时年 36 岁。

2005 年 9 月 18 日，中国大陆著名入门网站网易的前代理行政总裁孙德棣因为工作过劳引起癌症复发猝死，终年 38 岁。

2008 年 7 月 22 日，时任同仁堂董事长张生瑜因心脏病突发于北京去世，年仅 39 岁。

2013 年 7 月 15 日下午，御泥坊前董事长吴立君因劳累过度，急性脑血

栓导致死亡，其年仅36岁。

有媒体报道，我国每年约60万人过劳死[①]……

4.4.2 “过劳死”与职业压力

所谓“过劳死”是指因为工作时间过长、劳动强度加重、心理压力过大、存在精疲力竭的亚健康状态，由于积重难返突然引发身体潜藏的疾病急速恶化，救治不及，继而丧命。

导致猝死的前五位是冠状动脉疾病、主动脉瘤、心瓣膜病、心肌病和脑出血，过度劳累是这些病突然发作的重要诱因。长期高强度、超负荷的劳心劳力，加上缺乏及时的健康恢复和足够的营养补充，均会导致机体细胞超前老化。新闻界曾梳理出“过劳死”的十大危险信号[②]：

（1）“将军肚”早现。30～50岁的人大腹便便，是高血脂、脂肪肝、高血压、冠心病的标志。

（2）脱发、斑秃、早秃。每次洗头都有一大堆头发脱落，这是工作压力大、精神紧张所致。

（3）频频去洗手间。年龄为30～40岁的人，排泄次数超过正常人，说明消化系统和泌尿系统开始衰退。

（4）性能力下降。中年人过早地出现腰酸腿痛、性欲减退或男子阳痿、女子过早闭经，都是身体整体衰退的第一信号。

（5）记忆力减退。开始忘记熟人的名字。

（6）心算能力越来越差。

（7）做事经常后悔，易怒、烦躁、悲观，难以控制自己的情绪。

（8）注意力不集中，集中精力的能力越来越差。

（9）睡觉时间越来越短，醒来也感到不解乏。

（10）经常头疼、耳鸣、目眩，检查也没有结果。

---

① “过劳死”困扰中国　每年60万人死于工作压力［EB/OL］.（2014－03－27），http：//news. xinhuanet. com/gongyi/2014－03/27/m_126322484. htm.

② 盘点过劳死高发职业　警惕“过劳死”十大危险信号［EB/OL］.（2012－09－06），http：//career. eol. cn.

过劳死的直接诱因是职业压力过大。职业压力（Occupational Stress）是指当职业要求迫使人们作出偏离常态机能的改变时所引起的压力。职业压力生理反应有：心血管疾病、胃肠失调、呼吸系统问题、癌症、关节炎、头痛、身体损伤、皮肤机能失调、过度疲劳以及死亡。职业压力引起的心理反应则有焦虑、沮丧、不满、厌倦、心理疲惫、不良情感、机能不全、自重程度低、自我疏忽、精神疾病、愤懑、压抑以及注意力无法集中。造成职业压力的原因众多，包括组织特点、工作条件、人际关系、角色特征、自信心缺乏等。超长的工作时间使员工群体身体长期出现亚健康状态。据上海科学院“知识分子健康调查”显示，北京知识分子的平均寿命从10年前的五十八九岁已降到当今的五十三四岁。我国最近的一项调查显示，已经有超过7亿人处于亚健康状态，占全国总人口的60%～70%。中年人是亚健康的高发人群，比例接近50%，脑力劳动者明显高于体力劳动者，知识分子和企业管理者的比例最高。从行业分布来看，城市的新兴行业：如高新技术产业、电子信息、IT业、新材料业、广告设计、新闻及行政机关等人群最高[①]。估算，每年因过劳死去世的人多达60万。

4.4.3 “过劳死”背后的法律问题

“过劳死”曾多发的日本，它不仅仅是一个社会伦理问题，已经成为一个法律问题。资料显示，1994年，日本劳动省就已正式把工作过度列为职业灾害，日本官方又在近年把“过劳”正式列为职业病的一种，“过劳死”已写进了日本法律。2002年10月2日，日本广岛高级法院判决川崎制铁公司造成员工“过劳死”案和解，判令川崎制铁公司必须支付1.1350亿日元赔偿金给死者家属。这是继2000年6月日本电通公司“过劳死”案败诉后，第二桩企业全面承认错误并达成和解的“过劳死”案件[②]。

“过劳死”已经逐渐成为一个法律问题。

---

① 劳动时间最长的国家之一：中国［EB/OL］.（2014－11－13），http：//www.gaodun.com/guihua/532888.html.

② 谁来遏制“过劳死”？［EB/OL］.（2006－07－26），http：//88088.com/law/ylwq/2006/0726/19317.shtml.

4.4.3.1 工作时间超长容易诱致“过劳死”

与频频发生的“过劳死”事件使人们将目光聚焦于劳动时间。根据经合组织（OECD）公布的各成员国15~64岁劳动者的平均劳动时间以及家务劳动时间比较数据，日本男性包含休息日在内的日均劳动时间为375分钟，为26个成员国内最长，而26国的平均值为259分钟，日本男性的劳动时间超出了平均值近2小时，而日均劳动时间最短的则是法国，仅为173分钟，日本男性的日均劳动时间为法国的2倍以上，相当于每天多工作202分钟，如果按照1年计算，就要多出202分钟×365天=7.37万分钟，约为1229小时，换算为天数多达51天。另外值得一提的是，日本男女的平均劳动时间为372分钟，同样为26个成员国之首（26国的平均值为268分钟）①。

随着经济不断发展，中国人的工作时间越来越长，“过劳死”也呈急剧增加趋势。有人认为，从2006年起，我国劳动时间已经超过日本，居世界之首。根据国家有关规定，我国现行的标准工时制度是劳动者每日工作时间不超过8小时，平均每周工作时间不超过40小时。根据2014年7月21日新晚报公布的调查数据，黑龙江省各类职业劳动者周平均工作时间均超法定周工作时间，为45.5小时。其中，商业、服务业人员周平均工作时间最长，为51小时；最短的为农、林、牧、渔、水利业生产人员，为42.1小时，平均每天相差1.8个小时。如不考虑农业劳动者，周平均工作时间最短的是专业技术人员，为43.4小时，如按每周工作5天法定工作日计算，商服人员比专业技术人员平均每天多工作1.5个小时。餐饮服务人员、饭店旅游及健身娱乐场所服务人员、购销人员周平均工作时间均超过50小时，远高于法定工作时间②。

4.4.3.2 “过劳死”的认定：应纳入工伤范畴

所谓工伤，又称为产业伤害、职业伤害、工业伤害、工作伤害，是指

---

① 王欢．日本社会过劳现象严峻 平均劳动时间为世界最长［EB/OL］.（2014-05-04），http：//www.legaldaily.com.cn/international/content/2014-05/04/content_5494463.htm？node=34035.

② 杜安娜．谁来认定“过劳死”？［N］．广州日报，2014-06-24.

劳动者在从事职业活动或者与职业活动有关的活动时所遭受的不良因素的伤害和职业病伤害。根据我国《工伤保险条例》关于工伤分类的相关规定，职工有下列情形之一的，应当认定为工伤：（1）在工作时间和工作场所内，因工作原因受到事故伤害的；（2）工作时间前后在工作场所内，从事与工作有关的预备性或者收尾性工作受到事故伤害的；（3）在工作时间和工作场所内，因履行工作职责受到暴力等意外伤害的；（4）患职业病的；（5）因工外出期间，由于工作原因受到伤害或者发生事故下落不明的；（6）在上下班途中，受到非本人主要责任的交通事故或者城市轨道交通、客运轮渡、火车事故伤害的；（7）法律、行政法规规定应当认定为工伤的其他情形。职工有下列情形之一的，视同工伤：（1）在工作时间和工作岗位，突发疾病死亡或者在48小时之内经抢救无效死亡的；（2）在抢险救灾等维护国家利益、公共利益活动中受到伤害的；（3）职工原在军队服役，因战、因公负伤致残，已取得革命伤残军人证，到用人单位后旧伤复发的。

工伤是指在工作中受到的直接伤害，主要看是否在工作时间、工作地点以及由于工作原因造成。传统的工伤主要是指工作设备、工作环境造成的伤害。在我国，“过劳死”能否被认定为工伤，学界和司法界存在不同认识。学界多认为，“过劳死”具备工伤认定的一个或多个特征，应该将其认定为工伤死亡的一种特殊形式。但司法界对此则多否定态度。2000年的中国首例“过劳死”索赔诉讼，也没有获得司法支持。

4.4.4 抑制“过劳死”：员工压力管理

“过劳死”是职业伦理问题，也是法律问题，抑制“过劳死”，在法律层面必须合理化制度安排；在管理层面，必须实施有效的员工压力管理。

（1）建议将“过劳死”纳入工伤范畴

即借鉴日本司法实践，适时修改《工伤保险条例》，明确“过劳死”的认定条件、认定程序，赋予受害人家属的救济权利。

（2）建议严格执行劳动时间规定

国家劳动法规定了劳动时间和加班制度，用人单位应当严格执行劳动定额标准，不得强迫或者变相强迫劳动者加班。用人单位安排加班的，应当按照国家有关规定向劳动者支付加班费。

（3）建议严格落实带薪休假制度

带薪休假在中国已经成为一个颇有争议的话题，目前国务院已经通过《带薪休假条例》，各级劳动行政执法单位应加大条例执行力度，确保劳动者休息休假权利实现。

（4）建议企业实施压力管理策略

中国人崇尚“鞠躬尽瘁，死而后已”的奉献精神，但企业也应积极创造条件，营造和谐企业文化，改变过于苛刻的管理制度，使劳动者能保持身心愉悦的工作环境。

（5）建议员工学会自我调整

压力管理已经成为企业管理的重要命题，员工可以运动解压、冥想解压、饮食解压、按摩解压等方式，缓解工作压力，摆脱亚健康状况。

4.5 小　结

“中国制造”迈向“中国智造”的过程中对员工关系提出新挑战，员工诉求更加多样，按照市场规则进行流动将成为常态。因此，面对“中国智造”，必须重视人力资源伦理管理、社会责任管理、文化管理、员工压力管理和员工流动管理。

5 “中国智造”中的特殊群体及其管理

实现“中国智造”离不开庞大的高素质企业家队伍、职业经理人群体、高层次创新群体、高技能实用人才群体。根据《中国制造2025》规划，该特殊群体担负中国制造业转型升级的历史使命，必须予以高度关注。

5.1 企业家人力资本理论的嬗变与企业家队伍管理

西方企业家人力资本理论研究与人力资本理论、制度经济学、企业经济学和经济增长等问题相联系，弄清西方企业家理论的演进主线和思路，对于我国经理人市场和企业家队伍建设意义重大。

5.1.1 西方企业家理论的历史溯源与嬗变

5.1.1.1 西方企业家理论的历史溯源

从词法渊源上看，企业家（enterpreneur）一词源于法语，原意指管家（Captain of Fortune），指受雇于王子进行军事远征的冒险家；1755年，坎梯龙将“企业家”一词引入经济学理论。事实上，将企业家作为经济资源引入经济分析的最早理论可追溯至亚当·斯密（Adam Smith，1723～1790）《国民财富的性质和原因的研究》。斯密在其著作中将资源分为固定资本和流动资本，强调“看不见的手”，即市场在分配经济资源和协调经济活动中的作用，在斯密看来，生产费用的价值取决于工资、利润、地租。这里的利润指企业家报酬。然而，在斯密那里，企业是一种技术化的“黑箱”，企业家是外生的。受斯密影响，19世纪古典经济学家坎梯龙、马尔萨斯的“生产费用价值论”、19世纪70年代奥地利学派门格尔、英国杰文斯、法国瓦尔拉的“边际效用价值论”，甚至马歇尔的“均衡价格论”都将企业家作为稀缺资源进行经济分析。不过需要指出，这些经济学家的企业家与资本家乃同一词，企业家即业主制资本家。萨伊是最早赋予企业家突出地位的经济学者，对萨伊而言，企业家与资本家是不同的。萨伊的“三位一体”理论将劳动力分为科学研究人员、企业家和工人，企业家的功能在于用既得知识去创造产品，作为协调者按市场价格支付各种投入要素的报酬，企业家的报酬是企业的剩余。

令人遗憾的是，尽管企业家在斯密、萨伊之后，企业家并未淡出经济学家的视野，例如19世纪德国经济学家弗里德里希·李斯特区分了“物质资本”和“精神资本”的概念，美国经济学家克拉克从分配角度谈到“企业家功能”和“企业家利得”，但企业家的概念却很少出现在经济学的理论核心部分，即使出现，也仅局限于工商业人士。当企业家出现在经济分析中时，赋予他们的角色仅局限于处理风险和不确定性，标准均衡理论中没有企业家的一席之地。科兹勒就不承认企业家是一种有用的资源，“……企业家才能不被看作是一种资源……市场从来未把企业家的能力作为一种可使用的资源”①。在20世纪60年代之前，西方企业家人力资本理论研究仅仅处于滥觞阶段。

5.1.1.2 马克思的企业家理论

谈及西方企业家理论，不得不研究马克思的企业家理论，也许马克思是最早对企业家进行系统研究的一个人。马克思将资本家分为用自有资本经营的资本家、合股经营的资本家和借贷经营的资本家。因此，一般认为，马克思的企业家理论与其资本家理论是结合在一起的，并侧重性质分析。马克思将企业家界定为人格化的资本，即资本家之所以是资本家，并不是

① ［美］Theodore W. Schultz，Kaldor Memorial Lecture，Iowa State Univerisy，October15，1979.

因为他是工业的领导人，相反，他之所以成为工业的司令官，因为他是资本家。经理被马克思比作“军官”。马克思认为，“商业经理和产业经理的管理工资，在工人的合作工厂和资本主义的股份制企业中，都是完全同企业主收入分开的”，即经理的工资采取熟练劳动工作的形式，受劳动市场调节。但马克思不认为董事、监事是企业家，在马克思看来这些董事、监事的管理和监督实际上不过是掠夺股东、发财致富的一个借口而已。然而在马克思企业家理论并不认为企业家与资本家身份绝对竞合，因为随着资本分化与生产规模扩大，资本所有权与经营权的分离，资本家不一定是经理，经理不一定是资本家。“这种指挥劳动就无须资本家亲自担任了。一个乐队指挥完全不必就是乐队的乐器的所有者”，“实际执行职能的资本家转化为单纯的经理，即别人的资本的管理人，而资本所有者则转化为单纯的所有者，即单纯的货币资本家”。而且产业经理是工业制度的灵魂。其职能转归职业经营者，即企业家，企业家成为企业内部计划的执行者，直接决定企业最终目标的实现。

马克思也承认企业家是一种异质人力资源，因为未来社会“仍然需要默认不同等的个人天赋，因而也就默认不同等的工作能力是天然特权”。

5.1.1.3 以功能和生成为中心的企业家理论

研究企业家理论的动力源于对新古典企业理论的挑战。科斯无疑起了启蒙作用。科斯是按照市场价格机制下的交易费用方法研究企业合理存在的第一人，但科斯的企业家理论却常被人忽视。事实上，在科斯认为企业替代市场的原因在于企业内部“权威”能降低交易费用。这里的“权威”无疑就是身兼企业家身份的资本家，但可惜的是，科斯对该“权威”缺乏进一步分析；科斯的追随者阿尔钦和德姆塞茨在分析企业内部结构时，也强调资本家和工人以等级结构为基础的“权威关系”，不过与科斯一样，该权威仍是外生的，资本雇用劳动天经地义。

（1）企业家的功能

制度学者似乎更关心企业家的功能，并形成企业家承担不确定性功能、创新功能、协调功能（卡森）等不同主张。主张企业家承担不确定性功能的代表人物首推奈特，奈特认为，企业家的功能在于对不确定性承担风险。

“如果没有不确定性，企业的出现似乎是不可思议的”，而在不确定下，“首要的问题或功能是决定干什么以及如何干”，“自信或勇于冒险者承担起风险，并保证犹豫不决者或怯懦者能得到一笔既定的收入”。然而奈特对企业家的分类不再着眼于所有权，而在于权力的分配，对奈特而言，企业家即资本家，奈特认为，企业家有业主式企业家、合伙式企业家及公司式企业家。

熊彼特（1934）对企业家的分析颇具创新性，他不但分析了企业家的功能，还分析了企业家的生成，并将企业家与资本主义生产相联系。熊彼特认为①，企业家是经济发展的发动机和动力之源，企业家的功能在于创新，他“不只是例行公事，而且必须表现出创造性的革新精神”，企业家即创新者能革新生产方式，发现新市场；但企业家的产生是一个偶然历史现象，是资本主义领导权的特定历史形式；企业家的衰退是理解资本主义经济危机的关键因素；企业家是理性环境中有非理性态度的叛逆，要成为企业家，必须有非理性的残酷性格。

对企业家功能进行分析者众多。奥地利学派的科兹纳认为企业家具有发现市场获利的洞察力，企业家实质为差价销售的中间商。卡森以委托代理理论为基础，认为企业家是擅长对稀缺性资源的协调利用作出明智判断决策的人，是市场的制造者。巴泽尔（1987）认为企业家的作用在于雇用和监督别人。

（2）企业家的生成

企业家的生成机制存在经济分析与社会分析。经济分析认为企业家的产生取决于经济因素的变量，社会分析多从文化、社会学层面分析企业家的生成。

对企业家生成进行经济分析的代表有阿尔钦和德姆塞茨、钱德勒、巴泽尔等人，其理论基础是产权和交易费用。例如钱德勒在其《看得见的手——美国企业的管理革命》中利用实证分析方法，对美国的经理企业家的生成、存续与功能作了详尽分析。钱德勒认为②，当管理上的协调比市场

---

① Schumpeter, Joseph A. [1942] 1975. Cpitalism, socialism and democracy. New York: Harper and Row.

② Chandler, A. D. Jr. 1977. The visible hand: The managerial revolution in Americal business. Cambridge: Harvard University Press.

机制的协调更有效时，现代工商企业取代传统小公司，而管理层级制的存在是现代工商企业的显著特征，因为如果没有此种经理人员的存在，众多单位企业不过是一些自主营业单位的联合体而已。而管理层一旦形成并实现了他的协调功能后，层级制本身变成了持久性、权力和持续成长的源泉，企业家成为一种沿着等级阶梯向上攫升的职业，变得越来越职业化、技术化，与此同时，当企业规模和多样化经营达到一定水平，企业的管理与所有权就分离，支薪式经理决定企业长期与短期决策，经理式企业取代家族式企业；由于公司的存续对经理的职业至关重要，因此，职业经理人员宁愿选择能促使公司长期稳定和成长的政策，而不贪图眼前的最大利润。

对企业家生成机制的分析多数来自心理学和社会学。麦克米伦、哈根、弗里斯、萨拉切克认为企业家的生成与个体心理密切相关。其中，哈根、弗里斯、萨拉切克的分析充满悲观色彩，他们从实证分析与个案研究出发，认为个性是痛苦心理继承的一个函数，幼年曾承受痛苦、历经社会鄙视的人更可能成为企业家；麦克米伦也从实证分析出发，认为儿童时代曾养成特殊的心理因素，即“成就需要”是企业家生成的不可缺少因素①。

熊彼特、桑巴特、赫斯利茨从社会学角度分析企业家的生成，认为企业家与传统社会不协调，带有某些叛逆特征。“企业家至少是在某种程度上是理性环境中有非理性态度的一个叛逆”（熊彼特），异教徒、异乡人、犹太人为代表的企业家具有打破传统价值的能力与倾向，正因为如此，处于少数派地位的企业家观察力敏锐，在团体内部信誉高，有权威性（桑巴特）；赫斯利茨在其《企业家与传统文化》中指出，企业家处于矛盾的环境中，他们被排斥在政治权力之外，周围充满反对创新的敌意，社会地位的边缘与暧昧状态，极其适合他们在社会发展变化中进行创造性调整②。

除上述人物外，格拉德的企业家是在不断变换的情势结构中利用情势方法对新机会进行选择与抉择的观点，吉布从个体所处的情势以及其与特定社会环境与相关群体的相互作用来分析企业家的观点，都有一定影响力。

---

①② 宋劲松．现代企业理论与实践［M］．北京：中国经济出版社，2000（1）．

5.1.1.4 以激励和约束为主旨的经理式企业家理论

传统学者对企业家的分析建立在企业所有权与经营权的一致性之上，即企业家既是出资人，又是经营者，企业的剩余索取权与控制权在主体具有同一性。这种认识对早期资本主义企业家无疑是恰当的。随着家庭资本主义向经理式资本主义的转变，所有权与控制权的分离成为现代公司的组织要求。传统业主制的企业家模型让位于经理制的企业家模型。对此，钱德勒在其《看得见的手——美国企业的管理革命》一书中曾进行过详尽描述。

所有者与经理目标函数不一致（伯利和米恩斯、阿尔钦和德姆塞茨）、信息不对称、人的有限理性、机会主义（威廉姆森，1975）、风险态度（冯·诺依曼）以及企业家道德风险和逆向选择（阿罗，1985）的存在，使对企业家的激励与约束成为必要。

以威尔森、罗斯、莫里斯、格罗斯曼和哈特等为代表的企业的委托—代理理论从风险控制角度，阐释了在使委托人（所有者）预期效应最大化的激励合约中，代理人（经理）必须承受部分风险，并且如果代理人是一个风险中性者，可以使代理人承受完全风险，作为唯一剩余索取者的办法达到最优结果。巴泽尔（1985）提出了一个以自我监督行为为实质的两个代理人模型，即如果代理能带来的价值很高（即工资），实现产出最大化原则要求代理人成为剩余索取者，自己管理自己。一旦变成剩余索取的个体，产量最大化原则要求他担负起难以度量的非日常性工作（企业家职能）。詹森和麦克林（1976）认识到企业家人力资本产权自主性，即对企业家人力资本只能激励、不能压催的特点，提出企业管理者的激励比监督更重要。

关于约束机制：西方常见的理论有所有权、产品市场、资本市场、经理市场约束机制理论。但任何一种理论都有其不完善的一面，例如詹森和麦克林（1976）就对经理市场约束，哈特对资本市场约束就持怀疑态度。詹森和麦克林认为，在垄断行业中，经理人员能左右价格，得到垄断利润，产品市场对垄断行业的经理的约束力量就大大削弱。在哈特看来，资本市场的敌意接管代价昂贵，投标成本、反接管成本都很高，而且还会刺激短期行为，不顾其他利益者。

需要指出，西方企业家的激励与约束模型设计无不以成本为基础，例如卡尔沃和威利兹在其经理人员的奖励模型中提出，如果惩罚是无限的话，一旦发现偷懒就枪毙，那么在均衡点就不会有人偷懒了。因此，“枪毙”作为一种可信的威胁就足以保障最优的结果。

5.1.1.5 以人力资本理论为核心的企业家理论

“人力资本”的概念由美国经济学家沃尔什首先提出，并有舒尔茨、贝克尔、阿罗等20世纪将其发挥至极致。1973年舒尔茨考察了作为企业家精神核心的应付非均衡的能力的资本性质，提出了企业家人力资本的概念。但在舒尔茨眼里，企业家人力资本与人力资本可以画等号。因为，“人力资本之父”舒尔茨一方面认为人力资本是体现在人身上的技能和生产知识的存量，另一方面又认为“企业家才能是一个无所不在的经济行为”，“在生命的每一点上，每个人都是一个企业家。每个人都在忙着分配自己的时间来改变环境。因此，在这个意义上，我们都是企业家”①。事实上，舒尔茨在《有组织的研究中的企业家才能》中谈到企业家是学术性企业家，在《变化中的经济和家庭》中谈到的企业家是家庭企业家。舒尔茨批判人们过于关注那些不可知的净利润和净损失而对企业家行为价值的忽视，强调“如果企业家没有可获取报酬的经济价值，企业家在经济学中就站不住脚”。同时，舒尔茨认为教育对企业家人力资本有提升的作用。在舒尔茨看来，人力资本投资的范围包括：医疗和保健，包括影响一个人寿命、力量、耐力、精力等方面的保健活动；在职人员培训；学校教育，包括初等、中等和高等教育；企业以外的组织为成年人举办的学习项目；个人和家庭为适应就业机会的变化而进行的迁徙活动。以人力资本为逻辑出发点，舒尔茨阐述了人力资本的知识需求效应、收入效应以及替代效应，并最终得出了“经济发展的核心是知识以人的智能的发展和传播”，“人类的未来要由人类的知识发展来决定”的论断。

---

① ［美］Theodore W. Schultz，Kaldor Memorial Lecture，Iowa State Univerisy，October 15，1979.

5.1.1.6 企业家人力资源研究思路的最新变动

企业家历经了业主型企业家、发明型企业家、经理型企业家三种类型，对企业家人力资源的理论研究也历经了从所有者与经营者合一到所有者与经营者分离，从资本家式企业家到经理式企业家，从外生因素的企业家人力资源到内生因素的企业家人力资源的研究。20世纪90年代以来，企业家人力资源研究的思路却在悄然变化，这要归因于人们对产权、知识资本和制度更热情的关注。笔者认为，企业家人力资本研究可能面临以下挑战：

第一，企业家人力资源的内涵。因为，传统理论中企业家都是做狭义解释的，而舒尔茨的企业家概念是最广义的。不同的含义界定影响着企业家的界定及其利益保护、生成和激励机制。

第二，企业家人力资本的产权界定和产权保护。因为企业家人力资本的生成既有自然天赋的一面，又有后天的教育因素，如何发现企业家天赋，并通过后天的教育增加企业家人力资本的“资本量”，需要审慎的制度设计。

第三，如何测度企业家人力资本对经济增长的贡献量。尽管经济学家对企业家的功能作出了不少论断，但对企业家对经济绩效的定量分析仍没有令人信服的研究和结论。

第四，多角度的企业家人力资源思维。企业家理论是经济学、法学、社会学、心理学、管理学研究的共同课题，各种学科的交叉换位和错综联系，要求从不同视角建立起企业家人力资源的理论模型。

5.1.2 实现“中国智造”需要保护企业家资源

企业家是一种极为稀缺的资源，没有职业企业家的创新意识，现代企业的运作与成长不能有效进行。企业家的保护制度与企业家生成机制、激励约束机制“三位一体”，缺一不可。

5.1.2.1 企业家资源与企业家利益保护的必要性

现代企业理论一般认为，企业家是具有经营管理权力、承担经营风险的责任、取得经营收益，使企业兴旺发达的优秀的企业领导者。在中国，企业家与厂长、董事长、经理等企业高级管理者可以为同一概念。

（1）保护企业家利益的必要性首先来自企业家的重要性

企业家富有创新意识、竞争意识、风险意识，是市场经济的活跃分子。企业是市场经济的微观主体，没有产权独立、自主经营的企业，市场体系便缺乏运行的基础。而企业家是企业的领导与灵魂，没有企业家，就不存在真正的企业与市场的开拓者。企业家是“擅长于对稀缺资源的协调利用作出明智决断的人”，是“市场的制造者”。中国市场体系的构建与完善，离不开产权独立的企业和真正的企业家。构建稳定、有序的竞争市场，需要对企业家资源与企业家利益进行特殊保护。

（2）企业家资源极为稀缺

并不是任何人都可以成为企业家，企业家的生成需要特殊的文化环境与个体心理素质和经历。根据西方学者的实证研究，企业家具有独特的心理特点，弗里斯（Kets De Vries，1977）认为，企业家的个性是痛苦心理继承的一个函数。不少中国学者也认为，企业家的生成需要特定的体制环境、法律环境、文化环境；而社会主义企业家至少要具备三方面的素质：民族自豪感和事业心，哲学、经济学、管理学的理论素养，坚强意志和开拓精神[①]。但从现有中国国有企业负责人的生成机制看，80%企业经营者来自组织任命，经理市场虚置。换言之，中国国有企业的企业家队伍，多数是官僚型的管理者，而非真正意义上的职业企业家。在中国，“企业家是一种极为稀缺的资源”。

（3）对企业家资源的配置，闲置与严重浪费并存

企业家是一种极为稀缺的资源，但受传统计划观念的束缚，我国对企业家资源的计划配置大于市场配置，资源闲置与浪费严重并存。一方面，多数国有企业中任人唯亲和资历第一的用人观、私营企业的家族经营用人观，严重制约着企业经营者的选拔范围，使具有企业家才能的人不能成为企业家，无企业家才能者却占据着企业管理者的职位；另一方面，根深蒂固的户籍制度、单位利益本位和行政干预，使中国企业家市场发育不健全，

① 郑海航．论中国企业家的成长［J］．经济与管理研究，2003（5）：3－8.

企业家资源流动不畅，企业家人力资源配置效率低下。

（4）企业家人力资源的产权未得到充分尊重与承认

企业家是一种极为重要而又稀缺的人力资源，企业家对其特有的人力资源享有不可剥夺的产权，并以此获得产权收益似无疑义。但在物质资本至上，人力资本观念匮乏的今天，人力资本特别是企业家人力资本的产权收益尚未得到充分承认，企业家的所得，远低于其付出。国有企业中广泛存在的经营者的短期行为，就可以从企业家人力资本的产权支出与产权收益严重不对等的矛盾中进行解释。而在某种意义上可以认为，高级经理层过度的在职消费和“59岁现象”是高级经理层对现行产权制度安排不满的不当反映。从根本上解决经营者行为的短期化，必须尊重企业家人力资源产权和产权回报。

（5）企业家利益常受到来自不同群体的攻击

企业家利益具有广泛性，包括其既得利益与预期利益、物质利益与精神利益、实得利益与机会利益、政治利益与经济利益等。然而企业家利益常受到来自不同群体的攻击。第一，“不患贫而患不均”的小农意识，对企业家高收入的“不理解”或失衡心理使企业家的人格尊严、人身安全更容易受到攻击，不断见诸报端的企业家被绑架、革职、诽谤事例就证明了这一点；第二，“人怕出名猪怕壮”的传统观念还深深影响着私营企业家，而将企业家列入社会强者的惯常思维使社会对企业家的保护缺乏迫切感，至今我国尚未出台一部关于企业家利益保护的特别法；第三，企业家的“权威”常常受到“关系网”的挑战，企业家的企业代表权、人事安排权、公司事务管理权与决策权常常受到非市场因素的左右。

5.1.2.2 强化企业家人力资源与企业家利益保护的制度构思

保护企业家利益实质是经营者激励机制的延伸。在制度层面上，保护企业家利益必须：

（1）以制度保障企业家权威

企业家的“权威”其实是企业家的权力利益。丧失权威，企业家就无所谓“企业家”称号。企业家权威的生成固然需要企业家自身具有特殊的人格和领袖气质，但“企业家”称谓的维持却离不了制度保障。企业家的权威主要体现为企业家的决策权和管理权。维护企业家权威首先要以制度化的设计排除“关系”、行政权力对企业家权力的不当干预，即确认企业家在其权限范围内的企业代表权、人事安排权、公司事务管理权、面对市场的决策权。对非法挑战企业家权威的行为，必须予以排除、制止。

（2）承认企业家对其人力资源拥有独立的产权，承认企业家的产权收益，保护企业家职务的稳定性与流动性

企业家产权收益是承认企业家产权的逻辑延伸。我们应在承认企业家对其人力资源拥有产权的基础上，扩大企业家收入来源，使企业家报酬与企业家付出等值。这要求我们改革企业家收入结构，推广年薪制、股权期权制，使承担风险的企业家在固定工资收入之外，享有投资报酬、风险报酬。

企业家的财产收益与荣誉地位与企业家职务的稳定性休戚相关，保护企业家利益，必须保持企业家职务的稳定性。国家一方面实行高级管理者的资格认定制度；另一方面，对企业家经营绩效的评价应理性、客观，对于职业经营者与企业签订的聘任合同，非经法定原因和法定程序，企业或企业的主管部门不得单方解除，否则应承担违约责任。

职业经营者的合理流动是企业家人力资源配置的重要方式。为使企业家资源配置更加有效，我们应放弃以行政指令方式配置企业经营者的传统做法，转而利用市场机制实现职业经营者的配置。国家应建立专门的企业家人才库和企业家市场，并制定专门的法律，使企业家在职业道德和竞业禁止等相关法令的双重约束下，自由流动。反对一切不当限制、禁止职业经营者自主择业和有序流动的内部限制、行业限制。

（3）建立企业家人身利益保护制度

企业家人身利益包括企业家的人格利益和身份利益。从社会层面看，“企业家”称谓是社会对企业高级管理层的敬称。保护企业家群体声誉，首先要从企业家生成机制上制止那些没有企业家才能的人进入企业家队伍，剔除那些虽有“企业家”称谓，但无企业家之才的“企业家”，以此保证企业家队伍的纯洁性，使企业家称谓免受南郭先生之流的亵渎。

在企业家人格利益方面，应切实保护企业家的人格尊严，人身安全。对诬陷、诽谤企业家者，必须及时制止并科以民事、刑事责任；对蓄意危

及企业家人身安全的违法、犯罪行为，如非法拘禁、限制人身自由、绑架等行为，必须从快、从严科以行政或刑事责任；允许企业家的姓名作为商标注册，受商标法保护；允许知名企业家以其姓名权入股成为企业股东，并获得报酬。

在企业家身份利益，主要是荣誉保护方面，可由政府或行会定期或不定期开展优秀企业家评定活动，授予有突出贡献的企业家荣誉称号，该荣誉称号非经法定程序和法定事由不得剥夺；切实提高企业家的政治地位，让有代表性的企业家，特别是私营企业家进入人大、政协等机构，发挥企业家参政热情；通过新闻媒体宣传企业家的创新精神、改革精神，形成崇尚、支持企业家的社会氛围。

5.2 职业经理人管理

5.2.1 职业经理人的内涵及其素质要求

(1) 职业经理人的内涵

职业经理人，是指在一个所有权、法人财产权和经营权分离的企业中承担法人财产的保值增值责任，全面负责企业经营管理，对法人财产拥有经营权和管理权，由企业在职业经理人市场（包括社会职业经理人市场和企业内部职业经理人市场）中聘任，而其自身以受薪、股票期权等为获得报酬主要方式的职业化企业经营管理专家。职业经理人的产生源自企业所有权和经营权的分离。20 世纪 50 年代以后，职业经理人的含义在不断深化，但其基本本义只有两条：一是职业的，即以契约形式将经营职责与个人回报界定清楚，将业绩作为报酬的基础，职责权利与奖惩机制均透明化契约化；二是经理人，即企业中的高层管理人士，以专业智慧获取超常报偿①。

---

① 李范英．我国职业经理人存在的问题与对策分析［J］．商场现代化，2008（19）．

职业经理人最重要的使命就是经营管理企业，使其获得最大的经济效益。他们与技术创新者同为企业最重要的人力资本，是人才市场中最有活力与前景的阶层。国家高度重视包括职业经理人在内的企业经营管理者的培养。2010年6月《国家中长期人才发展规划纲要》（2010～2020年）明确提出，要“以战略企业家和职业经理人为重点，加快推进企业经营管理人才职业化、市场化、专业化和国际化，培养造就一大批具有全球战略眼光、市场开拓精神、管理创新能力和社会责任感的优秀企业家和一支高水平的企业经营管理人才队伍。到2015年，企业经营管理人才总量达到3500万人。到2020年，企业经营管理人才总量达到4200万人”①。

（2）职业经理人的特征

职业经理人素质在多数方面与企业家较为相似，需要具备冒险精神、创新意识、战略管理能力、洞察能力、经营决策能力、组织协调能力、人力资源管理能力、应变与危机管理能力、公共关系协调能力、驾驭市场能力、自信果断和强烈的事业心。因此，职业经理人在广泛意义上也被称之为企业家。但职业经理人不同于企业家：

①职业经理人为受薪阶层，通过自己的管理经验与技能参与社会交换获得报酬，而企业家多为企业所有者，享有企业剩余索取权和控制权。尽管近年来，管理者持股、股票期权、股票奖励等概念的出现，职业经理人开始持有企业的股票，成为企业共同的所有者，但从其职业经理人的工作范畴、性质与作用未发生根本性改变。

②职业经理人需要有良好的职业操守和职业道德，强调对职业的忠诚和敬业精神，职业经理人对职业价值的忠诚甚至甚于对企业的忠诚。

③职业经理人成熟的职业心态，能较好地把工作热情和务实作风结合。

④职业经理人的产生源于明确的专业分工，需要拥有专业优势，特别是管理专业的企业管理知识、丰富的管理经验和执行能力。

⑤职业经理人具有可替代性，即能够进入人力市场并合理流动。

我国对职业经理人资格采取认证制，其资格认证由职业道德、知识、

---

① 《国家中长期人才发展规划纲要》（2010～2020年）[EB/OL].（2010-06-07），http://www.edu.cn/rcgy_10019/20100607/t20100607_482856.shtml.

能力和绩效四个要素构成资格评价体系。职业道德和绩效在体系中为通用要素，职业知识和能力要求根据企业经营管理职能分为初级、助理级、中级、高级四个级别。

（3）职业经理人的诉求

职业经理人作为职业的企业经营者和管理者，其诉求既不同于一般员工，也不同于企业股东。职业经理人的诉求主要有二：

①丰厚的物质报酬。职业经理人与以管理为职业，从事管理活动是其谋生的手段。因此，赋予其较高的薪酬是职业经理人职业价值的体现。

②职业尊重。职业经理人具有“自我实现”的强烈心理需求，希望自己的主张和决策能够给公司带来实际的效益，希望自己的才能能够得到充分的发挥。

5.2.2 职业经理人管理中常见的问题

职业经理人在我国存在诸多争议，赞誉者有之，诋毁者有之。管理实践中，与职业经理人常伴的问题主要有：

（1）认知、获取与流动

我国职业经理人主要来源于五个方面：国有企业管理者、政府官员、专家学者“下海”从商、民营企业和外资企业。目前，国企管理者大都由国家任命而非市场选择，难以产生真正的职业经理人。民营企业经营权和所有权合二为一，难以培养高素质职业经理人；在外资企业中，所谓的职业经理人大多只有操作能力，他们很少进入决策层，缺少决策力锻炼，其素质并不完备。因此，在我国职业经理人是一种稀缺资源，国内无论是外企、大中型国企、民企，还是一定规模的家族企业，对职业经理人，特别是高级职业经理人存在极大需求。同时，根据素质“冰山模型”，职业经理人事业心、忠诚度、战略眼光等内在素质难以识别，因此，判断职业经理人是否是真正的“千里马”需要综合判断。同时，国内职业经理人市场并不健全，职业经理人的流动相对困难，这加大了职业经理人获取难度和获取成本。

（2）薪酬水平与薪酬结构

关于职业经理人薪酬主要存在下列问题：①薪酬水平过低，对职业经理人激励不够。1995年，“褚时健事件”所引发的“59岁现象”引起国内学界对企业家和职业经理人报酬决定机制和报酬水平的激辩。②薪酬水平畸高，职业经理人“低风险，高报酬”，引起股东不满和社会舆论不平。例如，国有上市公司高管的薪酬问题时常引发民众的不满。③固定薪酬比重高，职业经理人行为短期化。

（3）信任与授权

对职业经理人的信任与授权容易走向两个极端：①授权不足，职业经理人难以对多变的市场做出有效反应，企业丧失发展良机；②授权过度，对职业经理人失去约束，职业经理人架空董事会，甚至试图谋取企业控制权。

对职业经理人而言，常见的问题主要有：

（1）忠诚度与职业操守问题

职业经理人的操守问题主要表现为：①规避公司治理规则和企业薪酬制度安排，自定薪酬，过于贪婪；②单一追求个人利益最大化，过分追求短期利益，忽视企业长远利益；③违反竞业禁止规定，在职期间或离职后与本公司进行不当竞争；④违反保密责任；⑤职业经理人与企业难以达成心理契约，频繁跳槽。

（2）定位与受托责任

根据《公司法》的规定，公司法人治理结构由股东大会、董事会、高层经理和监事会所组成。职业经理人受聘于董事会并在其授权范围内拥有对公司的管理权和代理权，监事会有监督董事会、董事、高层经理人和审计公司财务的权力。职业经理人虽贵为企业“金领”，但根据公司治理，股东是企业的所有者，职业经理人是企业的经营者，受股东会、董事会委托从事管理职责，是企业的“保姆”或管家。因此，优秀的职业经理人应有界限感，即他们非常清楚自己是做什么的，对工作及其范围有着十分清楚的界定。然而，现阶段由于公司治理不健全，部分股东会虚置、董事会“骸形化”，CEO等企业高管成为企业实际控制人。这使部分职业经理人发生定位错位，试图谋取公司控制权。

（3）压力

职业经理人最基本的职能是：靠自己的知识、创新能力及良好的职业道德来经营企业，为企业创造更多的利润。然而，职业经理人常与压力、竞争、劳累、焦虑相伴，其该压力主要源于：①市场竞争。职业经理人的职业前景与薪酬所得主要取决于企业绩效，变幻莫测的市场竞争、股东的期望常常导致经理人随时感到危机四伏，精神焦虑。②职业的特殊性。心理学家发现，影响经理人心理健康的重要原因之一是对人际关系的困惑。与一般人的体验相比，经理人更具孤独感。③工作强度。职业经理人是企业的经营者，企业资金、项目、人员、市场的决策者、协调者、管理者，工作内容千头万绪，常使其身心交瘁难以承受。

5.2.3 职业经理人管理

“千军易得，一将难求”，针对职业经理人的诉求、价值和管理难点，应重点做好下列工作管理：

（1）职业经理人招聘管理

市场经济体制下，职业经理人的选拔应主要通过市场机制完成，即职业经理人主要通过猎头公司、毛遂自荐、业内推荐等形式获得。职业经理人证书主要用于观测职业经理人是否具有专业知识的显性指标，企业可以委托猎头公司等专业机构招募、测评职业经理人，应重点关注其沟通能力、领导力、团队意识、文化认同、领导力隐性能力等智商（IQ）、情商（EQ）表现。

（2）职业经理人激励管理

对职业经理人的激励确保物质激励与精神激励相结合。前者要求充分尊重职业经理人的人力资本价值，尊重其风险收入，并通过股权安排予以长期激励，防范其行为短期化；后者要求企业与职业经理人达成心理契约，对职业经理人适当授权、充分信任，帮助并实现其职业生涯规划。

（3）职业经理人信任与授权管理

信任是以对目标和他人行为的积极预期为基础接受脆弱性的一种心理状态。信任不是一种控制机制，而是对控制的替代，只有当信任不存在时控制才会起作用（Rousseau et al.，1998）。因此，企业应本着“疑人不用，用人不疑”原则，对职业经理人充分授权。

然而，信任往往与风险、不确定性、可靠性、信赖、放弃控制、预期和脆弱性联系在一起。对职业经理人的授权管理，可以通过三种途径予以约束：其一，公司章程约束。即通过公司章程对职业经理人的责权利及其行为做出规范性的规定。其二，合同约束。即职业经理人进入某个企业，必须与企业签订受法律保护的任职合同，这种合同对职业经理人的责权利做了明确规定，尤其是对职业经理人离开企业时，对企业在商业机密、技术专利、竞争压力等方面应负的责任都做出严格的规定。其三，法律约束。通过民法、行政法、刑法和民法关于企业管理者责任条款约束职业经理人行为。

（4）职业经理人声誉管理

声誉（reputation）是指市场主体获得社会公众信任和在社会中影响效果好坏的程度，它与法律、道德等正式与非正式规则一起，维持着稳定、健康、有序的社会秩序。声誉制度功能的充分发挥取决于四个方面：第一，良好的社会道德评价标准。第二，信息传播机制健全，信息传递迅速、充分。即任何诚信行为能通过某种媒介充分传播，任何背德行为能通过各种媒介充分揭露。第三，实施机制健全。这里的实施机制包括两类：第一类是“个人实施”机制，即存在多次重复博弈的情况下，由受害人本身实施对欺诈行为的惩罚是可行的；第二类则是“社会实施”机制，即由于现实中大量交易并不是频繁发生，所以在个体不断改变交易伙伴的情况下，由社会中的其他成员对欺诈行为进行惩罚①。第四，排斥行为在维护声誉制度上扮演着重要角色。排斥行为是社会实施机制的延伸。即对于欺诈背德者，存在被整个社会排斥的危险，社会整体会将欺诈背德者从交易伙伴中剔除出去，背德这面临着市场禁入问题。

职业经理人的声誉管理应着眼于：①整个社会应有一套完整的职业经理人道德评价标准，该社会道德评价标准的基础是诚实信用等商业道德规则。②信息传播机制健全，信息传递迅速、充分。即通过媒体、网络技术，职业经理人的任何背德行为或诚信行为能够得以充分传播。③联盟实施机制、排斥机制健全。职业经理人与股东之间是一种多次重复博弈，作为受害方能充分了解对方的背德行为，并对欺诈背德行为进行惩罚；对于欺诈

---

① 邵剑兵．声誉模型与上市公司信息披露机制效率分析［J］．辽宁大学学报，2002（5）：133－135.

背德者的职业经理人，在职业经理人市场存在被排斥的危险。

（5）职业经理人的压力管理

职业经理人无疑面临着较普通员工更大的压力，这要求职业经理人加强自我修炼，提升管理能力，提高压力应对能力；要求企业完善职业经理人以养老保险和医疗保险为重点的社会保障制度；要求推行股权、期权等中长期产权激励制度；要求建立适用于职业经理人的"黄金降落伞计划"。

5.2.4 专业技术人员管理

5.2.4.1 专业技术人员的界定

（1）专业技术人员的认定

根据《美国公平劳动标准法》，专业技术人员是指那些受过科研或治理方面的专业训练，而且工作时间分配在管理实务部分不超过20%的人；联合国教科文组织为科技统计工作需要，将专业技术人员界定为从事专业技术工作和专业技术管理工作的人员，包括企事业单位中已经聘任专业技术职务，从事专业技术工作和专业技术管理工作的人员，也包括未聘任专业技术职务，但现在专业技术岗位上工作的人员。我国根据该标准，将专业技术人员划分为工程技术人员、科学研究人员、卫生计时人员、教学人员、经济人员、统计人员、翻译人员等17个专业技术职务类别。我国对专业技术人员采取资格认证制度，即专业技术人员指依照国家人才法律法规，经过国家人事部门全国统考合格，并经国家主管部委注册备案，颁发注册执业证书，在企业或事业单位从事专业技术工作的技术人员及具有前述执业证书并从事专业技术管理工作的人员。

（2）专业技术人员的特点

与普通员工相比，专业技术人员具有下列特点：

①受教育或培训时间长，创新意识强。他们多受过特殊科学性、智力型或技术性培训，具有某种特殊技能，掌握企业技术，属于企业关键异质性人力资源。

②需求多样，需求层次相对较高。由于受过良好培训，他们不但要求

有更高的经济报酬，更加看中职业发展空间和自我价值的实现。

③工作工程难以监督，工作绩效难以评价。专业技术人员多从事智力性、技术性工作，其工作工程难以观察，工作产出时间长，短期业绩难以评价。如研究人员的研发工作，投入大，风险高，周期长，研发结果可能成功，也可能失败；再如，高校教师，其科学研究和课堂教学准备，多发生在家中，而非办公室，工作过程难以监督。

④更加忠诚于技术，而非组织，跳槽频率较高。专业技术人员具有获取、转化和创新能力，其价值内隐于专业技术人员本身，面对职业高转换现象或如果他们对工作环境、报酬福利等产生不满，更加容易寻求职业转换。

5.2.4.2 专业技术人员管理重点

基于专业技术人员的职业特点，其管理要点应着眼于：

（1）进行工作分析，科学设置专业技术岗位

企业要从设置专业技术岗位入手，根据工作性质、岗位类别和重要程度等因素，对专业技术岗位进行科学的分类，确定各岗位相应的职责、权利和义务，并合理确定不同的岗位工资标准以及岗位的待遇。

（2）实行适合专业技术人员特点的薪酬制度

专业技术人员应实行技能工资，根据其技能类别、技术等级采取不同工资政策。同时，对研发人员、技术骨干，可以通过研发成果入股、股权计划、项目提成等方式，认可其知识价值。

（3）构建适合专业技术人员的“双职业发展通道”

“双职业发展通道”是指管理阶梯和专业技术阶梯两个发展通道。前者是指通过增加其监督或指导责任，使其有机会获得管理职位升迁的机会，例如，从专业技术人员升迁为项目主管、部门经理；后者是指鼓励专业技术人员通过专业贡献不断增大而获得专业技术职务的不断升迁，例如对大学教师而言，从助教晋升为讲师、副教授、教授；对医生而言，从实习医生，晋升为副主任医师、主任医师。

（4）构建包容性企业文化，多维度满足其不同需求

专业技术人员在组织内部属于特殊群体，个别人员甚至具有特殊嗜好和工作习惯。因此，对专业技术人员的特殊习惯和工作方式应宽厚包容，

通过采取弹性工作时间、可选择的工作地点、选择合作伙伴（团队成员）、构建富有特色的工作氛围，采取菜单制福利计划等满足其不同需求。

（5）设置合理的考核周期和考核指标

对专业技术人员的考核不可急功近利，组织应根据专业技术人员的工作性质和岗位职责，短周期与长周期结合，对其工作绩效进行考核。目前，考核周期过短已经成为限制专业技术人员创造力发挥的不利因素。

（6）对专业技术人员的日常管理应严格依法进行

专业技术人员受过良好教育，维权意识强，流动性也相对较高。因此，对专业技术人员的日常管理应严格依法进行，包括依法签订劳动合同保障其经济权益、依法保障其政治民主权益、依法雇用与辞退、依法离职管理、依法做好其离职后的竞业禁止管理等。

5.3 资深员工管理

5.3.1 资深员工的概念界定与特点

资深员工是指在本企业工作时间长，与同等级别员工相比，贡献较大的员工。一般而言，资深员工具有下列特点：第一，资历老。所谓资历老，是指这些员工在本企业中的工龄（或司龄）相对较长，有的甚至是企业创业初期的员工，他们与企业的发展有着很深的渊源，他们经历了企业发展历程，对企业文化的认同感较强；第二，贡献较大。所谓贡献较大，是指这些员工在某一领域、某一行业内拥有熟练的专业知识及技能、较丰富的工作经验及人脉等，在企业任职期间曾做出突出贡献。

5.3.2 资深员工的价值与管理难点

（1）资深员工的价值

中国有句俗话，叫“家有一老，如有一宝”，对企业而言，资深员工有其独特的价值：①工作经验丰富，拥有熟练的专业知识及技能，人力资本存量较高；②熟悉公司各项资源，包括物资资源、技术资源、人脉资源、政策资源、政府资源等，工作效率高，协调能力强；③与企业倡导的行为准则有共识和默契，比较认同企业的价值观；④对公司有较深厚的感情，职业稳定性高；⑤对组织知识的传递至关重要，特别是那些组织特有的，需要言传身教才能传递的隐性知识更需要资深员工的传、帮、带。

（2）资深员工管理的难点

资深员工多处于职业生涯末期，由于从业经历较长，难免存在一定程度的职业疲惫感、自满感，有时甚至成为管理的难点：①工作方式和思维模式固化，知识结构明显老化，知识更新、学习的欲望比较低，解决问题多依赖经验与习惯，接受新知识、新技术欲望不强，观念上趋向守旧；②具有特权意识，易倚老卖老，爱摆架子，轻视公司管理人员，特别是年轻的管理人员，职业危机感较弱；③以元老自居，易为维护小团体利益倾向于在公司内部拉帮结派，组成“非正式组织”，干扰正式组织运行；④薪酬满意度低，激励成为难点。随着工龄增加，其工作经验的增长速度快于薪酬增长的速度，这容易引起资深员工的不满情绪。

5.3.3 资深员工管理

资深员工的价值及其容易出现的管理难题，不同企业做法不同。例如，马云看重职业经理人和空降兵。阿里巴巴 IPO 后，除他本人外，获得股份最多的不是跟随他 8 年的“18 罗汉”，而是 11 个月前才从百安居空降过来的 CEO 卫哲①，而史玉柱则在关键岗位上用的都是跟他打拼过来的老人。在日本，终身雇用制和年功序列制也被广泛采用。显然，对资深员工的使用，既不可无原则赞誉之，更不可无原则诋毁之。

（1）关注老员工的职业期望，体现其特殊价值

员工的职业期望既包括薪酬福利提高，也包括职业晋升和价值认同。对资深员工而言，其薪酬福利和职业晋升空间有限，因此，企业应更加强

---

① 老员工背后的故事［EB/OL］.（2015－10－15），www.3gus.com.

调对资深员工的价值认同。①管理者应尊重资深员工的人力资源价值，了解其历史贡献和专业特长，关注资深员工的工作生活，树立优秀老员工的榜样文化，让其感受到企业对自己的重视；②为资深员工“量体裁衣”，设计适合其特点的晋升通道，帮助他们在企业中获得最佳职业发展[①]。如聘请其为年轻员工导师（师傅）、聘请其为企业内部培训师，为年轻员工提供职业技能培训；③科学设计资历工资制度，借鉴“年功工资”，通过设立“长期贡献奖”、完善工龄工资制度等形式认可其贡献价值。

（2）增强资深员工危机意识，制订接班人计划

如前述，资深员工多处于职业生涯末期，自我认为退出风险为零，无解雇之虞，缺乏职业危机感。因此，管理者应采取措施，或强化制度约束，完善绩效考核；或加快培养新人，增强资深员工危机意识。例如，未雨绸缪，适时培养接班人或植入职业经理人，完善关键岗位人力资源储备，建立岗位轮换制度，警惕关键岗位老资格员工“绑架”。

（3）引入延期报酬制度，完善职业生涯激励制度

职业生涯激励理论的核心思想是以延期报酬作为激励资深员工的手段，其做法通常为年轻时员工所得低于其所值，随着员工年龄增长，报酬逐渐提高。当然，延期报酬制度必须辅以员工开除制度为附加条件，只有如此，才能保证资深员工的工作热情不至于枯竭。

5.4 非正式员工管理

5.4.1 非正式员工的内涵

（1）何谓非正式员工

关于何谓非正式员工，学界及现行制度并无明确界定。在我国，有人

① HR必读：老员工管理攻略［EB/OL］.（2013-11-22），http：//www.doc88.com/p-5721010910570.html.

将非正式员工界定为“没有同企业签订正式的劳动合同或确定正式的劳动关系，享受不到正式员工的待遇的员工”，其界定标准为签订劳动合同与否。国家劳动与社会保障部发布的《关于城镇灵活就业人员参加基本医疗保险的指导意见》指出：灵活就业人员主要是指以非全日制、临时性和弹性工作等灵活形式就业的人员。包括在各级档案寄存机构寄存档案的与用人单位解除或终止劳动关系的失业人员、辞职人员、自谋职业人员，档案寄存期间经劳动人事部门批准退休人员，已办理就业失业登记的未就业人员，从事个体劳动的人员，个体经济组织业主及其从业人员。其界定标准是档案管理关系。根据米尔科维奇则以列举的方法，将下列人员界定为非正式员工：通过临时代理机构取得工作、无固定工作单位的雇员、合同工公司的员工或者独立承包人。调查显示，许多欧盟国家非正式员工的人数占劳动力总数的比重达到1/4～1/3，其中荷兰占37%，英国占24%，法国占27%，德国占31%等。在日本，2003年就业形态多样化相关调查结果显示，临时工等非正式员工的比例为34.6%①。

（2）使用非正式员工的缘由

企业使用非正式员工原因多样，主要包括：

①控制人工成本。除支付约定工资外，他们不享受正式员工的固定福利，用工成本低。在我国，包括国有企业在内，大量用工通过劳务派遣方式，以减低企业人工成本②。

②降低人工风险。与正式员工相比，包括临时工、租赁员工在内的临时工人员所从事的工作岗位具有苦、脏、累、险等特点，其工作岗位劳动安全性低、卫生条件差，事故概率高。在劳动法制不健全的国家，聘用非临时员工，常常成为规避法律责任的有效手段。

③弥补季节性人手不足。有些企业的业务具有季节性特点，业务旺季雇用临时员工，业务淡季清退临时员工，可以有效解决业务高峰时人手不足问题，又不至于在业务淡季时增加人工成本。

---

① 周波．国有企业如何对非正式员工进行激励［J］．科技资讯，2006（29）．

② 一些国企劳务派遣用工比例超60%专家称应警惕［EB/OL］．(2014－05－20)，http：//www.chinanews.com/fz/2014/05－20/6188275.shtml.

④顶替因故请假或离职员工，防止工作流程中断。

⑤评判有无必要增设新职位，或雇用选择。前者是指雇主通过临时雇工，分析本组织是否需要增设新职位；后者是指通过观察临时员工的工作表现，分析其工作能力，以决定是否正式雇用。

（3）非正式员工的类别

根据非正式员工的工作特点、工作方式和管理重点，一般可以将非正式员工分为五类：临时工、兼职员工、租赁员工、特别聘用人员、独立签约者和自由职业者。

①临时工。临时工是指组织的临时性用工人员，是暂时在单位工作的人员，临时工多为临时性、季节性用工，但只要有双方达成共识，可以到期延续。《劳动合同法》实施后，我国在法律意义上已无临时工、正式工之区分，只有合同期限长短之别。但在现实生活中，以农民工为主体的临时工仍大量存在。他们多分布在建筑、餐饮、保洁、护理等低端劳动力市场，收入偏低、社会保障不健全，有的虽然有劳务合同却形同虚设。

②兼职员工。兼职是指劳动者与用人单位存在劳动关系的同时，与其他用人单位建立类似劳动关系的权利义务关系。兼职员工则是指在多个组织从事工作的人员。他们与其他组织或有固定劳动关系或者没有固定劳动关系，多从事非全日制工作。查尔斯·汉迪曾在《工作与生活的未来》一书中提出，未来的组织都会是“三叶草组织”，其中的一片叶子是指“灵活性的劳动力”，即那些兼职工或临时工。他甚至预言，2000年以后，灵活性的劳动力将占所有劳动力人数的一半①。我国劳动法并未完全禁止员工兼职，但《劳动合同法》第39条规定：劳动者同时与其他用人单位建立劳动关系，对完成本单位的工作任务造成严重影响，或者经用人单位提出，拒不改正的，用人单位可以解除劳动合同。

③租赁员工。租赁员工又称为派遣雇员，是员工与其所属单位（或中介）在劳动关系存续期间，根据用人单位的工作需要，由所属单位将员工租赁给员工承租单位；承租单位对员工享有使用权并向其所属单位（或中

---

① 查尔斯·汉迪，方海萍等．工作与生活的未来［M］．北京：中国人民大学出版社，2006（12）．

介机构）支付使用费，派遣雇员不用转户口、人事档案。“不求所有，但求所用”是劳务派遣制的一个显著特征。在我国，派遣雇员广泛存在，《劳动合同法》第66条规定：“劳务派遣一般在临时性、辅助性或者替代性的工作岗位上实施。”

④特别聘用人员（含顾问人员）。即为完成特定任务所进行的雇用，特别聘用人员通常是社会上高学历、高职称、高技能知识分子，他们与用人单位建立经济合同关系，为用人单位长期或短期提供服务性劳动。例如，目前各大高校设置的特聘教授。

⑤独立签约者和自由职业者（Self-employed）。根据《韦氏大词典》，自由职业者是：独立工作，不隶属于任何组织的人；不向任何雇主做长期承诺而从事某种职业的人。独立签约者和自由职业者多为脑力劳动者或服务提供者，例如，作家、编辑、会计、律师等。

5.4.2 非正式员工管理难点

非正式用工能有效控制人工成本，增强组织的灵活性，但在管理中仍面临较多问题：

（1）非正式员工受金钱利益驱使明显

与正式员工更加重视职业发展相比，非正式员工较少重视社会福利、工作环境、人际关系和职业发展，获取最高收益，即经济利益是他们的主要工作目标，当然不排除因感情因素短期受聘的个案。

（2）非正式员工流动性强，离职率高

非正式员工流动性多为编制外用工，对其约束主要通过聘用合同进行，合约义务一旦完成，或被证明不可能完成，非正式员工将重新作出是否受雇与否决策，流动性高。

（3）临时用工多关注短期工作绩效，对组织忠诚度低

临时用工人员多具有明确的合约义务，他们更加重视合约义务是否完成，即更加重视短期工作绩效。因此，对组织而言，如果非正式用工比例过大，可能导致灾难性后果：培训成本上升、产品不合格率上升、替代成本上升、核心员工流失。

（4）激励困难

由于非正式员工与企业发展目标、公司愿景等存在较大差异，公司文化对其影响有限。用工单位只能借助薪酬水平对其进行物质激励，职业晋升、荣誉称号等非物质激励对其作用有限。

（5）心理失衡问题突出

对临时工而言，其薪酬水平多低于正式员工，容易诱发其心理失衡，产生不公平感，进而消极怠工，影响生产效率。对高层次的特聘人员，其薪酬水平又可能高于正式员工，例如高校特聘教授，容易诱发正式员工攀比心理，不利于稳定正式用工队伍。

（6）合法性问题

实践中，由于临时工工资普遍低于正式工，且其工作岗位具有苦、脏、累、险等特点，包括劳务派遣在内的非正式用工饱受争议。

5.4.3 非正式员工管理重点

对非正式员工的管理，应从下列方面予以加强：

（1）严格遵守劳动合同法，依法建立劳动合同关系

非正式员工管理的基础性文件主要包括劳动法和劳动合同。用人单位应强化法律意识，根据法律法规和劳务契约，提供最低工资保障、法定福利，履行其合约义务。

（2）利用非货币报酬进行激励

非正式用工原因复杂多样，对临时工而言，实现其身份转变具有重要意义，即通过临时用工试用，将能力强、专业技术突出、对组织产生感情的临时用工人员应尽可能创造条件，将其临时用工身份转置为正式员工。

（3）进行培训

非正式用工人员多不关注企业愿景、企业战略等组织长期发展问题，对非正式用工人员，应适时进行组织文化培训，使其精神、行为能主动融入企业整体战略，避免其行为短期化倾向。

（4）创造良好的工作环境

非正式用工人员，特别是高层次非正式用工人员重视工作环境是否便利，

工作氛围是否愉悦，例如，高校特聘教授更加重视是否具有团队支持。因此，应创造条件，改善其工作环境，物质、精神、团队等方面为其创造便利条件。

5.5 基于胜任力模型的高校学科带头人管理

胜任力（competence）来自拉丁语 Competere，意思是适当的；国内有人译作素质、能力、胜任力、胜任特征等。美国学者戴维·麦克莱兰（David McClelland，1973）认为，胜任力是指能将某一工作中有卓越成就者与普通者区分开来的个人的深层次特征。

胜任力研究启蒙于美国古典管理学家泰勒（Taylor，1911）的“时间—动作”研究。1954 年弗拉纳根（Flanagan）利用“关键事件法”对公司管理者工作要素进行系统分析；1958 年，戴维·麦克利兰在其著作《才能与社会：人才识别的新角度》中阐述了具有某些个性特征的人与其所表现出的工作取向以及工作绩效之间的相关性问题，被认为是现代意义上胜任力研究的开端。1959 年美国心理学家罗伯特·怀特（Robert White）在其论文《再谈激励：胜任力的概念》提到与“人才识别”和“个人特性”有关联意义的 competence 一词，对胜任力和社会生活进行深入分析。1973 年，麦克莱兰《测量胜任力而非智力》的发表，标志着胜任素质体系的基本确立，是胜任力模型人力资源管理不可或缺的工具。

学科带头人处于学科建设的核心地位。学科带头人的内部培养是一个长期的过程，学科带头人的外部引进需要花费较大办学经费。因此，对学科带头人的培养、选拔与引进应极为慎重。为避免学科带头人遴选与引进中出现较大偏差，可以借鉴胜任力模型识别、遴选与考核学科带头人。

5.5.1 高校学科带头人胜任力模型构建

5.5.1.1 学科带头人胜任力理论研究与实践

国内学者对学科带头人胜任力的理论研究处于探索阶段。陈祖光等人认为，高校学科带头人应具备思想素质、文化素质、业务素质、身心素质等能力素质；沈君佐等则认为学科带头人应具有思想素质、业务素质、管理素质、身心素质①。

与理论研究的相对滞后相比，国内高校利用胜任力模型对学科带头人的招聘却早已付诸实践。国内高校对学科带头人的要求主要包括：（1）年龄与身体要求；（2）学历与职称要求；（3）研究能力；（4）影响力要求；（5）政治道德素养要求。

5.5.1.2 高校学科带头人的选拔标准缺陷

由于理论研究的相对滞后，现行高校学科带头人的选拔标准在实践中存在下列缺陷②：第一，忽视能力的隐型性，将学历、职称等同于能力，在选拔过程中过于重视学科带头人知识、技能等外显性特征和行为的考察，忽视难以测量思想素质、文化素质、业务素质、身心素质一级指标，缺乏细化的二级指标，可操作性差。第二，测评指标体系过于粗疏、笼统，测评结果的信度、效度难以保证。例如，国内高校多要求学科带头人具有稳定的研究领域，在本学科领域有较深的学术造诣，取得国内外同行认可的高水平研究成果；要求学科带头人学术思想活跃，在本学科领域有一定的知名度和较大的发展潜力，能够正确把握作物学或相关学科研究的前沿动态和趋势，对本学科建设和学术研究工作有创新性构想，具有领导本学科在其前沿领域赶超国际先进水平的能力。但如何测度“较深的学术造诣”“思想活跃”“较大的发展潜力”并没有相应的指标体系。第三，重视学科带头人业务绩效的考核，忽视组织协调能力、团队领导能力等管理素质。

5.5.1.3 高校学科带头人胜任力模型

“胜任力模型”（competency model）是指担任某一个特定的任务角色所必须具备的胜任力总和。陈彬（2009）认为，高校教师的胜任力应包括：

① 于海兵等. 高效学科带头人胜任力模型的研究现状［J］. 广东医学院学报，2008（2）.

② 高效学科带头人胜任力模型的研究现状［J］. 广东医学院学报，2008（2）.

职业资格（学历、教师资格证书）、专业知识（专业知识和教育理论）、专业技能（教学、科研、管理）、专业态度（价值观、责任感、归宿感）。[①]国内学者一般将胜任力分为三类：门槛类胜任力（threshold competencies）、区辨类胜任力（differentiating competencies）和转化类胜任力（transformational competencies）[②]。这种分类与胜任力的冰山模型相似，两者考察维度一一对应（见图5－1）。

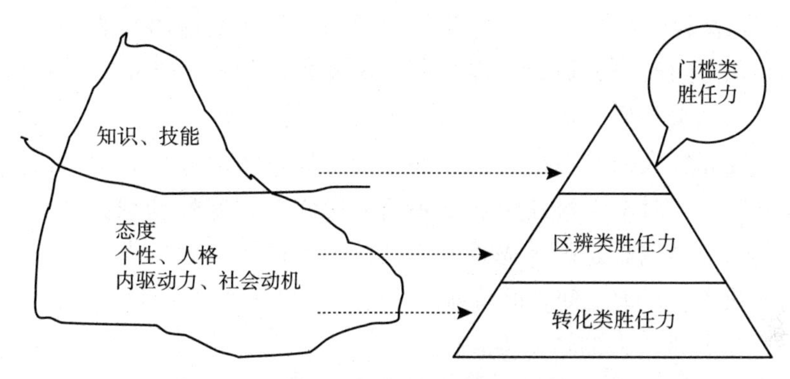

图5－1　胜任力模型与冰山模型的对应关系

门槛类胜任力、区辨类胜任力和转化类胜任力移植于高校学科带头人选拔与培养，我们发现，门槛类胜任力、区辨类胜任力和转化类胜任力也是识别高校学科带头人的有效方法（见表5－1）。

表5－1　学科带头人的胜任力分析框架

类别	考察维度	考察难易度	表现形式
门槛胜任力	学历、职称、年龄	容易考察	显性
区辨类胜任力	研究能力与影响力	比较难	隐性或显性
转化类胜任力	治学态度、学术品德、协作能力	难以考察	隐性

① 高效学科带头人胜任力模型的研究现状［J］. 广东医学院学报，2008（2）.
② 论文关于陈彬教授的观点来自教育部中南地区干部培训中心陈彬教授的授课内容.

（1）学科带头人的门槛类胜任力

门槛类胜任力仅指为保证工作取得成功而界定出的一些最低标准要求，是进入某个职业的最低门槛①。高校学科带头人的门槛类胜任力包括学历、职称、年龄等显性指标。国内高校一般要求学科带头人年龄一般在50周岁以下，具有博士学位教授专业技术职务就是对其门槛类胜任力的考察。

（2）学科带头人的区辨类胜任力

区辨类胜任力是那些能将同一职位上的高绩效者和绩效平平者区分开来的素质。高校学科带头人的区辨类胜任力包括研究能力与影响力。前者要求具有稳定的研究领域，在本学科领域有较深的学术造诣，取得国内外同行认可的高水平研究成果。后者要求学术思想活跃，在本学科领域有一定的知名度和较大的发展潜力，能够正确把握作物学或相关学科研究的前沿动态和趋势，对本学科建设和学术研究工作有创新性构想，具有领导本学科在其前沿领域赶超国际先进水平的能力。区辨类胜任力处于门槛类胜任力与转化类胜任力之间，既可能是隐性的，也可能是显性的。

（3）学科带头人的转化类胜任力

转化类胜任力通常是指管理人员和员工普遍都缺乏的那些胜任素质。高校学科带头人的转化类胜任力包括治学严谨、品德优良，具有较强的团结协作、协同攻关能力。与门槛类胜任力和区辨类胜任力相比，转化类胜任力处于素质冰山模型的底部，最重要，也最难以考察。

5.5.2 基于胜任力模型的高校学科带头人培养

基于胜任力模型的高校学科带头人培养是一个系统的体系，包括学科带头人的培养（或引进）、考核等内容，与教师的职业生涯规划也息息相关。

5.5.2.1 基于胜任力的学科带头人识别与遴选

根据高校学科带头人胜任力模型，识别学科带头人不仅应考察其门槛

① 论文关于门槛类胜任力、区辨类胜任力和转化类胜任力的概念均引自马小强的“解读胜任力模型”一文。原文出处中国人力资源开发网，www. ChinaHRD. net.

类胜任力，更要考察其区辨类胜任力和转化类胜任力。

门槛类胜任力要求学科带头人具有较高的学位、职称，具有良好的身体素质。因此，高学历和高职称应成为我们考察学科带头人的外在指标。我们反对唯学历论和唯职称论，但学历和职称在某种意义上代表着他的受教育经历和研究经历。作为门槛类胜任力的测度指标，学历、职称不可缺少。院士、长江学者、国家杰出青年科学基金获得者也可以看作是门槛类胜任力的有效指标。同时需要指出，高校定位不同、发展阶段不同，其关于学科带头人门槛类胜任力的要求也应有所差异。

区辨类胜任力既关注学科带头人的显性能力，也关注其隐性能力。学科带头人的隐性能力一般要求其在本学科领域有较深的学术造诣、较高的知名度和影响力。这里的“知名度”和“影响力”可以通过问卷调查法获取，“学术造诣”主要反映在其学术论文的引用率、学术论文所载期刊的影响因子、获得基金资助的等级与额度等方面。重点大学、国家重点研究室等机构的科研经历也可以作为考察学科带头人区辨类胜任力的佐证。

转化类胜任力是考察学科带头人的最重要着力点。与门槛类胜任力的显性相比，转化类胜任力隐含于能力深处，难以察觉。其考察要点为：学科团队领导能力、协作沟通能力、资源获取能力、治学态度、团队意愿。我们认为，作为学科带头人，不仅需要潜心做学问的“静功”，还需要具有积极推介成果的“动功”。

亚学科带头人。亚学科带头人是指具有学科带头人潜质的学者，特别是年轻的学者。亚学科带头人具有门槛类胜任力与转化类胜任力。他们学历高、职称高、治学态度严谨，具有学科团队领导能力和协作沟通能力，假以时日，能够成为学科带头人。对于亚学科带头人需要特别予以关注。

5.5.2.2 基于胜任力的学科带头人考核

现行教师评价是一种侧重岗位绩效的评价，主要弊端是过分强调后果、过分重视显性元素、过分强调定量评价、过分强调短期效益（陈彬，2009）。基于胜任力的学科带头人考核强调外显与内隐、眼前与长远、能力与态度有机结合，侧重隐性、长远与态度方面的素质考察：第一，应着眼于长远。目前，多数高校对教师的考核采取年度考核与聘期考核相结合的方式，聘期考核一般为3年。培养一个学科带头人，所需要的时间长，取得标志性成果的难度大。因此，对学科带头人的绩效考核应采取长周期制。例如，可以考虑将聘期设为5年，采取3年期中考核，5年期末考核制度。第二，考核内容多元化，但应有所侧重。其中，既包括硕博士点建设、实验室建设、科研成果等显性指标，更应重视学科地位提升、团队活力等隐性指标。第三，考核对象不仅包括学科带头人，还包括学科带头人领导下的学科团队。第四，引入独立第三方考核制度。即考核由本校人事部门牵头，由国内外本学科专业人士组织，避免形成“外行评价内行”的畸形评价制度。

5.5.3 结论与展望

学科带头人处于学科建设的核心地位，国内高校利用胜任力模型对学科带头人的招聘虽早已付诸实践，但理论研究相对滞后。将胜任力分析模型引入学科带头人的分析框架，对学科带头人的遴选应着眼于门槛类胜任力、区辨类胜任力和转化类胜任力等素质特征，对其考核的内容应多元化，但应有所侧重。随着胜任力模型在人力资源管理实践中广泛应用，高校学科带头人的胜任力问题也必将引起学术界的更多关注。

5.6 “中国智造”中的高技能实用人才管理：新生代农民工①

2010年1月31日，国务院发布的2010年中央一号文件《关于加大统筹城乡发展力度 进一步夯实农业农村发展基础的若干意见》中，首次使用了“新生代农民工”的提法，并要求采取有针对性的措施，着力解决新生代农民工问题，让新生代农民工市民化。2010年6月，根据全国总工会

① 本部分由硕士研究生王洪亮执笔完成.

发布《关于新生代农民工问题研究报告》（以下简称《报告》）①，《报告》将“出生于20世纪80年代以后，年龄在16岁以上，在异地以非农就业为主的农业户籍人口”界定为新生代农民工。根据《报告》，新生代农民工占我国外出务工人口的61%以上，近1亿人口。预计2020年前后，该群体的总人数将突破2亿甚至更多。目前，我国老龄化率已经高达13.26%②，因此，新生代农民工将是我国未来最庞大的劳动力资源。新生代农民工的利益诉求，事关社会和谐与企业发展，不可不察。

5.6.1 新生代农民工的社会特征与利益诉求

5.6.1.1 新生代农民工的社会特征

根据《关于新生代农民工问题研究报告》，新生代农民工是传统农民工问题在新阶段的延续、体现和发展，与传统农民工有类似的社会境遇，面临一些共同的基本社会问题。新生代农民工规模庞大，与传统农民工相比，新生代农民工普遍年纪较轻，受教育和职业培训水平较高，缺少从事农业生产劳动的经历，成长经历开始趋同于城市同龄人，其自我意识较强，组织能力较好、维权意识提升，就业倾向于制造业、服务业，而非建筑业等苦力行业，就业质量较低、就业稳定性差。

《报告》同时指出，新生代农民工具有四大特征：时代性、发展性、双重性和边缘性。所谓时代性是指新生代农民工处在体制变革和社会转型的新阶段，物质生活的逐渐丰富使他们的需要层次由生存型向发展型转变；所谓发展性是指新生代农民工的思维、心智正处于不断发展、变化的阶段，对问题的认识具有较大的不确定性，职业发展上存在较大变数；所谓双重性是指新生代农民工兼有工人和农民的双重身份，具有明显的工人特征，但仍保留着农民身份和农民部分特质；所谓边缘性是指新生代农民工在城

---

① 全国总工会．关于新生代农民工问题研究报告［R］．

② 中华人民共和国国家统计局．2010年第六次全国人口普查主要数据公报（第1号）［EB/OL］．(2011-04-28)，http：//www.stats.gov.cn/tjfx/jdfx/t20110428_402722253.htm.

乡两端都处于某种边缘化状态，在农村耐受能力却低于父辈，在城市难以主流社会，处于城市的底层。

5.6.1.2 新生代农民工的利益诉求

《报告》同时指出，新生代农民工与传统农民工在观念上存在“六个转变”，即：(1) 外出就业动机从“改善生活”向“体验生活、追求梦想”转变；(2) 对劳动权益的诉求，从单纯要求实现基本劳动权益向追求体面劳动和发展机会转变；(3) 对职业角色的认同由农民向工人转变，对职业发展的定位由亦工亦农向非农就业转变；(4) 对务工城市的心态，从过客心理向期盼在务工地长期稳定生活转变；(5) 维权意识日益增强，维权方式由被动表达向积极主张转变；(6) 对外出生活的追求，从忽略向期盼精神、情感生活需求得到更好的满足转变。

《报告》同时指出，新生代农民工面临着下列问题：(1) 低工资收入高城市房价成为阻碍其在务工地城市长期稳定就业、生活的最大障碍；(2) 较低的教育程度和职业技能水平是阻碍其在城市长期稳定就业的关键性问题；(3) 户籍制度制约，以随迁子女教育和社会保障为主的基本公共需求难以满足，是影响其在城市长期稳定就业和生活的现实性、紧迫性问题；(4) 职业选择迷茫、职业规划欠缺、学习培训的需求难以有效实现，是阻碍其实现职业梦想不可忽视的因素；(5) 情感、精神的强烈需求不能很好地满足，是困扰他们的首要心理问题，也是在现实生活中最少得到关注的深层问题；(6) 劳动合同签订率低、欠薪时有发生、工伤事故和职业病发生率高等劳动权益受损问题，是其亟须解决的突出问题。

5.6.2 新生代农民工的“和谐管理”

“和”强调员工间、组织间的“合意”，“谐”要求一切物要素在组织中的“合理”的“投入”，和谐管理强调以人为本，实现人性管理和柔性管理。因此，和谐管理的要旨在于通过制度、规则、契约、文化、舆论、社会观念等技术手段和制度设计使企业、企业内部子系统、企业与外部环境中形成一种和谐状态。鉴于新生代农民工的社会特性和利益诉求，对新生代农民工的“和谐管理”，应强化下列问题研究。

5.6.2.1 构建新生代农民工参与企业发展成果共享的利益分配机制

根据国内学者的研究，近10年，我国政府和企业分配份额呈现双增加态势，而居民的分配份额则有所下降（贾康，2010）。其中，1993～2007年，政府收入占GDP的比重由11.68%增至14.81%，增幅为3.13个百分点，企业的资本收益由38.83%增至45.45%，增加6.62个百分点，居民的劳动报酬占GDP的比重由49.49%降低至39.74%，降幅9.75个百分点[①]。因此，构建新生代农民工参与企业发展成果共享的利益分配机制，需要政府与企业共同努力。一方面，政府应当加大国民收入分配格局调整力度，适时提高最低工资标准，建立工资正常增长机制，完善农民工工资支付保障金制度，提高个人工资在初次分配中的比重；另一方面，企业也应转变观念，将包括新生代农民工在内的普通工人视为企业重要人力资源组成部分，取消事实存在的“地板工资制”，适度提高普通员工的工资福利，完善建立起全员参与企业发展成果共享的长效机制。

5.6.2.2 构建反映新生代农民工利益诉求的沟通机制

新生代农民工思维、心智正处于不断发展阶段，其边缘身份使其面临着更大的成长压力、生存压力和职业发展压力。因此，企业应加强人力资源软功能研究，利用网络、报纸等现代媒介，完善沟通机制，加强新生代农民工的心理辅导，舒缓其职业压力，让其能够通过公开、合理、正规途径表达自己的意见和建议，间接参与企业管理[②]；企业应充分认识到新生代农民工普遍年轻、可塑性强的特点，加强对新生代农民工诉求研究，引导新生代农民工积极融入企业文化，使之能与企业价值导向共鸣。

5.6.2.3 构建反映新生代农民工成长需求的职业规划保障制度

随着城市（镇）化进程之推进，新生代农民工群体总人数以每年800

---

① 我国居民收入比重下降 多省市上调最低工资标准［EB/OL］.（2010－06－07），http：//www.sina.com.cn.

② 李艳.新生代农民工的利益诉求与管理策略——以南海本田停工事件为例［J］.中国人力资源开发，2011（4）：92.

万~900万人的速度快速递增。预计2020年前后，该群体的总人数将突破2亿甚至更多。面对新生代农民工融入城市所面临的素质门槛、学历门槛、技能门槛、人力资本积累门槛，要求企业将其纳入战略层面，指导并帮助其建立其职业生涯规划，即企业应在调研基础上，了解新生代农民工的自我提升需要，建立起教育培训长效机制，通过再教育、再培训，提高其职业素养，实现其职业梦想。

5.6.2.4 构建反映新生代农民工社会保障制度

稳定居住门槛是新生代农民工市民化最关键的环节。这要求各地政府加快推进户籍制度改革，通过稳定居住、社会保险缴纳、学历和职业技术、突出贡献、人力资本积累等标准，试行新生代农民工城镇落户制度，将农民工纳入政府公共服务体系、城镇住房保障体系和社会保障体系。

5.7 小 结

“中国智造”离不开高层次创新人才、高级管理者、高技能适用人才等特殊群体，本课题将胜任力分析模型引入学科带头人的分析框架，研究学科带头人的遴选、考核问题；新生代农民是高技能实用人才的主体，新生代农民工具有四大特征：时代性、发展性、双重性和边缘性，其利益诉求多样，应当以和谐理念进行管理。同时，非正式用工人员、专业技术人员等群体也有其特殊性，必须予以特殊关注。

6 “中国智造”中人力资本价值决定：薪酬管理

薪酬问题是人力资源管理的重点与难点，本章在梳理工资决定理论基础上，主要研究高管薪酬、最低工资、企业年金、职业年金等问题。

6.1 人力资本价值决定理论研究的主线①

6.1.1 古典经济学的工资决定理论

古典经济学大体可以分为古典经济学创始学派和古典经济学派。前者以配第、坎蒂隆、魁奈、杜尔阁为代表，后者以斯密、李嘉图为代表。

6.1.1.1 古典经济学创始学派的工资决定理论

（1）配第的工资理论

配第的分配理论包括工资论、地租论、利息论以及土地价格等。其中，地租论是其理论的核心。配第的工资理论服务于政府工资政策。配第认为，工资应当等于维持工人最低生活所必需的生活资料的价值。因为，工资是由工人“生存、劳动和传宗接代”所必需的东西决定的。配第认为，工资等于最低限度的生活资料价值是一个规律，法律不应把工资规定低于这个

① 本部分较多借鉴邓春玲．经济学说史［M］．大连：东北财经大学出版社，2006（1）．

水平，否则，工人的生活无法维持，该法律就是劣等法律；同时，当工资超过了工人必需的生活资料价值就会给社会带来损失。如果超过规定的界限，支付者和领取者都要受到惩罚。

（2）坎蒂隆的工资理论

坎蒂隆接受了配第关于工资等于最低限度的生活资料的价值的观点，并对最低限度生活资料价值作了具体说明。他说，一个普通农业劳动者的劳动，在价值上应该等于维持他的生活所需要的土地产品的两倍。他还认为，手工业者的劳动收入在价值上也是由土地产品的数量决定的，等于他们所消费的土地产品的两倍，手工业者的收入通常要高于农业劳动者的收入水平。在考察计时工资和计件工资以及二者的联系时，坎蒂隆看到了计件工资会受到工作日长度制约，这在实际上已经把计件工资看作计时工资的转化形式。

（3）魁奈的工资理论

魁奈是重农学派的创始人，其代表性的著作为《经济表》，其理论体系的核心为“纯产品”。魁奈将社会成员分为三个阶级：一是生产阶级，这个阶级包括从事农业的租地农业资本家和农业工人，其收入为工资；二是土地所有者阶级，其中包括地主及其从属人员、国王官吏和教会。该阶级以地租和租税的形式从生产阶级那里取得“纯产品”；三是不生产阶级，包括工商业资本家和工人。魁奈认为，“纯产品”就是土地生产物去除生产费用之后的余额。“纯产品”只存在于农业中，工业和其他经济部门不生产“纯产品”。根据魁奈的理论，生产费用包括农业生产资料和农业工人的工资。农业生产资料的价值是既定的，工资是维持农业工人生存所必需的生活资料。根据魁奈的理论，“纯产品”即地租就是劳动的剩余价值（尽管魁奈本人并没有使用剩余价值的概念），且是剩余价值的唯一形式，资本的利润被看作是由土地所有者支付给资本家的一种较高的工资，利润则是违反自然的高利贷。

（4）杜尔阁的工资理论

法国重农学派的杜尔阁在魁奈社会结构理论基础上，把生产阶级分为农业工人和农业资本家，把不生产阶级划分为工业工人和工业资本家。杜尔阁指出，阶级形成的根本原因在于生产与生产资料的分离，在杜尔阁的理论框架中，雇用工人和资本家阶级明晰化。杜尔阁认为，“纯产品”是自然赐予的，但这是自然对劳动的赐予，土地占有者对“纯产品”的占有是对别人劳动的占有。在收入分配方面，杜尔阁把资本主义社会的基本收入划分为工资、利润、利息和地租等形式，认为地租是由农业生产中的“纯产品”支付，利润和利息是农产品的一部分，工人的工资也需要从农产品中扣除。而工人之间的竞争，使工人的工资只限于为维持其生存的最低限度的生活资料的水平。

6.1.1.2 古典经济学派的工资决定理论

（1）亚当·斯密的工资理论

①关于工资的来源。“劳动生产物构成劳动的自然报酬或自然工资”，只有工资是劳动的收入工资只占有劳动生产物的一部分。斯密认为，在“进步社会状态”下，劳动所创造的价值在扣除了工资以后，还要提供利润和地租，因而，工资只占有劳动生产物的一部分。在斯密看来，工资、利润、地租分别是工人、资产家和地主的基本收入。

②关于工资标准：最低工资。斯密认为，工资所体现的这一部分劳动生产物应该等于劳动的自然价格。这里的自然价格实际上就是劳动力的价值，是符合一般人道标准的最低工资。在斯密看来，“劳动工资有一定的标准，在相当长的期间内，即使最低级劳动者的普通工资，似也不能减到这一定标准之下”，“劳动的货币价格，必然受两种情况的支配：其一，是对劳动的需求；其二，是生活必需品和便利品的价格”。即工资应至少能维持在工人生活费及其赡养家人的费用。

③影响工资增长的因素。斯密认为，工资的增加取决于国民财富的不断增加。在斯密看来，工资水平的高低取决于资本家与劳动者的力量对比。对劳动者的需求大于劳动者的供给时，资本家竞相出高价雇用劳动者。而对于劳动者需求，他认为必定随着预定用来支付劳动工资的资金的增加而成比例地增加，资金的增加是因为生产扩大和国民财富增加的缘故。亚当·斯密在《国民财富的性质和原因的研究》（简称《国富论》）第八章《论劳动工资》中写道：“对工资劳动者的需求，必随一国收入和资本的增加而增加。收入和资本没有增加，对工资劳动者的需求绝不会增加。而收

入和资本的增加，就是国民财富的增加。所以，对工资劳动者的需求，随国民财富的增加而增加。国民财富不增加，对工资劳动者的需求绝不会增加。”“今日英格兰确比北美各地富，然北美各地的劳动工资却比英格兰各地高。”因此，斯密得出结论，“使劳动工资增高的，不是庞大的现有国民财富，而是不断增加的国民财富。”因此，斯密认为，“最高的劳动工资不在最富的国家出现，而却在最繁荣，即最快变得富裕的国家出现；经济快速增长的国家，对劳动力的需求上升，其工资增长也快”。

（2）李嘉图的生存工资理论①

分配理论是李嘉图经济学体系的中心，与斯密相比，李嘉图更加关注财富分配的规律。

①工资的性质。李嘉图认为，工资是劳动的价格，是工人出卖劳动的报酬，是“劳动的价值”。而劳动具有自然价格和市场价格。自然价格是劳动者大体上能够维持生活并不增不减地延续后代所需生活资料的价格。食物和必需品涨价，劳动的自然价格也上涨；相反，劳动的自然价格就下跌。同时，李嘉图认为，劳动的自然价格不是一成不变的，它将随不同国家、不同时期、不同的气候、风俗习惯而不同。即使同一国家，随着生产的发展，在不同阶段也有很大变化。因而，各国、各地区都会有自己的一般工资水平。他说：“劳动的自然价格不能理解为绝对固定和恒常不变的，即使用食物和必需品的价值也是如此。它在同一国家的不同时期中是有变化的，在不同的国家差别就十分大。这一点基本上取决于人民的风俗习惯。”但是，在一定历史时期内，劳动的自然价格总是一定的、不变的。李嘉图认为，市场价格是劳动力市场上供求关系确定的实际支付的价格。劳动的市场价格则随劳动的供求不断变动，但一般总是倾向于自然价格。

②工资变动的规律。李嘉图认为，不论劳动的市场价格如何与其自然价格相背离，但是总有一种趋势，使劳动的市场价格不断地与其自然价格相适应。因为，人口自然繁殖率的变化会自动调节工资水平，使工资必然趋向于劳动的自然价格。在李嘉图看来，工资的高低与工人人数多少成反比关系。

③名义工资和实际工资。李嘉图考虑到了名义工资和实际工资的区别。

① 邓春玲．经济学说史［M］．大连：东北财经大学出版社，2006（1）：155.

根据李嘉图的主张，名义工资是表现在货币上的工资，是在一定时期支付给工人的货币量；实际工资是指用货币工资所购得的生活必需品量。

李嘉图还认为，一国的产品要以地租、利润和工资的名义分配给三个主要社会阶级，三个阶级间的分配比例在不同的社会阶段是不同的。要正确判断地租率、利润率和工资率，不能根据某一阶级所得产品的绝对量，而应根据所得产品的相对量。

6.1.2 庸俗经济学的分配理论体系①

庸俗经济学以西斯蒙第、马尔萨斯、萨伊为代表。

（1）西斯蒙第的收入分配理论

西斯蒙第是法国古典政治经济学的代表，收入分配论是其经济学说的基础。他认为，收入分配就是分享劳动的果实，而分享劳动果实有地租、利润、工资等不同形式。这三种收入来源分别为土地、积累的资本和劳动，其中，劳动的作用最大，没有劳动就没有财富。西斯蒙第主张通过法律保证工人能够分配利润，成为企业的小股东，或实行宗法式农业和行会式工业组织，把社会各阶级变成小私有者，重新回到小生产社会。

（2）马尔萨斯的收入分配理论②

托马斯·罗伯特·马尔萨斯以其《人口原理》成名。马尔萨斯认为利润在交换中产生，是商品价格超过其在生产消费的劳动产物的部分，利润是流通中贱买贵卖的结果，资本家之间的买与卖不能产生利润，利润也不产生于工人的购买，因此，利润是由只消费不生产的阶级支付的，该阶级包括地主、官吏、牧师、年金领受人等。其中，地主处于最重要地位。马尔萨斯论述了财富增长和有效需求理论，并提出促进财富增长的必要条件是有效需求，而创造充分的有效需求的关键是分配方式。马尔萨斯认为，资本家具有消费能力，但由于要进行资本积累，因而缺乏消费欲望；工人虽有消费意愿，但缺乏消费能力。如果没有不直接参与生产的供给而从事私人服务的人的消费，就有发生生产过剩的可能性。因此，应尽可能多的

①② 邓春玲．经济学说史［M］．大连：东北财经大学出版社，2006（1）．

增加非生产阶级。

（3）萨伊的“三位一体”的分配公式①

萨伊自称斯密的信徒，在萨伊看来，价值由劳动、资本和土地三要素共同创造，因此，三要素的所有者都应得到相应报酬：劳动的所有者得到工资、资本的所有者得到利息、土地的所有者得到地租。劳动—工资、资本—利息、土地—地租形成分配的“三位一体的公司”。在萨伊的理论体系中，劳动有三：科学家的劳动、企业家的劳动、雇用工人的劳动。以上三种生产性劳动的报酬形成各自的工资，萨伊将这种工资称为利润。

6.1.3 斯密及李嘉图体系后继者的分配理论②

随着1825年资本主义第一次周期性经济危机爆发，以李嘉图为代表的英国古典经济学被用来批判资本主义制度。在维护和反对李嘉图学说中，形成了以马尔萨斯等人为代表的反对派，以穆勒等为代表的李嘉图学派。

（1）詹姆斯·穆勒的分配理论

穆勒是李嘉图学说的积极拥护者。他把政治经济学分为生产、分配、交换和消费四个环节，并对李嘉图的劳动价值论做出庸俗化解释。他认为价值是由劳动和资本共同创造的，产品一部分归工人，一部分归资本家。在产品还没有生产出以前，资本家为了工人维持生活需要，已经把属于工人那部分产品的价值，以货币的形式预先支付给工人了。至于工人和资本家各自应得份额的大小，是由自由竞争条件下的市场供求关系决定。保持工资水平，需要工人限制生育。穆勒同时认为，地租与利润是对立的，地租的增加必然导致利润的减少。

（2）纳索·威廉·西尼尔的分配理论

节欲论是西尼尔关于利润来源的分配理论。西尼尔用“节欲”代替“资本”，认为价值取决于生产成本，而生产成本由劳动和节欲组成。他认为，“节欲”虽不创造财富，却有助于财富的积累，“节欲”是资本家积蓄资本的行为。因此，“工资的定义是工资的报酬”，“利润的定义是节制的报

---

①② 邓春玲．经济学说史［M］．大连：东北财经大学出版社，2006（1）．

酬”。而“劳动”是工人提供的，是工人为了生产商品而放弃安乐和休息做出牺牲，是工人为生产目的而在体力和脑力方面最初的自觉努力；“资本”是资本家提供的，是资本家所做出的牺牲，其牺牲的是个人消费所带来的享乐与满足。西尼尔认为，资本家的利润取决于工作“最后一小时论”。

（3）巴斯夏的分配理论

法国弗里德里克·巴斯夏是“经济和谐论”的首创者。他认为价值只能从交换双方提供的服务中产生，是两种服务的交换关系。如果交换是自由的，两种交换的服务的价值就是相等的。价值的衡量尺度既不是劳动，也不是效用，是服务提供者做出的努力和紧张程度，或接受服务者免除努力和紧张的程度。根据其观点，工人的努力和紧张或“服务”的报酬就是工资；利润是资本家提供服务的报酬。其中利润分解为企业主收入和利息。其中，企业主收入是企业主的劳动，是努力和紧张“服务”的报酬；利息则是资本家延缓个人消费而为社会提供资本的“服务”的报酬。至于地租，则是地主在开发和改良土地时提供服务的报酬。

（4）约翰·穆勒的分配理论

约翰·穆勒是李嘉图学派詹姆斯·穆勒的长子，其学说具有改良主义倾向和折中主义特征。穆勒认为经济规律分为生产规律和分配规律，前者是永恒的自然规律；后者是人为的制度，决定于社会法律、习惯及统治者的意志。关于工资，穆勒认为，从短期看，工资决定于劳动力市场上的供求关系；从长期看，工资由工人最低的生活资料价值决定。穆勒接受威廉·配第的最低工资理论和詹姆斯·穆勒·马尔萨斯的工资基金说，认为工资水平的高低取决于工资基金和人口的比例关系。

6.1.4 新古典经济学派的代表性工资理论

新古典经济学肇始于19世纪70年代，集大成于20世纪30年代。与古典经济学一样，新古典经济学把自由放任作为最高准则，但其在研究方法上，强调心理分析和边际分析。门格尔、杰文斯、瓦尔拉则是“边际革命”的奠基人。

（1）杜能的分配理论

德国人约翰·亨利希·杜能是边际生产力分配理论的先驱者，其代表作为《孤立国》。边际要素生产力分配论是其经济理论的核心。杜能用劳动的边际生产力解释工资，杜能认为，工资等于最后一名雇用工人的增加量。杜能同时发展出自然工资理论，认为工资必须由劳动者的必要生活资料价值调节。

（2）克拉克的收入分配理论

美国著名经济学家约翰·贝茨·克拉克（J. B. Clark，1847～1938）以边际理论为基础，首先提出了边际生产力理论和边际生产力薪酬理论。根据劳动边际生产力递减工资理论，工资取决于劳动的边际生产力。换句话说，工资是由投入的最后一个劳动单位所产生的边际产量决定的，雇主雇用的最后那个工人所增加的产量等于付给该工人的工资。当工人所增加的产量大于付给他的工资时，雇主愿意继续增加工人，只有在工人所增加的产量等于付给他的工资时，雇主才不再多雇用工人。这是因为，雇主的目的是为了获得最大收益，如果再增加工人，该工人所增加的产量会小于付给他的工资，没有收益。

（3）马歇尔的分配理论

马歇尔是均衡价格工资理论的创始人。马歇尔认为，"国民收益是一国所有生产要素的纯产品总量，同时又是支付这些要素的唯一源泉；它分为劳动工资、资本利息和土地及生产上具有级差优势的生产者剩余或地租"。马歇尔认为，分配份额的大小问题实际上是各生产要素的价格即工资、利息、地租和利润的数量大小问题。工资、利息、地租和利润就是各生产要素的需求价格和供给价格均衡时的价格。马歇尔认为，工资是劳动的报酬，其大小由劳动的供给和需求决定，进而由劳动的需求价格和供给价格决定。在马歇尔看来，劳动的需求价格由劳动的边际生产力决定，劳动的需求价格由培养、训练和维持有效率的劳动者的生产成本决定（同时，特殊劳动技能的供给还有其特殊要求），工资由劳动的边际生产力决定的需求价格和劳动的生产成本决定的供给价格的均衡点决定。

（4）庇古的分配理论

阿瑟·塞斯尔·庇古是福利经济学的创始人，他发展了马歇尔的福利思想，提出了系统的福利经济学，他认为福利经济学的目的是研究如何使全社会的经济福利达到最大化。马歇尔指出，经济福利与国民收入是对等的，全社会的经济福利基于两个基本因素：国民收入的大小和国民收入的分配。福利经济学有两个基本命题：第一，国民收入总量越大，社会经济福利就越大；第二，国民收入分配越均等化，社会经济福利越大。为实现第二个目标，需要政府干预，政府应通过税收和补贴来消除客观上存在着的边际私人纯产值与边际社会纯产值的背离。即对于边际私人纯产值小于边际社会纯产值的部分，如教育、科研，应实行政府补贴；对边际私人纯产值大于边际社会纯产值的部分，如香烟、酿酒，政府应进行征税。

6.1.5 凯恩斯的分配理论①

凯恩斯理论研究的中心是就业，其收入分配理论围绕就业、有效需求和国家调控展开，其要点主要是用征收累进税的办法调节资本主义社会过分悬殊的收入分配。保罗·萨缪尔森的新古典综合派提出“现代收入决定论”，认为国民收入等于消费和储蓄的综合。其收入政策强调政府限制各种生产要素的收入（工资、利润、利息、租金）的增长率，从而控制物价上涨。因此，其收入政策又称为工资和物价的管制政策。

作为新古典综合派的对立面的新剑桥学派作为凯恩斯理论的继承者，把收入分配作为理论的中心，在政策上把消灭食利阶层实现收入分配均等化作为重点。新剑桥学派认为，以“边际生产力”为基础的传统分配理论是错误的，分配理论必须以价值理论为基础，价值应具有客观的、物质的基础；为此，必须建立“不变的价值尺度”，该“不变的价值尺度”实际上是用一个经过挑选的商品系列作为确定其他商品价值大小的“标准商品”。在“标准体系”中，无论商品价格如何，利润率总是表现为纯产品对生产资料的比率。因此以“标准商品”来充当“不变的价值尺度”还可以计算出利润率以及利润及工资的相对份额（《经济学说史》）。新剑桥学派认为，国民收入分为利润和工资两部分，两者的相对份额大小取决于利润率水平，而利润率水平与生产技术的物质条件密切相关，在国民收入一定的条件下，工资和利润呈反方向变化；新剑桥学派同时认为，收入分配格局的形成是社会制度以及其他历史条件沿袭的结果，与一国财产所有制形式和劳动市

---

① 邓春玲．经济学说史［M］．大连：东北财经大学出版社，2006（1）．

场条件有关。新剑桥学派认为，工资应从货币工资和实际工资两方面考察，货币工资首先取决于一国历史上形成的工资水平，其变动取决于国内劳资双方的议价力量对比；实际工资则取决于利润率、商品与货币流量、价格水平等因素。利润是资本占有者凭借其财产占有权而取得的非劳动收入，它取决于历史上形成的财产占有制度。

6.1.6 现代收入分配理论①

现代收入理论主要包括熊彼特的分配理论、货币学派的分配理论、公共选择理论、集体谈判工资理论等流派。

（1）熊彼特的分配理论

熊彼特的学说以“创新”概念为基础。熊彼特认为，由于企业家实现了“创新”，使企业总收入大于总支出，其产额就是利润，“利润”是企业家的“创新”报酬；银行家为企业家的“创新”提供了资本，也应得到报酬，即利息。

（2）货币学派的分配理论

货币学派作为凯恩斯主义的反对派，以弗里德曼为代表。弗里德曼反对凯恩斯主义所提出的对工资、物价进行冻结、管制的收入政策，提出“收入指数化”方案。所谓“收入指数化”政策，就是指把工资、政府债券以及其他收入同消费物价指数联系起来，使各种不同收入按照物价指数的变化而调整。弗里德曼反对凯恩斯主义主张的对低收入者实行差额补助的福利制度，提出负所得税方案。所谓负所得税方案就是指政府规定某种最低收入保障额，对收入没有达到最低收入保障额的低收入者根据不同实际收入按一定所得税率发给补助金。

（3）公共选择学派

公共选择学派创建了寻租理论。在公共选择学派看来，高额垄断利润超过平均利润的部分成为经济租，寻租的前提是政府权力对市场交易活动的介入。寻租类别有三：寻租、护租和避租。寻租是一种非生产行为，会

① 邓春玲．经济学说史［M］．大连：东北财经大学出版社，2006（1）．

引起社会收入的再分配效应。

（4）集体谈判工资论

集体谈判工资论是工会发展的产物。集体谈判工资论认为，工资决定于劳动力市场上劳资双方的力量对比。工人只能组织起来，通过工会代表自己的更高利益与雇主和雇主集团做斗争。集体谈判的主要特点是由于工会有效地遏制了工人之间的竞争，使自己成为劳动供给的垄断者，并力图使劳动市场成为卖方垄断市场。

工会提高工资的办法通常有以下四种：①限制劳动供给。例如，要求立法限制国外劳工移民的进入和外籍工人的雇用，限制童工和青少年工的使用。以谈判协定限制企业对非工会成员的雇用等。②提高标准工资率。工会可以运用说服或者强迫手段，迫使雇主支付较高的工资，从而直接达到了提高工资的目的，同时也间接地达到了限制劳动力供给数量的目的。③向上移动需求曲线，改善对劳动的需求。例如提高企业劳动生产率，帮助企业改善经营管理方法，帮助扩大广告宣传和维持高额垄断价格，鼓动政府提高关税，限制国外商品进口，扩大国内商品出口等。④消除买方垄断。

集体谈判是工人集团与雇主集团进行交涉，保障自身利益的强有力手段，且在工资制度上获得了相当程度的保障，具体地说，主要有以下几点：①确立最低工资率制度；②确立生活费用保障制度；③确立同工同酬原则；④确立工资偿付保证；⑤确立报到工资和带薪假期制度；⑥确立逐年加薪原则。

（5）分享工资理论

麻省理工学院的马丁·魏茨曼提出了著名的分享工资理论。魏茨曼首先将雇员的报酬制度划分为工资制度和分享制度两种模式，与此相适应，资本主义经济就分为工资经济与分享经济。工资制度指的是厂商对雇员的报酬是与某种同厂商经营甚至同厂商所做或所能做的一切无关的外在的核算单位（例如货币或生活费用指数）相联系；分享制度则是“工人的工资与某种能够恰当反映厂商经营的指数（例如厂商收入或利润）相联系。”这样，工人和雇主在劳动市场上达成的就不再是规定每小时多少工资的合同，而是工人与雇主在企业收入中各占多少分享比例的协议。分享制度可能是“单纯”的，即雇员的工资完全取决于企业的业绩；也可能是“混合”的，即雇员的工资由有保障的工资和利润（或收入）分享基金两部分构成。大多数实际运行的分享制度，都是把以时间为基础的保障工资和某些形式的利润分享结合起来。工资中的“分享”部分通常采取年终由管理部门宣布红利的形式反映出来。另一种不常见的形式是，雇员有权享有企业利润的一定比例。

（6）制度学派的工资理论

制度学派认为，劳动者工资率取决于两方面，一是劳动者所处的产业或部门，另一个是劳动者所拥有的人力资本。在劳动力市场的影响因素方面，制度学派一是强调劳动力市场的一般特征以及这些特征在弱化供求力量方面的作用；二是强调劳动力市场的不完全竞争性，例如工资刚性、持续性失业、劳动力的流动障碍、信息的不完全等；三是强调工会、大型企业、歧视和习惯的相互影响在工资决定过程中所起的作用，要比新古典学派所认为的更大。

（7）劳动力市场分割理论

劳动力市场分割对工资决定的影响使人们的分析与现实生活更加接近。市场分割理论首先否定了劳动力市场是一元化的、劳动力可充分自由的流动以及劳动力是同质的假定，认为工资并不是简单地由供给和需求双方的力量共同决定，而是由很多因素对工资的决定起着至关重要的作用。按照该理论的说法，雇用劳动者的工资率实际上取决于两方面因素，一是劳动者所处的产业或部门，二是劳动者所拥有的人力资本。

（8）二元劳动力市场理论

二元劳动力市场理论从制度的角度分析工资差异并从工资差异的角度论证收入及贫困现象。按照二元劳动力市场理论，劳动力市场可分为主要市场和次要市场，或者说内部市场和外部市场。在主要市场里，就业是稳定的、工作条件好，以熟练和技术性劳动为主，工资水平较高，存在较多的提升机会和受训机会。与此相反，在次要市场，工资福利水平普遍较低，工作条件较差，职位极不稳定，劳动力流动程度大，提升受训的机会不多。他们认为，之所以形成差异如此之大的两种市场形态，主要在于两部分的市场结构不一样。

（9）人力资本理论

人力资本理论不是工资决定理论，但它对工资具有影响。1960 年美国经济学家西奥多·舒尔茨发表的演讲《人力资本投资》中认为，人力资本是指体现在劳动者身上的以其数量和质量形式表示的资本，它由劳动者的知识、技能、体力（体质、健康状况）等构成。人力资本通过人力资本投资形成的，工资可以看作是人力资本投入的经济产出，并且可以按照一定的数学方法得到精确计算。根据人力资本理论，劳动能力高的劳动者要比劳动能力低的劳动者投入的教育培训费用多，而且因为要接受教育培训，不能从事工作而放弃一定的收入。所以，劳动能力高的劳动者在受教育培训后从事工作的期间，应该比劳动能力低的劳动者获得的工资收入多。

6.1.7 马克思的工资理论

马克思将工资定义为：劳动力价值或价格的转化形式。关于工资水平的决定，马克思认为，“工资是由那些决定其他一切商品价格的规律决定的。”这就是说，作为劳动力商品价格的工资的形成与决定，必须遵循市场法则，只有在市场规律的作用下才得以决定的。马克思认为，工资的形成与决定受到供求规律和竞争规律共同的制约和影响。他说：“劳动报酬忽而提高，忽而降低，是依供求关系为转移的，依购买劳动的资本家和出卖劳动的工人之间的竞争情形为转移的。”在马克思看来，决定劳动力的价格即工资的竞争来自于三个方面：一是卖主之间的竞争，这种竞争将降低工资水平；二是买主之间的竞争，这种竞争将提高工资水平；三是买主和卖主之间的竞争，这种竞争的结果将取决于竞争双方的对比关系。

6.2 企业家参与分配的一种形式：期权及期权“悖论”[①]

6.2.1 引言：企业家人力资本分配的特点

一般而言，企业家报酬与企业绩效成正比例关系，即企业家报酬随企

① 赵志泉．期权“悖论”与“悖论”之解［J］．生产力研究，2013（1）．

业绩效的变动而变动。然而，现代企业理论发现，在经理制企业形态下，由于企业家与企业之间的目标函数不同，企业家往往利用自己的内部人身份和信息优势“损公为私”，即追求自己利益最大化，而非公司、公司股东利益最大化。企业家精神是企业具有活力的源泉。为减少企业家的道德风险成本、逆向选择成本和由于信息不对称而产生的代理成本，现代企业制度强调对企业家的激励兼容约束制度，激励并约束企业家行为。其中，对企业家进行收入激励是其中的重要内容，例如，实践中常使用的工资制、年薪制。

企业家是异质性人力资本，其稀缺性、专有性、非流动性、无形性、难以度量性等特点决定了企业家参与收入分配的特点与企业一般员工和货币资本应有所不同。事实上，工资制、年薪制在实践中也早已暴露出长期激励绩效不足的缺陷，国有企业中日益严重的“59 岁现象”已经成了指责传统分配方式固有弊端的最好例证。

为纠正传统分配模型的缺陷，新制度经济学试图从风险承担角度出发，对剩余索取权与控制权进行新的制度安排。在威尔森、格罗斯曼和哈特看来，创新型人力资本、管理型人力资本多为风险中性者，在使委托人（所有者）预期效应最大化的激励合约中，代理人（经理）必须承受部分风险或完全风险，作为唯一剩余索取者或参与剩余索取权分配。而詹森和麦克林（1976）认识到（企业家）人力资本只能激励、不能压催的特点，提出对企业管理者的激励比监督更重要。至此，以剩余索取权来激励企业管理者的委托代理理论为股票期权制度奠定了理论基础，并率先被美国公司采用。

6.2.2 期权制的激励效应与激励“悖论”

股票期权制度，又称期权制，是指公司根据公司章程和特定的条件，授予经理在未来一定期限内以约定的价格购买本公司股票的选择权，通过经理取得股票的价金与该股票的预期差价获得远期收益。究其实质，股票期权制度是在尊重异质型人力资本产权基础上，以特殊的定价方式，以实现人力资本长期激励为目标，所形成的报酬分配方式。

期权制的理论基础是委托合约中的风险分担理论，即作为代理人的企业家应当承担全部或部分企业经营风险。期权制的应用基础是年金制，即年金制将企业家人力资本的收益划分为固定收入和风险收益两部分，股票期权是风险收益的转化形式，并要求企业家承担部分或全部风险。报酬是激励的手段，更是激励的目的，企业家享有剩余索取权的目的是为了获得更高的收益，激励与报酬互为因果、相互促进。

期权制的激励性报酬安排的逻辑一般建筑在下列模型之上：提供期权股份—企业员工（主要是经理层）努力工作—股票升值—行权获利。股票期权作为一种选择权，其预期收入具有极大的不确定性，因为经营者的支出成本极低，一旦行权时股价下跌，可放弃行权；价格上涨，则行权获利。

在西方，期权制度已经发展出固定价值计划、固定数量计划与巨授计划等多种形式①。在固定价值计划的模型设计中，公司可以有效控制专业人力资本的报酬以及股票期权报酬在公司总薪酬中的比重，有利于减少“职工维系风险”；根据固定数量计划，期股持有人在一定时间持有的期股数量固定，其收益与企业绩效直接挂钩，激励效果明显，适宜于高科技企业；巨授计划预先确定期权数量，锁定行权价，具有极大的杠杆激励效应，对于缺乏活力的国有企业颇有参考价值。

然而，由于期权制本身的缺陷以及受外部环境制约，股票期权的实施绩效未必会达到设计者的理想预期，甚至会呈现出激励“悖论”，即在路径依赖的作用下，以股票期权为基础的分配与激励模型，不但期权缩水，激励不足，而且会对股票期权产生更大的依赖性，甚至产生恶性循环。例如，在固定价值计划的安排期，经理人员在企业绩效显著、股票价格高涨时，由于期股的总价值固定，经理人员持有的期股数量变少；反之，经理人员在公司绩效不佳时获得的期权数多。报酬与业绩之间的正向关系弱化，激励绩效不明显。而在巨授计划的安排下，如果股市价格下跌，期权缩水，公司必然将陷入进退维谷的两难境地：对期权重新定价，将破坏原有的公司与经营者之间的契约性安排，招致股东不满；不对期权重新定价，激励绩效趋于零或负数，高级管理层的离去将不可避免②。

---

①② 王钰，饶磊．怎样激励约翰［J］．企业管理，2001（8）．

6.2.3 期权“悖论”形成的内因与中国实施股票期权制的环境障碍

6.2.3.1 股票期权“悖论”形成的内因

股票期权“悖论”的形成与其自身的制度设计不无关系，与其实施环境也有极大的相关性。股票期权“悖论”形成的内因主要有：

（1）股票期权受益面与其稀释效应之两难选择

如果期股的数量过大、受益面过宽，即无论一般性的人力资本、专有性的人力资本还是创新型的人力资本都享有股票期权，将产生严重的稀释效应，即稀释其他股东的股权受益、抑制其他股东，特别是小股东的热情。

（2）期股总额度与“内部人”控制之两难选择

如果用于股票期权的总额度与单个受益人所持额度过大，将形成“内部人”控制。为防范“内部人”控制发生，香港根据“防御假说”理论，规定公司为执行股票期权所需要的证券总数，不得超过上市发行人已发行的有关证券的10%，个人获得的期权股票总数不得超过执行股票期权所需要的证券总数的25%。

（3）股票期权的实施时机与资本市场变化之两难选择

股票期权是一种看涨期权，其价值与期权的行权价呈反方向变化，与股票价格波动率呈正方向变化。对于成长型企业和一般企业，行权价过高，将抑制其激励绩效；过低，则稀释其他股东权益。

（4）股票期权的行权安排与内幕交易之两难选择

企业高级管理层持有股份，将大大强化其内部人身份，在内部人控制下，到期股价存在人为操纵与内幕交易的可能性。为此，国际上通用滚动式锁定法原理，对抛售的时间、数量间隔做出一定的规定，而美国《证券交易法》规定受益人只能在“窗口期”行权，即受益人只能在每季度公布公司业绩后的第三个工作日之后第三个月的第十天行使。

外在的制度障碍与非理性的投资环境也会对期权制的有效性产生不利影响，如资本市场是否发达、经理市场是否完善、财务会计制度的选择、企业规模大小、国家税收政策等等。由于本部分与下文要谈到的中国实施股票期权的环境相联系，故在此不做详细阐述。

6.2.3.2 中国实施股票期权制度的环境障碍

股票期权制度已在清华同方、中兴通讯等三家上市公司中进行试点，联通、四通等在香港上市的公司也已着手实施股票期权制度。但股票期权作为一种分配方式却并未得到企业家的广泛认可。据国务院发展研究中心的调查研究报告显示，中国企业经营者普遍存在的风险厌恶偏好，中、小企业经营者对股票期权尤其不感兴趣，仅占其所认可的激励方式的27.0%、24.0%，相反，经营者对职务待遇、提高养老保险的要求则高达46.0%、34.0%[①]。中国企业经营者对股票期权这种“金手铐”普遍不感兴趣的原因何在，我们认为，其症结固然与股票期权制的内在缺陷有关系，更与中国实施股票期权制度的环境障碍与制度障碍有关。

中国实施股票期权制度的环境障碍与制度障碍主要表现为：

（1）股票期权的来源稀缺

股票期权的股票主要源于企业在新股发行中的预留、增资扩股、股票回购、原股东让与、现金奖励转化、人力资本折股等。然而，现行做法在法律上却缺乏支持：因为，以新股发行中的预留、增资扩股的方式实施股票期权在中国公司法、证券法中并无明确规定，缺乏制度保障与安全感；而中国证券法第149条关于“公司不得收购本公司股票”的规定，使以股票回购方式实施股票期权得不到实现。

（2）缺乏科学、客观的企业经营状况指标评价体系

期权制的实施，要考虑企业的保值增值状况、赢利能力、股东回报、技术开发、人员培训、成长能力等诸多方面因素。这要求企业经营状况指标考核体系必须科学、客观，尤其股票市场能反映股票价格的真实波动。但中国的股市，股票价格的升浮，并不完全取决于企业经营业绩，人为因素颇重；而会计事务所、审计事务所出具财务报告、验资报告信用度又差，

---

① 国务院发展研究中心．国企改革与管理：千户企业经营者的最新评价和建议——2000年国有企业经营者问卷调查报告［R］．调查研究报告第53号（总1446号），2001-03-26.

使股票期权制度缺乏最基本的社会诚信基础。

（3）有效率的经理市场

股票期权作为人力资本的定价机制，首先要求人力资本具有市场特性，受股东“用脚投票”与“用手投票”的双重控制。但国有股一股独大的态势下，国有企业经营者，特别是大型国有企业经营者的任命，并不依经理市场，而由上级指定。其持有巨额期权，在分配上与职工收入差距悬殊，将引起职工以及下级管理者的抵触。

（4）有效率的资本市场

由于高级管理人员投入的不可测度性，只有股票市场有效率，经营业绩才能通过股价充分体现。但中国二级市场的股价并非完全体现企业业绩，与非理性炒作或违规操作不无关系，泡沫成分、行政干预使股价走势与企业绩效相脱离，并引发经理层的道德风险：经营者与投机者相勾结，以内部交易的形式，虚假交易，抬升股票价格。这是实施股票期权的最大隐患。

（5）所持股份的流通问题

证券法第147条规定，“公司董事、监事、经理应当向公司申报所持有的本公司股份，并在任职期间内不得转让”，即其所持股票处于锁定状态，不能上市流通，不能变现，其受益只能停留在账面上。

此外，畸形化的股权结构与作为受托人的国有股股权代表缺位、不到位，内部人控制下的公司治理结构，缺乏信用基础的中介机构（如会计师事务所、资产评估事务所）与业绩评价指标中的噪音问题和时滞问题，公司所得税率与个人所得税率的升降都严重影响股票期权制的实施绩效。

6.2.4　中国实施股票期权制度应当注意的几个问题

股票期权将企业（人力）资本的潜在绩效变成经营者收入函数中的变量，对风险大、成长型企业与高科技企业吸引异质人力资本（主要是企业家型人力资本、特殊型人力资本、专用型人力资本）具有较大吸引力。本书作者认为，完善中国的股票期权制度，应着眼于该制度设计的本身与其运营环境，即在优化股权结构，健全资本市场，完善公司治理结构，改变现行公司管理层的生成办法，培育经理市场，提高报酬——业绩敏感系数（PPS）的前提下，进行审慎的制度设计，并对《公司法》、《证券法》进行必要的修改：

——将股票期权制度与具有福利性质的员工持股计划（ESOP）相区别，股票期权的持有人以企业高级管理者为限，其受益面不应包括一般人力资本的员工与企业政治层面的协调者。其实施时间应在高级人员受聘、升职与年度业绩评定时。

——灵活多样的行权价安排。即根据不同企业、不同经济周期，可以分别实施或综合实施股票市价、目标完成行权价、财务行权价、指数行权价等。

——股票期权的总额度与每个受益人的总额度设计。为防范稀释其他股东权益，防范形成新的内部人控制，股票期权的总额度应控制在公司股票总数的10%以内，而每个受益人的持有额度，可以依Black－Scholes公式确定，也可依Spencer Stuart均价行权安排。权利人可以均速行权，也可以加速行权，在行权前，应当有一定年限的等待期，同时其行权一般应在窗口期进行，即受益人只能在每季度公布公司业绩后的第三个工作日之第三个月的第十天行使。为确保股票期权的有效性，法律应明确规定，受益人在离职前应持有一定量的股票，且在退休、死亡、因公负伤时仍可持有，在公司并购、被接管时，则有权加速行权。

——对《公司法》《证券法》进行必要的修改，扩大股票期权的来源，允许企业以新股发行中的预留、增资扩股、股票回购、原股东让与、现金奖励转化、人力资本折股（干股）等方式，筹措所需股份。

6.3 高管薪酬国家干预与《公司法》完善[①]

6.3.1 薪酬自治与法律的有限干预

根据委托代理理论，企业高管的工作难以测度，为实现对其有效激励

① 本部分核心观点发表于杨遂全主编《民商法争鸣》，四川大学出版社，2012年出版，作者：杨云、赵志泉.

和长期激励，政策制定者普遍认为，高管薪酬政策属公司自治事务，通过市场机制足以确保对高管支付的是竞争性而非垄断性的薪金。因此，高管的薪酬水平应主要由经理市场决定。政策制定者同时承认，股权分散以及董事会虚置已使高管自定薪酬成为一种普遍现象。为了防范公司高管道德风险和机会主义，应借助法律对公司高管薪酬决策进行有限干预。

法律对高管薪酬的干预主要体现在四个方面：

6.3.1.1 规范公司治理，确保薪酬设计程序正义

法律将高管薪酬的决定权授予股东会或董事会。日本《公司法》第269条，“董事应得的报酬，未在章程中规定其数额时，以股东大会的决议规定”①。法国《商事公司法》第108条规定，股东大会可以出席会议车马费名义给予董事一笔由其确定的一年固定款项作为董事活动的报酬。第109条规定，对委托董事完成的任务或使命，董事会可以给予特别的报酬。第110条规定，董事长的报酬由董事会确定②。美国《示范公司法》第8.11条也规定，“除非公司章程或细则另有限制，董事会可以确定对董事的薪酬”③。为了避免公司直接或间接对董事会施加影响，英美法国家和部分大陆法国家引入独立董事制度，由独立董事主导薪酬委员会运作。薪酬委员会实行高管回避制。

6.3.1.2 强调诚信义务，引导薪酬水平实体正义

英美国家依据忠实义务和经营判断原则对高管薪酬水平进行干预，要求高管实际所得“必须基于其为社会所作的贡献，并且在数额上与其为公司所作贡献的价值必须具有合理的关联”④。欧陆国家的规定与此相似，但更加明确。《联邦德国股份公司法》第86条第1款规定，“董事会成员因其工作参与可分享红利。原则上，分享的红利是公司年度盈余的份额”；第87条规定，“（1）监事会在确定每位董事会成员的全部收入时（工资、红利、费用补助、保险补偿金、佣金以及各种附加收入）要考虑到，总收入应与

①② 卞耀武．当代外国公司法［Z］．北京：法律出版社，1995.

③④ 李建伟．高管薪酬规范与法律的有限干预［J］．政法论坛，2008（3）.

董事会成员的任务和公司的状况相适宜。这一原则也适用于养老金、死者家属收入以及类似情况的现金支付；（2）如果在确定以后，公司的情况出现恶化；如果继续保证第（1）款第1句所确定的那笔收入，就会使公司处于严重的不合理状态中，那么监事会有权适当削减那笔收入”①。

积极利用税法对公司高管的畸高收入进行调整是西方法律一大特征。美国《税收法典》（1993修订）第162条规定，“凡CEO和其他4名最高收入管理人员超过100万美元以上的年收入不能作为普通和必要的商业支出而申请减免税收，但高管薪酬与公司经营业绩相关则例外”②。2008年在AIG奖金门事件中，众议院民主党议员史蒂夫·伊斯雷尔与蒂姆·瑞安起草议案，准备对受援企业高管奖金10万美元以上部分100%征税。

6.3.1.3 强制薪酬披露制度，要求高管薪酬公开

西方法律认为高管薪酬是高管与公司之间的关联交易，必须对全体股东充分披露。至于披露范围，依英国《1985年公司法》，公司在财务报告中必须列明董事长和薪水最高的董事的全部薪酬，列明间隔5000英镑的各档次董事人数，披露离职董事支付的补偿费。但依英国《1985年公司法》，公司不必列出每个董事的薪酬或提供给每个高管薪酬组成的细节，如薪金、认股权和奖金③。对上市公司而言，高管薪酬属应公开事项。例如，美国证券交易委员会2007年1月规定，公司必须如实报告5位高层管理人员和所有董事的薪资状况。披露的内容包括股票期权的价值、退休金、离职计划和超过10000美元的额外收入④。

6.3.1.4 设立司法保障制度，审查薪酬异议

赋予股东薪酬异议权是西方法律的特色规定。如果股东认为高管薪酬设计存在程序瑕疵，则可以请求司法介入；如果股东认为高管领取非正常薪酬，也可以请求司法介入。例如，对于“黄金降落伞”计划，英美法院认为，支付过高的解职费用和退休金将被视为对过去服务的不合理报酬，

---

① 卞耀武．当代外国公司法［Z］．北京：法律出版社，1995.

②③④ 李建伟．高管薪酬规范与法律的有限干预［J］．政法论坛，2008（3）.

有理由判决薪酬支付不合法。日本《公司法》第266条规定，董事违法进行分红或分配应承担责任[①]。

6.3.2 后危机时代国家对企业高管薪酬干预深化

为抑制金融风险蔓延，2008年底美国启动救市“B计划”，先后向房利美、房地美两大房地产公司注资1480亿美元，斥资2500亿美元参股或收购美国银行、摩根大通和花旗、富国银行价值、高盛和摩根士丹、纽约梅隆银行和道富银股份。通用汽车、克莱斯勒、美国国际金融集团（AIG）等美国大型企业先后接受美国政府注资救助。在欧洲，政府向企业注资近2万亿美元。其中，德国政府推出5000亿欧元银行业拯救计划；法国总统萨科齐宣布法国将拿出3600亿欧元帮助银行渡过金融危机；英国财政部亦宣布向3家银行共注资370亿英镑；西班牙内阁则决定向银行债务提供金额高达1000亿欧元的银行债务担保。荷兰政府向荷兰国际集团（ING）注资10亿欧元，换取部分股权[②]。

政府巨额注资使企业股权结构发生重大变化。例如，美国政府注资850亿美元给美国国际集团（AIG）后，将拥有后者79.9%的股权。股权结构变化对高管薪酬管理理念产生直接影响，国家干预替代薪酬自治。主要表现为：

6.3.2.1 出台“限薪令”，直接干预薪酬水平

受美国AIG集团“奖金门”事件影响，美国、英国、法国等西方国家纷纷出台“限薪令”，限制金融机构高管的奖金支付规模。2009年2月5日，美国总统奥巴马抛出了“限薪令”，规定得到政府资金救助的美国金融公司高管工资将受限制，最高年薪不得超过50万美元。欧盟委员会也鼓励各成员国效仿“奥巴马式限薪令”，限制接受政府救助金融机构高管的薪酬[③]。薪酬的市场定价在一定程度上被政府定价所取代。

---

① 卞耀武．当代外国公司法［Z］．北京：法律出版社，1995.

② 肖亭．欧洲多国政府注资救市，总金额近2万亿美元［EB/OL］．中国日报，2008－10－13，http：//finance. QQ. com.

③ 张旌．欧盟要学“美式限薪”，银行家主动“自律”［N］．经济参考，2009－02－09.

6.3.2.2 限定薪酬结构，抑制金融投机

高管的薪酬主要由基本工资、分红、股票奖励、期权以及其他补助组成。为鼓励金融创新，西方金融业普遍采取低工资和高奖金的薪酬政策。然而，金融危机使西方政府认识到，必须将风险收入控制在一定范围内才能抑制金融投机者的贪婪。据此，法国政府政令规定，法国金融行业50%的薪酬以股票或其他形式的金融工具支付，其奖金至少有40%必须分3年支付，且奖金额度越大，延期支付比例越高，最高可达60%①。

6.3.2.3 借助社情民意，迫使高管薪酬自律

国际金融危机揭开了华尔街的薪酬规则，面对金融投机者的贪婪，西方政要纷纷对公司高管的畸高薪酬表达谴责，迫使其自律。例如，AIG“奖金门”事件中，美国总统奥巴马严厉谴责保险巨头美国国际集团（AIG）的“贪婪与不负责任”，并发誓阻止其向高管发放1.65亿美金奖金的行为。美国共和党的国会参议员查尔斯·格拉斯利甚至指责AIG高管应该考虑“辞职或者自杀”。迫于压力，AIG部分接受奖金者宣布放弃认领花红。而在欧洲，部分银行家也“主动”自律，“自愿”放弃部分收入。例如，西班牙对外银行宣布冻结高管薪酬，丹麦银行宣布取消执委会成员奖金。此外，瑞士银行和挪威多家银行也出台类似规定②。

6.3.3 中国法律对高管薪酬的规制与调整

在我国，规制高管薪酬的依据主要有公司法、证券法、行政法规和国家政策。

6.3.3.1 《公司法》对高管薪酬的一般规制

规制企业高管薪酬的法律依据集中于《公司法》第38条、第47条、

① 李明．法国公布银行业限薪令 40%奖金必须分三年支付［EB/OL］.（2010-12-20），http：//finance.qq.com/a/20101220/003812.htm.

② 张旌．欧盟要学“美式限薪”，银行家主动“自律”［N］．经济参考，2009-02-09.

第117条和第217条。《公司法》第38条第（2）款规定，股东会决定有关董事、监事的报酬事项；第47条第（9）款规定，董事会有权决定聘任或者解聘公司经理及其报酬事项，并根据经理的提名决定聘任或者解聘公司副经理、财务负责人及其报酬事项。第117条规定，公司应当定期向股东披露董事、监事、高级管理人员从公司获得报酬的情况。

与西方相比，我国《公司法》对企业高管的薪酬干预主要有二：其一，薪酬决定权由股东会和董事会行使。前者适用于董事、监事，后者适用于经理、副经理、财务负责人，上市公司董事会秘书和公司章程规定的其他人员（《公司法》第217条）。其二，董事、监事、高级管理人员的薪酬情况应向股东披露。

至于薪酬水平，现行《公司法》并不进行直接干预，股东只能根据《公司法》第21条禁止关联交易条款、第148条禁止获取非法收入条款、第149条忠实义务条款制止高管的不当行为。

6.3.3.2 行政法规对高管薪酬的干预

国有和国有控股企业的高管薪酬则受行政法规的立体性干预，涉及薪酬决策程序、薪酬水平、薪酬结构和薪酬支付形式、信息披露、回避制等诸多方面。例如，2009年至2010年，财政部密集出台《金融类国有及国有控股企业负责人薪酬管理办法（征求意见稿）》《金融类国有及国有控股企业绩效评价实施细则》《关于金融类国有和国有控股企业负责人薪酬管理有关问题的通知》，调整国有企业高管的薪酬制度。2009年4月国务院国有资产监督管理委员会出台《董事会试点中央企业高级管理人员薪酬管理指导意见》（以下简称《指导意见》），规定公司治理达到条件的中央企业高级管理人员薪酬由公司董事会及其内设薪酬委员会根据国资委有关原则和规定自主决定，未达到规定条件者，其高级管理人员薪酬暂由国务院国有资产监督管理委员会直接管理。

《指导意见》规定，确定国有和国有控股企业薪酬水平，重点考虑公司经营业绩考核情况及效率水平、高级管理人员选聘的市场化程度、所在行业的竞争程度及市场开放程度、同类企业业绩水平和高级管理人员的薪酬情况等因素。《指导意见》特别指出，高级管理人员原则上不应在公司所出资企业兼职取酬。总经理不得兼职取酬；其他高级管理人员因特殊情况经董事会批准兼职取酬的，年度薪酬不应超过本公司总经理的年度薪酬水平。

6.3.3.3 现行法律对高管薪酬规制的缺陷

与西方相比，我国采取双轨制立法，即对民营企业，奉行薪酬自治原则；对国有或国有控股企业，则直接进行行政干预。该做法存在下列缺陷：

（1）国家政策意图难以实现。双轨制奉行身份立法原则，即对象不同，干预程度不同，干预方法不同。这固然能识出企业的产权性质，但国家公平分配的政策意图难以实现。其一，任由数量庞大的民营企业薪酬自治，可以导致企业内部收入差距悬殊，危及和谐企业、和谐社会的构建。其二，对国有及国有控股企业高管薪酬的行政干预，多为临时措施，常常面临有效激励不足和约束失衡的两难境地。

（2）适用范围模糊。在经济学上，“薪酬”的广义概念是指“员工因雇用关系的存在而从雇主那里获得的各种形式的经济收入以及有形服务与福利”，“薪酬”的狭义概念仅仅包括“货币性薪资（基本薪资和可变薪资或浮动薪资之和），而不包括福利”。依据现行《公司法》，其“薪酬”当指狭义薪酬；而财政部《关于金融类国有和国有控股企业负责人薪酬管理有关问题的通知》（财金〔2009〕2 号），“薪酬”当指广义薪酬。福利、在职消费在《公司法》中被忽视。

（3）干预理念缺失。西方将薪酬视为高管与公司之间的交易关系，为确保交易的公正、透明，赋予股东高管诚信义务缺失时的司法救济权，要求高管薪酬数额与其贡献必须具有“合理的关联”。我国《公司法》虽规定了公司高管的诚信义务，但其立法意旨在于规范高管禁业禁止行为和勤勉义务，并不调整高管因其身份为自己谋取的畸高收入。该问题在国内垄断企业表现得尤为突出。因为垄断红利获取与高管勤勉之间可能并无实质关联。

（4）薪酬程序规范存在漏洞。现行《公司法》虽然规定高管薪酬由股东会或董事会决定，但实务中下列两种情况相当普遍，一是经理兼任董事的，其薪酬如非由股东会决定，则构成自我交易，潜藏利益冲突；二是董事薪酬虽由股东会决定，但在程序上由董事自行制订薪酬提案，并提交股东会审议，如果董事能够在事实上操纵股东会，则构成自我交易。该类情形在封闭公司和股权结构相对集中的公司表现得尤为突出。显然，现行法律对此无能为力。

6.3.4 适时完善《公司法》，规范高管薪酬

2008年以来，薪酬干预和薪酬自治替代薪酬自治。面对薪酬管理理念的变化，应借鉴欧美公司立法，根据中国实际情况，适时完善《公司法》。

6.3.4.1 完善高管薪酬决策程序

目前，高管薪酬决策程序的主要依据为行政法规，其法律阶位较低，建议通过修改《公司法》或制定单行的《公司高管薪酬规范法》，完善公司治理，强制大中型企业引入独立董事制度，在独立董事主导下建立薪酬委员会的工作规程。薪酬委员会运作实施公司高管回避制度。

6.3.4.2 赋予股东薪酬异议权

《公司法》应明确公司高管薪酬与公司间属交易关系，公司高管对此承担诚信义务。应明确公司高管薪酬水平与公司绩效具有“合理的关联”。对于下列行为，股东、公司工会、职工代表大会和职工董事有权提出异议并诉诸司法，公司高管对下列行为负举证责任：未严格履行薪酬决定程序的行为，向其高管支付不合理的薪酬、解职费用和退休金的行为，董事、监事、总经理等高管直接或间接操纵股东会、董事会为其谋取不当薪酬的行为。

6.3.4.3 强化薪酬事项信息披露制度

《公司法》或《公司高管薪酬规范法》应明确公司董事长、董事、总经理、副总经理、财务总监、董事会秘书等属于公司高级管理人员，明确其薪酬构成，规范其福利和在职消费行为。高管的薪酬水平、薪酬结构、薪酬支付形式、福利、在职消费等信息必须向股东或社会充分披露。

6.3.4.4 制定国有及国有控股企业高管薪酬规范单行法

国有及国有控股企业多集中于垄断领域，其高管具有政府公务员和企

业高管双重身份，公司盈利水平或多或少借助其垄断地位。因此，应对国有及国有控股企业高管薪酬单行立法，规范其薪酬决策程序、薪酬水平和薪酬绩效考核制度。

6.4 中国最低工资制度实践及评判[①]

6.4.1 理论综述

最低工资制度是通过严格立法程序而制定的，以便国家对经济进行宏观调控，保证劳动者及其家庭最基本生活需要的一项有关最低工资标准问题的立法和管理制度。自1994年我国实施《最低工资规定》起，最低工资制度实施已有22年，二十多年的发展过程中虽经过不断的调整、修正和完善，但实施最低工资制度的影响问题仍然是一个饱受争议的话题。

6.4.1.1 对最低工资标准概念的研究

生存工资理论，由重农学派的杜尔阁、魁奈等人提出，认为工资会遵循这样的变动规律：当工资高于工人维持生存的需求时，会刺激人口的增长，引起劳动力市场供给增加，工资则会根据供给需求理论下降到维持生存水平；相反，当工资低于维持生存的水平，则会导致下一个周期的劳动力供给量减少，工资水平则或重新回到生存工资水平。这里的生存工资作为一个市场均衡工资而发挥调节作用[②]。

马克思主义的最低工资理论，认为最低工资即为工资的最低限度，这是劳动力价值的直接体现[③]。在资本主义制度背景下，劳动力市场处于供过于求状态之时，往往工人平均工资会接近最低限度的劳动力价值，工人劳

---

① 本部分由硕士生阎彬完成，指导教师：赵志泉.

② 曼昆，著. 梁小民，译. 经济学原理（下册）[M]. 北京：生活·读书·新知三联书店，2011：33.

③ 魏章进，韩兆洲. 国外最低工资制度理论研究及启示 [J]. 商业时代，2006（14）：48－50.

动力价值没有得到完全体现，而是低于其实际价值。马克思认为，工人进行阶级斗争的目的不止在于最低工资，而是要求劳动力价值得到体现。

生活工资，最开始是为了解释美国的最低工资，也就是说最低工资标准应该至少达到维持劳动者基本生活的水平。但美国最低工资制度在逐步发展的过程中，其解决贫困的立法目的并没有得以完全实现，由此生活工资独立于最低工资，辅助最低工资发挥解决贫困的作用。但生活工资的目的更倾向于缓解服务行业工人的贫困问题。

我国最低工资标准是指与劳动者确立正式劳动关系的企业，应该支付给为企业提供了正常劳动的劳动者的最低限度劳动报酬。比较最低工资标准概念的界定，虽然制定目的大致相同，都是为了保护部分或全部劳动者的基本权益，但在制定标准上呈现出不同的形式。不同国家或地区的经济状况、劳动力市场结构等方面的不同，会影响最低工资标准制定；因此，制定最低工资标准内涵时，应该综合考虑各方面的因素，以增强其合理性。

6.4.1.2 对最低工资制度态度的研究

国内外学者对实施最低工资制度是否合理一直存在着争议，在这些争议中主要存在着三种观点：

（1）反对的观点

明瑟（Mincer，1976）构建了一个包括受最低工资制度规制和未受规制的两部门模型①，通过对这个模型的剖析得出结论：当实施最低工资制度，受规制部门的工资得到提升，其劳动力的就业量将有所下降，这部分劳动者有可能转移到未受规制部门，但即使他们能够在未受规制部门找到新的工作，由于劳动力市场的竞争更加剧烈，他们的福利水平仍然会受到影响。

张五常（2006）明确反对最低工资制度的推行，他认为最低工资制度的实施会导致低技能工人失业，这将不利于社会的稳定，政府不应该制定

① Mincer J. Unemployment effects of minimum wages [J]. Journal of Political Economy, 1976, 84 (1): 87-104.

最低工资标准[①]；即使低技能劳动者得到雇用，雇主也会从食宿等各种可能的方面克扣劳动者工资，最后劳动者的名义工资虽然达到最低工资标准，但其实际工资依然达不到最低工资水平。同时对于作为低技能工人的农民工来说，其向非农业产业转移会因最低工资制度的实施而更加困难。

薛兆丰（2004）认为，劳动力市场的供需情况是其价格高低的决定性因素，用国家法律的形式来硬性规定工资福利水平是白费心机，这种强制性的规定只会造成低收入劳动者的失业[②]。此外，最低工资规定中的最低工资标准只是指货币工资，而劳动者全部报酬还包括社会保险、工作环境、带薪假期、职业教育培训等内容，如果硬性规定货币工资，雇主会长期进行其他方面报酬的调整，直到使劳动者的报酬总和下降到原来水平甚至更低，从而法律的规定也就没有了意义。

北京大学教授平新乔（2005）研究认为，我国作为一个农业大国，农村人口仍然占较大比重，劳动力市场存在着约65%的农村劳动力。目前在年农业收入还不到2500元的状况下，对于月工资低于400元的工作，农村劳动力会愿意接受，最低工资制度也会形同虚设[③]。如若继续提高最低工资，企业的人力成本会不断提高，可能会减少就业量。太过积极地推进最低工资标准的提高，反而会对民生的改善产生不利影响。

张建武（2008）以为，市场对劳动力的配置是以工资水平为信号而进行的，而最低工资的确定则模糊了这个信号，劳动力市场对资源的配置会呈现无效率的状态[④]。最低工资制度的实施有可能会加快企业技术密集型和资本密集型的发展，从而产生巨大的就业压力。

（2）支持的观点

库比特（Cubitt）和哈格里夫斯（Hargeraves，1996）引用了人力资本投资模型来分析最低工资制度。结果显示最低工资标准对低生产率工人具有激励作用。原因在于低生产率的工人为了获取较高的工资，会主动去接

① 张五常．没有必要实行最低工资制［J］．商界．中国商业评论，2006（10）：98.
② 薛兆丰．最低工资法律法不可取［N］．21世纪经济报道，2004-11-18.
③ 平新乔．关注民企劳资关系［J］．中国改革，2005（4）：61-62.
兆丰．最低工资法律法不可取［N］．21世纪经济报道，2004-11-18.
④ 张建武．农村外出劳动力工资决定机制研究［J］．经济问题探索，2008（9）：60-65.

受企业的教育培训，进而提高人力资本的含量，并通过改变个体的劳动生产率，来促进国家及地区经济总量的增加和就业机会的增长，从而改善整个社会福利。

阿格诺尔（Agenor）和埃泽恩曼（Aizenman，1999）和阿格诺尔（Agenor，2001）引用了效率工资模型，研究最低工资标准对失业的影响①，认为最低工资制度的实施最终会使社会的总体失业水平下降。分析原因认为最低工资较高，再加上实施最低工资制度而引起的部分失业的压力，会提高低工资工人由于消极怠工失去工作的机会成本，同时也促进他们更加努力地工作。

张智勇（2007）运用马克思关于最低工资的经济理论分析认为，我国农民工工资低下，使得这个庞大的社会群体有效需求不足，这必将导致经济发展难以持续增长。针对农民工工资低下的事实，以及“民工荒”现象的客观存在，实施最低工资制度，使企业遵守最低工资政策是非常必要的②。

聂丹（2007）运用劳动—闲暇选择模型③，并结合终生效用函数、生理约束条件及跨时期预算约束条件对最低工资制度进行深入研究。研究认为：在农业剩余劳动力还没有完全转移之前，农业收入如果能够维持在满足劳动者生存的水平而不再变动，同时政府也不进行宏观干预，不管该国家的资本—劳动比率怎样，对农民工劳动力的需求程度如何，农民工工资都会被市场竞争限制在生存工资的水平。从终生效用来看，农民工工资普遍过低带来的效率损失会给政府留下养老的负担。因而，推行最低工资是一种必要。

韩兆洲（2008）构建了处于封闭环境下的最低工资的经济增长效应模型，经过模型分析表明④：一方面，最低工资制度具有失业效应，劳动就业

---

① Agenor P R，Aizenman J. Macroeconomic adjustment with segmented labor markets [J]. Journal of Development Economics，1999，58 (2)：277-296.

② 张智勇．最低工资会打击农民工就业吗？[J]．财经科学，2007 (10)：103-110.

③ 聂丹．农民工低工资率与国民福利损失的经济学分析——对经典劳动供给理论的拓展 [J]．财经研究，2007 (10)：95-106.

④ 韩兆洲，安宁宁．最低工资与经济增长：一个新理论模型 [J]．数学的实践与认识，2008 (7)：48-51.

率是最低工资的减函数；而另一方面，最低工资制度同时也具有经济增长的效应，经济增长率是关于最低工资的增函数。因此，国家还是有必要实施最低工资制度的，但同时应该制定其他社会保障措施以弥补最低工资制度引发的失业效应。

王梅（2010）分别从东、西、中部三个地区着手，对我国最低工资制度进行实证研究，结果表明适当的最低工资标准确定，有利于我国城镇就业的增长。但从总体上来看，我国的最低工资水平不能超过平均工资的30%[①]。

（3）折中的观点

折中的观点认为，推行最低工资制度是否合理的核心在于最低工资标准的设定。

大卫·伊诺马克（David Neumark）、威廉·沃斯切尔（William Wascher）利用一个不均衡的方法，研究了最低工资和低工资水平劳动力市场的关系[②]。结果表明：最低工资和市场均衡工资之间的大小关系决定最低工资与就业的关系。若最低工资标准低于均衡工资，则最低工资与就业没有明显相关关系；若最低工资标准高于均衡工资，最低工资对就业则会产生负效应。

魏章进、韩兆洲（2006）对最低工资制度进行理论研究和实证分析，结果发现最低工资制度的实施对经济发展的影响并不绝对的是正面或负面，而是取决于最低工资水平设定的合理与否[③]。目前，经济学家们普遍认可的观点是：我国最低工资水平总体偏低，尚未达到影响就业水平的程度，最低工资标准的提高对就业没有显著的影响。从长远发展看，最低工资的调整并不会持续的增加劳动力市场供给，反而会有利于和谐社会的建立。

王晓玲（2009）以深圳市为分析对象，认为确定行业最低工资水平是政府、企业及劳动者三者之间进行博弈的结果[④]。在我国资强劳弱的现实状

---

① 王梅．最低工资制度对我国区域城镇就业的影响［J］．开放导报，2010（3）：50－53.

② David Neumark，William Wascher. Minimum Wage Effects and Low－Wage Labor Markets：A Disequilibrium Approach［R］. NBER Working Paper，No. 4617.

③ 魏章进，韩兆洲．我国最低工资标准实证研究［J］．统计研究，2006（1）：35－36.

④ 王晓玲．我国最低工资保障制度实施的个案研究［J］．经济纵横，2009（10）：69－71.

况下，政府应该为处于弱势的劳方提供政策和制度上的援助，增强劳方与资方进行谈判的能力与地位。在此过程中，政府要做到公平公正，坚持效率和公平并重原则，有效协调好劳资双方的利益平衡点；同时政府应当加强最低工资制度和社会保障体系的有效融合。

鲍红香（2010）认为我国的最低工资制度的运行模式并不适宜执行全国统一标准，这是由我国的现实情况所决定的[①]。但是，在实行地方统一标准的模式下，可以指定行业标准或工种标准，作为辅助模式发挥最低工资制度效应。

纵观以上三种观点，学者们对最低工资的态度问题主要集中于最低工资制度对市场的干预问题上。反对者认为最低工资会妨碍市场自发地进行资源配置，使市场的配置作用失效而引起不利影响；支持者认为最低工资标准的提高则辅助市场对资源进行配置，提高社会效率；折中的观点更加倾向于关注最低工资标准的合理性。对于我国最低工资普遍偏低的现实，理论上认为最低工资制度的实施还没有达到增加失业、降低社会福利等不利影响，但在最低工资制度的执行力度上需要进一步完善，以确保最低工资制度作用的发挥。

6.4.1.3 对最低工资制度就业效应的研究

最低工资制度其中的一个争论焦点主要集中在最低工资的就业效应上，主要表现为两个方面的观点：

（1）最低工资制度会导致失业增加

美国经济学家斯蒂格（Stigler，1946）提出失业模型[②]，并对最低工资制度的缺陷进行了分析，认为制定最低工资制度是国家对劳动力市场发展情况的一种干预手段。他认为只有在竞争性劳动力市场，最低工资才会损害低收入群体的社会福利，最低工资水平大于市场均衡工资时，会引起对劳动力市场的需求减少，导致供过于求，造成失业人数增加。

---

① 鲍红香．我国最低工资标准运行模式选择分析［J］．商业现代，2010（4）：52－53.

② Stigler G. The Economics of Minimum Wage Legislatio［J］. American Economic Review，1946，36：358－365.

布朗（Brown）、吉尔罗伊（Gilroy）和科恩（Kohen，1983）探索了不同函数形式，增加了许多解释变量，研究结果表明对于青少年劳动力市场而言，最低工资调整对其就业率的影响弹性保持在 -0.1 至 -0.3 之间，虽然弹性系数的绝对值不是很高，但青少年劳动力的总量较高，再加上受规制的最低工资标准通常会较大幅度的变化，所以最低工资对就业的影响相对来说还是比较明显的①。

阿波德（Abowd）、弗朗克斯·克拉马日（Francis Kramarz）和马戈利斯（Margolis，1999）通过对法国和美国的最低工资与就业之间的关系研究发现：在法国，最低工资提高1%，男性劳动者的就业量就减少1.3%，女性则减少1%，同样美国的男性劳动者就业量会减少0.4%，女性减少1.6%。因此得出结论：最低工资增长会对劳动力就业产生强烈的影响②。

金德林（Gindling）和特勒尔（Terrell，2007）研究了哥斯达黎加非覆盖与覆盖部门最低工资对就业的影响③，对1988年到2000年的面板数据进行分析得出结论：最低工资标准每提高10%，覆盖部门的就业人数就会相应地下降1.09%。

周培煌、朱飞（2009）运用多元回归模型，研究了广东省制造业中实施最低工资制度的就业效应，结果表明：最低工资标准每增长10%，将会引起其就业量下降6.64%，最低工资制度对就业产生了强烈的负效应④。

甄实、关迪（2010）从非技能工和技能工两个方面进行分析，认为最低工资提高之后，会致使非技能工人的失业人数增加，或者使这些本应受到保护的人群不得不接受更低的工资水平。

（2）最低工资制度不一定会产生负效应，甚至会产生正效应

惠灵顿（Wellington，1991）研究了最低工资变动对青少年就业的影响，

---

① Brown C.，C. Gilroy & A. Kohen. Time series Evidence on the Effects of the Minimum wage on Youth Employment and Unemployment [J]. Journal of Human Resource，1983（18）：3-31.

② John M. Abowd，Francis Kramarz，David N. Margolis. Minimum wages and the United States [R]. CEPR Discussion Papers，No. 2159，May 1999.

③ Gindling T. H. and Terrell K. The Effects of Multiple Minimum Wages Throughout the Labor Market：The Case of Cosa Rica [J]. Labor Economics，2007（14）.

④ 周培煌，朱飞．最低工资对广东制造业就业效应的实证分析［J］．广东行政学院学报，2009（2）：69-73.

对最低工资调整后青少年的就业量变化进行了估计[1]，结果显示：最低工资水平每提高10%，青少年就业量的减少为0.6%，这与一般估计就业量会减少1%至3%的观点存在着明显的差异。

卡茨（Katz）和克鲁格（Krueger，1992）以德克萨斯州快餐业为研究主体，分析1990年最低工资标准提高之后其就业变化情况[2]，结果发现：德克萨斯州大多数快餐店的就业人数并没有因为最低工资标准的提高而减少。

卡德（Card）和克鲁格（Krueger，1995）选取新泽西、宾夕法尼亚的快餐店工资水平、价格及就业量等数据，基于自然实验方法，比较最低工资调整前后这些数据的变动情况。结果证明：最低工资提高之后，低工资水平劳动者的就业量反而增加[3]。

梅钦（Machin）和曼宁（Manning，1994）认为现实的劳动力市场情况更接近于买方垄断模型市场，而不是传统认为的完全竞争市场。依据买方垄断模型进行研究，结果表明处于一定区间内的最低工资标准，其提高并不会减少就业量，有些时候反而会对就业产生促进作用[4]。

弗林（2006）运用搜寻—匹配理论，认为社会就业量是由求职者与雇主相匹配的成功率所决定的，最低工资增长时，会促使较多的人加入到搜寻工作的队伍中去，这可能会引起更多的求职者与雇主成功匹配，从而最低工资标准的提高并不会导致就业量的下降[5]。

孙书青（2006）对最低工资的失业效应模型进行深入分析指出，在我国最低工资偏低的水平下，最低工资标准适当程度的提高并不会导致就业人数的减少，甚至还能促使农村富余劳动力向城镇的转移，进而加快了我

① Alison J. Wellington. Effects of the Minimum Wage on the Employment Status of Youths：An Update [J]. The Journal of Human Resources，Winter 1991，26，1，27-46.

② Katz L F，Krueger A B，The effect of the minimum wage on the fast food industry [J]. Industrial and Labor Relation Review，1992，46（1）：6-21.

③ Alan B. Krueger，David Card. Myth and Measurement：The New Economics of the Minimum Wage [M]. Princeton，USA. Princeton University Press，1995.

④ Machin，Stephen，Alan Manning. Minimum Wages，Wage Dispersion and Employment：Evidence from the Wages Councils [J]. Industrial and Labor relations review，1994，47（2）：319-329.

⑤ Flinn，Christopher. Minimum Wage Effects on Labor Market Outcomes under Search，Matching，and Endogenous Contact Rates [J]. Econometrics，2006，74（4）：1013-1062.

国城镇化的步伐。

罗小兰（2007）通过对买方垄断市场中最低工资对就业的影响研究，认为在买方垄断环境中，在无歧视存在的条件下，最低工资制度实施能够促进劳动力就业；在完全歧视的条件下，最低工资制度的实施则对就业状况没有明显影响①。

丁守海（2009）将行业工资的适用性预期假设引入离职模型，展开对最低工资制度的分析研究。结论表明，最低工资水平的提高会产生分离均衡，即最低工资制度的影响会随着最低工资制度执行监管的严格程度而有所变化：在监管严格的部门，工资的增长幅度会超过行业工资预期的增长，显然农民工的离职率也会随之增长而下降；但在监管力度不够的部门，工资的增长会低于行业预期，农民工离职率则随之上升，形成了离职率与最低工资同时上升的悖论。作者认为政府首先应该重点研究最低工资制度执行的动力相关问题，尽量使自觉遵守最低工资制度成为企业的最优选择。

陈叶、朱必祥（2010）运用多元线性回归模型，对南京市 2000 年至 2007 年期间最低工资制度的就业效应进行分析，结果显示提高最低工资，并没有导致就业总量损失②。

国内外学者对最低工资制度是否会影响就业的研究之所以呈现出不同的结果，可能是因为其计量方法、假定条件以及选取数据的差异，或者是各国家和地区所处的经济环境、经济发展水平、人口结构、劳动力市场状况等诸多因素存在着不同，这些因素都会引起研究结果的不同。因此，我们在研究最低工资制度的过程中需要根据自身特点，综合考虑各种因素。

6.4.1.4 对最低工资制度收入分配效应的研究

阳昆（2008）采用多元回归模型考察最低工资对城乡收入差距的影响，结果显示：最低工资的适度提高能够缩小城乡收入差距，但当最低工资标准增长过度时，会使企业人力成本过重，劳动力市场供给增加，导致失业

---

① 罗小兰．我国劳动力市场买方垄断条件下最低工资就业效应分析［J］．财贸研究，2007（4）：1－5.

② 陈叶，朱必祥．最低工资就业效应的实证研究——以南京为例［J］．河北工程大学学报，2010（4）：41－45.

率提高，特别是低技能非熟练工人的失业增加，从而加大了城乡的差距。

陈成文、石洋（2008）通过研究最低工资制度对低等和中等收入阶层比重变化的影响，认为最低工资制度的实施一方面能缩小低收入群体比重，另一方面又扩大了中等收入阶层范围，促进社会各阶级分布结构向合理化方向发展[①]。

柯龙山（2010）认为，目前我国最低工资水平正处于标准偏低的困境，最低工资的调整实质上并没有惠及劳动者。所以，政府应当发挥最低工资制度的保障作用，建立正常工资增长机制的同时，辅助实施最低工资制度，明确最低工资制度的归属，并积极制定保护弱势劳动者群体的其他政策。

王弟海（2011）通过简单的模型对最低工资的限制对资本劳动收入之比的影响进行研究，认为在二元经济结构下，最低工资制度的实施能够改变资本劳动收入比，从而缓解收入分配不公的矛盾[②]。

权衡、李凌（2011）在对上海市最低工资对收入分配影响研究的基础上，认为最低工资标准的提高，并没有取得缩小贫富差距的效果，也没有使基尼系数有出现下降拐点的趋势，而只有积极调整高收入群体的收入增长速度，并解决其过程中分配不公平的矛盾，基尼系数才有可能会出现下降拐点。尽管最低工资的提高，能够在一定程度上缓解紧张的劳资双方关系，但如果一味地调高最低工资水平，则可能对就业等产生负效应。

张明丽（2011）分析了我国农民工这一特殊群体的工资及就业状况，认为适当地提高最低工资标准，同时采取切实有效的措施保障最低工资的执行，会有效提高农民工的收入，使得社会成员能够公平享受社会经济发展的成果，缓解目前收入差距过大的现象[③]。

何传超（2011）采用多元回归方法分析研究最低工资调整和城乡收入之比的关系。研究表明两者之间呈负相关，说明最低工资标准的适当提高

---

① 陈成文，石洋．论建立最低工资制度与实现阶层结构合理化［J］．学术交流，2008（5）：121－125.

② 王弟海．从收入分配和经济发展的角度看我国的最低工资制度［J］．浙江社会科学，2011（2）：11－17.

③ 张明丽．我国实施最低工资制度所产生的社会效果——从部分省市最低工资标准的提高进行分析［J］．改革与战略，2011（10）：165－167.

有助于缩小城乡收入差距，超过一定临界值之后将会增加收入差距，但就我国现有最低工资标准来看，还远远没有达到这个临界值[①]。

对于最低工资的收入分配效应，学者们的观点虽然存在分歧。但更多地倾向于最低工资调整能够缩小收入差距，体现社会公平。对于我国收入差距过大的现状，深入研究最低工资制度对贫富差距的影响以及如何影响具有重要意义。但在研究过程中应该充分考虑我国的二元经济结构，从国情出发系统进行。

6.4.1.5 关于最低工资制度对企业经营影响研究

弗莱娅（Fraja，1999）构建了企业反应模型[②]，研究表明：提高最低工资，会导致企业为了转移损失，分配给雇员更加繁重的工作，或者提供更差的工作环境，企业通过增加固定资产投资、减少福利等各种途径来弥补最低工资调整而引起的损失。所以，最低工资制度的实施并不一定使企业辞退工人。

林原（2007）认为[③]，我国在国际发展中存在劳动力廉价的优势，自改革开放以来，我国利用这一优势成为了国际性的加工制造业基地，经济也由此实现快速增长。然而，最低工资标准的偏低，使不少企业陷入了“低技术陷阱”。提高最低工资标准可以迫使企业调整产业结构，自发进行产业升级，以提高企业自身竞争力。此外，最低工资的提高也能够使农民工有能力去进行自身及家庭成员的人力资本投资，从而帮助其摆脱贫困。

王弟海（2011）认为，我国实行各地区差别最低工资标准，使得最低工资水平在沿海与内地有所差别，这种与各自的生产力相适应的最低工资水平，可能会有促进产业结构转移的作用和提高沿海地区的产业升级的效应[④]。

---

① 何传超．最低工资对城乡收入差距影响的实证分析［J］．统计与咨询，2011（1）：28-29.

② Fraja. G（de）. Minimum wage legislation，productivity and employment［J］. Economic，1999，66（264）：472-488.

③ 林原，袁伦渠．经济转型期我国最低工资制度实施的必要性分析［J］．生产力研究，2007（5）：76-77.

④ 王弟海．从收入分配和经济发展的角度看我国的最低工资制度［J］．浙江社会科学，2011（2）：11-17.

李葆红（2011）认为，最低工资制度虽然会增加企业人力成本，但最低工资标准如果设置合理，将会引导中小企业提升其产业层次，促进其经济结构调整和产业结构升级，同时最低工资标准提高还可以带动劳动者的消费需求，为中小企业的发展提供更大的空间①。

李珂（2012）在对最低工资制度进行梳理的前提下，对部分企业进行调查研究，结果表明最低工资标准调整不仅影响着平均工资的变动，还会使企业的薪酬体系整体提升，同时人力成本的提高也会给企业经营管理行为带来一定压力，这就要求企业要从工资体系及经营管理等方面积极变革调整，以缓解最低工资带来的影响②。

国外对最低工资制度的研究，大多数是以发达国家的成熟市场经济体制为基础展开，另外目前关于最低工资的研究文献中，诸多观点又多是以完全竞争市场为前提。但是我国目前正处于经济转型时期，此时的劳动力市场状况更加接近于垄断竞争市场，在此背景下，我们不能直接照搬成熟市场经济体制国家的研究结论来解决我国最低工资制度实施过程中所面临的现实问题。此外，最低工资制度实施的表现效应还取决于行业、地域的不同，甚至劳动群体的不同，研究以上因素也具有重大现实意义。因此，最低工资制度的实施应结合我国实际国情，除了考虑社会效率和企业的人工成本之外，同时还要维护低工资群体的切身利益。

6.4.2 最低工资制度概述

6.4.2.1 最低工资制度的内涵界定

（1）最低工资制度概念及特征

最低工资制度是指按照国家法定程序制定的，劳动者在法定工作时间或依法签订的劳动合同约定的工作时间内提供了正常劳动的前提下，用人

① 李葆红．浅议最低工资制度对我国中小企业的影响［J］．现代商业，2011（14）：173.

② 李珂．最低工资标准的传导效应对企业经营管理行为的影响［J］．中国劳动关系学院学报，2012（3）：94－97.

单位依法应支付的最低劳动报酬的制度。

最低工资制度实施的目的是保证劳动者能够依法获得其应得的劳动报酬，维持其家庭的基本生活需求。其有以下两个基本特征：

①最低工资制度的强制性。最低工资制度，是国家立法机构依据立法程序制定并颁布实施的，具有法律强制效力。如果用人单位违反最低工资规定的，劳保部门有权责令用人单位限期改正并补发所欠的工资，劳保部门还可以责令企业按拖欠工资的1~5倍支付给劳动者赔偿金。

②最低工资制度的基础性。最低工资保障的是劳动者的基本生存及劳动再生产需要，是劳动者应该从用人单位获得的最低限度的工资。我国法律要求，这个最低限度的工资水平，应该已剔除了劳动者的加班工资、特殊工作津贴和国家规定的一些福利待遇，以防止部分企业变相地延长工作时间或随意克扣员工工资等违法行为的发生，有效保证劳动者的利益。

（2）最低工资制度的运行模式

《最低工资规定》第5条：“最低工资标准一般采取月最低工资标准和小时最低工资标准的形式。月最低工资标准适用于全日制就业劳动者，小时最低工资标准适用于非全日制就业劳动者。”

世界各国最低工资制度的运行模式由于其自身情况的差异而各有不同，但1998年国际劳工组织公布的资料显示，最低工资标准的运行模式主要分为四个类型①：

①全国性统一标准。在全国的范围内实行统一的最低工资标准，如美国、法国、日本、荷兰等国家都实行这种运行模式。这种模式虽然实行起来简单方便，但没有考虑到不同地区、不同行业的经济水平及劳动力市场情况等差异，这样制定的最低工资标准可靠性有待提高。

②行业性统一标准。根据行业的划分。每一个行业推行自己的行业最低工资标准，实行这种模式的国家有德国、意大利、丹麦、瑞典等。行业最低工资标准，根据各行业自身特点而制定，有助于其在行业企业中的推行，但缺乏对不同地区经济发展不平衡因素的考虑。

③地区性统一标准。一个国家各地区分别进行最低工资标准制定，如

① 鲍红香．我国最低工资标准运行模式选择分析［J］．商业现代，2010（4）：52-53.

澳大利亚、美国、中国、日本等。这种模式的最低工资标准充分考虑了地区发展状况的影响，对各地区劳动者而言，其制定标准更加合理，但同样也没有考虑到行业和工种的情况。

④工种性统一标准。即按照工种类型制定其使用的最低工资标准，实行工种性统一标准的国家如英国、澳大利亚、新西兰等。这样的标准可以使最低工资制度倾向于那些更加需要保护的劳动者群体，且坚持了同工同酬原则，推行更加灵活、容易。但由于工种的种类繁多且更替较为频繁，决定了其制定难度较大。

纵观各国最低工资制度的运行模式发现，虽然最低工资运行模式大致分为以上四种类型，但各国的运行方式却不仅仅局限于这四种模式。像美国、日本、澳大利亚等多数国家都综合运用了两种或两种以上的运行模式，这也就增强了最低工资标准的合理性，保证了最低工资制度的实施效果。

6.4.2.2 制定最低工资标准的主要影响因素

最低工资标准的确定，一方面不仅要考虑是否能满足劳动者家庭的生存需要，还要同时考虑劳动者是否能公平地分享社会经济发展带来的成果；另一方面，既要考虑最低工资对经济的影响，也要分析政府及企业的实际支付能力[①]。综合考虑以上因素，才可能制定出相对合理有效的最低工资，这些方面可以归纳为以下四个因素：

（1）生活费用因素

生活费用因素主要包括了劳动者及家庭的基本费用支出、劳动者缴纳的社会保险费用、CPI 指数等。在制定最低工资标准时，劳动者家庭基本生活支出是应该考虑的最基本因素，其关系到劳动者的生存及再生产能力；此外，当劳动者缴纳的社保费用增加时，最低工资也要同步增加；居民消费价格指数提高，说明存在着通货膨胀，最低工资标准也要随之提高。

（2）分享与发展因素

分享与发展因素，包括了经济发展水平（GDP）、职工平均工资及劳动

---

① 魏章进，韩兆洲，余鹏翼．最低工资标准影响因素分析［J］．商业研究，2010（403）：44－47.

生产率三个指标。这些因素属于最低工资的提高因素。不同地区的经济快速增长，劳动生产率提高，标志着劳动者的生活水平得到了改善，可以促进消费，所以最低工资也应该随着提高。最低工资与职工平均工资比率反映劳动者是否公平分享经济发展成果，这一比率在世界上的平均水平为40% ~60%。为了保证公平分配原则，最低工资要跟着平均工资提高，确保最低工资占平均工资的比重。

（3）经济效应因素

经济效应因素主要包括企业人力资源成本、企业产品竞争力、当地失业率。最低工资经济效应一直是比较有争议的话题，一些学者认为最低工资制度实施会造成企业人力资源成本增加，致使企业减少劳动力雇用，增加失业率，但目前较为统一的观点是最低工资标准若制定的恰当不会导致明显的失业，并且我国最低工资水平较低，还不会对企业经营等造成严重影响。

（4）企业和政府的支付能力因素

最低工资标准的制定还要参考企业及政府的支付能力。最低工资是由企业支付给劳动者，所以在制定标准时需要考虑企业的利润水平、经营状况等，避免超过企业支付能力，给就业带来冲击。另外，最低工资标准制定与社会保险等因素相关，这就要求我们考虑国家的财政支付能力，因为社会保险中有一部分是国家承担费用的，因此应当在国家支付能力范围内适度提高最低工资标准，不能一味求高，盲目调整。

6.4.2.3 最低工资制度的经济效应分析

最低工资制度是社会保障制度的重要组成部分，是政府宏观调控经济的一种手段，也是有效保护劳动者的重要措施。在此基于现有的研究简单分析其经济效应。

（1）最低工资制度的收入分配效应

我国最低工资制度的保护对象主要是低收入劳动者，最低工资制度实施的直接结果是增加了低收入劳动者，特别是农民的收入，这就在一定程度上缩小了城乡收入差距，社会分配更加公平，使社会低收入群体也能够公平地分享经济增长所带来的成果，有利于和谐社会的建立。最低工资制度，保证了劳动者特别是低收入劳动者及家庭的基本生活要求及劳动再生产能力，劳动者的工作创造性和积极性也会随之提高，从而企业的经济效益及劳动生产率也会得到大幅度的上升。

（2）最低工资制度的就业效应

最低工资制度的实质是国家干预工资水平的一种手段，这种手段干扰了劳动力市场的自由配置。

如图 6－1 所示，在完全竞争市场，劳动需求曲线 D 与供给曲线 S 交于均衡点，此时均衡工资为 W_0，均衡就业量为 Q_0，此时整个市场处于均衡状态。政府为了保证低收入群体的利益，通过实施最低工资制度，来干预劳动力市场的发展趋势，规定最低工资标准为 W_1，高于市场均衡工资 W_0。此时，企业为了追求利润的最大化，能够使用的劳动力人数仅为 Q_1，也就是就业量减少了（Q_0-Q_1）。但也有一些劳动者愿意在工资为 W_0 到 W_1 之间的水平参加劳动，使得劳动力供给增加到了 Q_2，但由于最低工资制度的刚性规定，造成实际失业量为（Q_2-Q_1），最低工资制度造成失业量有所增加。

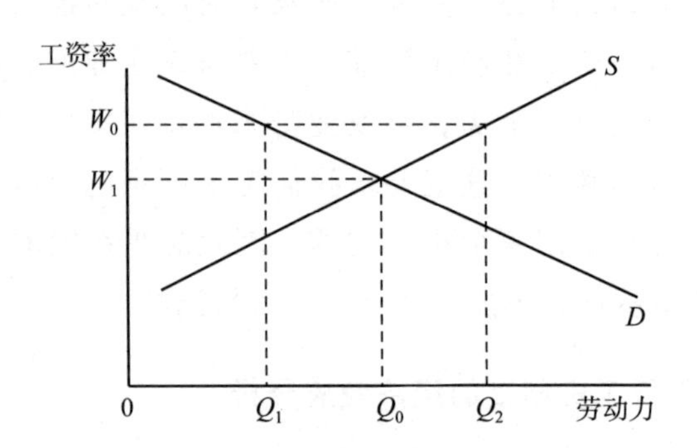

图 6－1　完全竞争市场，最低工资变动影响

（3）最低工资制度的企业经营效应

最低工资制度的实施要求企业必须遵守最低工资水平支付工人工资，理论上增加了企业的人力资源管理成本及社会保障成本，使企业成本负担更重，特别是对资金、实力等方面不够强大的中小企业影响更为严重。但这也使企业为了提高自身的竞争力而积极进行技术改进及产业创新，自觉调整产业结构，从而推动整个产业结构的优化升级。

6.4.3 中国最低工资制度的起源、发展与实施现状

6.4.3.1 最低工资制度的起源

最低工资制度是市场经济发展的产物，其发展根源要从19世纪末到20世纪初说起。新西兰可以说是最低工资制度的起源国家，1894年其制定并颁布实施的《劳资协调与仲裁法》，首次以法律的形式对最低工资做出了明确的规定，这标志着以保护低收入劳动者权益为目的的最低工资政策，开始由法律的强制性规定来保障。紧接着澳大利亚1896年首先在维多利亚州试行最低工资政策，之后又在其他各州陆续通过最低工资法。到20世纪初很多西方国家也纷纷效仿，英国、法国、美国等国家也先后在本国实行最低工资制度，但这些国家最初实行最低工资制度的目的大多数仅仅局限于某些特殊群体，如妇女、未成年等个别群体或者容易受影响的某些行业等，直到第二次世界大战之后，最低工资制度的适用范围才慢慢扩大到所有的行业。

1944年，国际劳工组织颁布《关于国际劳工组织目的的宣言》，该宣言说明为了保证人民的生活水平，同时促进就业，政府应该明确规定工资水平、工作环境、时间及相关条件①。这样才可以保障低收入群体的收入水平，使劳动者能够公平分享经济发展带来的成果，实现社会公平。该宣言不仅对最低工资制度本身的发展具有较大的影响，还对其在全世界广泛推行提供了动力。到目前为止，最低工资制度已经在世界上大多数国家得到了广泛的推行，只是各国的最低工资政策及其执行力度和效果存在差异。

6.4.3.2 中国最低工资制度的建立与发展

伴随着改革开放的发展，我国的经济体制逐步转变，相对应的工资水平管理也由计划经济时的国家控制向由市场机制调节、政府监控方向转变。在市场经济体制的背景下，我国为了更好地保障低收入劳动者的权益，缩

---

① 朱梦妍．我国最低工资政策优化研究［D］．南京：南京财经大学，2010.

小收入差距，也开始建立最低工资政策。

1922 年《劳动法大纲》中指出政府应该制定保护劳动者的最低工资保障法，后来颁布实施的《中华苏维埃共和国劳动法》中也规定应该确保劳动者的最低限度工资，这是我国较早涉及最低工资的一些法律法规。到 1984 年，我国公开承认了国际劳工组织 1930 年批准的《指定给最低工资确定办法》。随后我国的最低工资政策开始率先在沿海经济特区实行，珠海最早对企业最低工资进行立法。在沿海地区的率先试行取得较好的效果之后，国家着手开始了最低工资政策的起草与制定，以便最低工资的实施能够促进社会经济的发展①。

但由于诸多因素的影响，我国部分地区虽然对最低工资政策进行了规定，但一直没有将最低工资政策以法律的形式正式的贯彻落实。直到 1993 年，劳动部才制定了《企业最低工资规定》，但并未上升到法律高度，而是以行政规章的形式予以制定，并于 1994 年正式实施生效。同年在《中华人民共和国劳动法》中又对最低工资保障制度以国家法律的形式进行了明确的确立。2004 年，通过对 1993 年的《企业最低工资规定》进行了补充和修正发布了新规定，新规定从 2004 年 3 月 1 日起开始实行。自此我国各地区开始积极实行最低工资制度，目前全国均已实行了最低工资制度。特别是最近几年，各地区对最低工资制度关注度提高，积极调整最低工资标准，取得了较好的成果。

6.4.3.3 中国最低工资制度的实施现状

确保最低工资标准的执行是最低工资制度的核心。最低工资制度自 1994 年实施以来，其受益面已经扩大到全国。实行最低工资制度，维护了低收入群体的利益，为劳动者依法从用人单位取得劳动报酬提供了法律依据，也为缓解紧张的劳资关系、实现社会公平奠定了基础。最低工资制度不仅深化了企业工资制度的改革，同时也为机关事业单位的工资制度改革指明了方向，其标准的制定及调整，能够方便政府发挥职能，宏观调控工

① 林原，曹媞．国外最低工资标准决定机制及其对我国的借鉴意义［J］．生产力研究，2012（8）：174－175.

资水平进而影响劳动力市场变动，维护社会公平，促进和谐社会的构建。

自2008年经济危机以来，我国各地方最低工资得到不断调整，具体调整动态见表6－1。受经济危机的影响，2009年全国31个省中只有河北、山西、黑龙江和广西四个省份调整了最低工资标准，且调整幅度最高为18%，最低为5%，调整幅度不大。从2010年开始各省市基本上都从不同程度上调整了最低工资标准，但调整幅度到2013年总体情况明显减缓，例如内蒙古地区最低工资增幅从32%降低到13%，上海从17%回落到12%。这一趋势与我国企业薪酬增长的趋势相一致，调查数据显示，2013年企业加薪幅度只有8.5%，与以往的数据相比，2011年其出现最高值11.6%之后，近三年已经连续放缓。从2008年到2013年总体来看，最低工资标准的调整增幅最高的为江西省112%，最低为贵州省58%，调整幅度差距较大。截至2013年12月31日，全国各省市先后调整了最低工资标准。目前为止，全国各地区月最低工资最高标准为1620元/月，小时最低工资中，最高标准为15.2元/小时。

表6－1　　2008～2013年各省市最低工资标准增长情况

地区	2008年	2009年	2008～2009年增长率（%）	2010年	2009～2010年增长率（%）	2011年	2010～2011年增长率（%）	2012年	2011～2012年增长率（%）	2013年	2012～2013年增长率（%）	2008～2013年增长率（%）
北京	800	800	0	960	20	1160	21	1260	9	1400	11	75
天津	820	820	0	920	12	1160	26	1310	13	1500	15	83
河北	680	750	10	900	20	900	0	1100	22	1320	20	94
山西	610	720	18	850	18	980	15	1125	15	1290	15	111
内蒙古	680	680	0	900	32	1050	17	1200	14	1350	13	99
辽宁	700	700	0	700	0	900	29	1100	22	1300	18	86
吉林	650	650	0	820	26	1000	22	1150	15	1320	15	103
黑龙江	650	680	5	680	0	880	29	880	0	1160	32	78
上海	960	960	0	1120	17	1280	14	1450	13	1620	12	69
江苏	850	850	0	960	13	1140	19	1320	16	1480	12	74

续表

地区	2008年	2009年	2008~2009年增长率(%)	2010年	2009~2010年增长率(%)	2011年	2010~2011年增长率(%)	2012年	2011~2012年增长率(%)	2013年	2012~2013年增长率(%)	2008~2013年增长率(%)
浙江	850	850	0	960	13	1100	15	1310	19	1470	12	73
安徽	560	560	0	560	0	720	29	1010	40	1260	25	125
福建	750	750	0	900	20	1100	22	1200	9	1320	10	76
江西	580	580	0	580	0	720	24	870	21	1230	41	112
山东	760	760	0	920	21	1100	20	1240	13	1380	11	82
河南	650	650	0	650	0	800	23	1080	35	1240	15	91
湖北	700	700	0	900	29	900	0	1100	22	1300	18	86
湖南	665	665	0	665	0	850	28	1020	20	1160	14	74
广东	860	860	0	1030	20	1300	26	1300	0	1550	19	80
广西	580	670	16	670	0	820	22	1000	22	1200	20	107
海南	630	630	0	630	0	830	32	1050	27	1120	7	78
重庆	680	680	0	680	0	870	28	1050	21	1200	14	76
四川	650	650	0	650	0	850	31	1050	24	1200	14	85
贵州	650	650	0	650	0	830	28	930	12	1030	11	58
云南	680	680	0	680	0	830	22	1100	33	1256	14	85
西藏	730	730	0	730	0	950	30	950	0	1200	26	64
陕西	600	600	0	760	27	860	13	1000	16	1150	15	92
甘肃	620	620	0	620	0	760	23	980	29	1200	22	94
青海	580	580	0	580	0	750	29	920	23	1050	14	81
宁夏	560	560	0	710	27	900	27	1100	22	1300	18	132
新疆	800	800	0	960	20	1160	21	1340	16	1520	13	90

资料来源：数据参考各省网站，由于最低工资标准各省市调整实施的时间不统一，且其对经济影响的滞后效应，所以数据处理过程中将各省市最低工资标准实施时间在当年7月1日之前的，选取其调整之后的标准为当年最低工资标准，7月1日之后实施的将按照调整前的标准。由于部分省市最低工资标准分档制定，本数据取其最高档标准。

6.4.4 中国最低工资制度实践的实证分析（2008~2012年）

经济危机之后，我国社会经济的发展随着危机的逐渐缓解开始进入平稳的发展，但原有的危机并没有完全解决，经济发展过程的诸多方面还存在着不确定情况和不稳定因素，这种动荡并存的未知状态也称为“后危机时代”。自2008年开始，受到金融危机不断蔓延的影响，我国政府为了刺激经济复苏追加了各种投资，尽管城镇失业率依然呈走高趋势，但是经济信心已经得到了逐步的恢复，各类种经济及工业指标开始恢复正常，对经济增长的期望有所上升，消费者信心回升，全球的经济开始由金融危机的恐慌时期进入到动荡与稳定并存的“后危机时代”。在这段时期中，我国各地区也更加重视最低工资制度的发展，积极推行最低工资调整。

6.4.4.1 各省市最低工资标准调整

《最低工资规定》要求当影响最低工资标准的相关因素发生变化时，最低工资标准应该随着调整，各地区每两年中至少要有一次根据当地经济发展状况调整最低工资。2008年经济危机，虽然对我国经济产生了严重影响，但最低工资制度的实施却没有被搁置，全国各地区都先后多次进行了最低工资调整。截至2013年北京市最低工资标准由2008年的每月800元上调至1400元，增幅为75%，每小时9.6元上调至每小时15.2元，增幅为58.3%；上海最低工资标准由2008年的每月960元上调至1620元，增幅68.8%，每小时8元上调至每小时14元，增幅75%；广州由2008年的每月860元上调至1550元，增幅80%；四川月最低工资标准最高档提高至1200元；辽宁最低工资标准最高档从每月700元调整到1300元，增幅为85.7%。截止到2013年，全国各省市最低工资最高1620元/月，小时最低工资最高为15.2元/时。由此可见，自2008年到2013年这5年间，我国最低工资标准增幅明显，与历史数据相比较，增加幅度虽呈现出放缓趋势，但依然稳中有增。

6.4.4.2 各省市最低工资标准调整的收入分配效应

按照国际经验和劳动力工资的实际状况，通过调整最低工资标准，建立工资正常增长机制，有利于改善收入分配关系，甚至缩小收入差距问题。然而在后危机时代我国最低工资制度实践过程中是否存在"最低工资制度的收入分配效应"的假说？本书将选取 2008～2012 年最低工资的相关数据进行分析说明。

表 6-2　　2008～2012 年各省市最低工资与职工平均工资比率情况

单位：最低工资：元/月；平均工资：元/月；比重：%

地区	2008 年			2009 年			2011 年			2012 年		
	最低工资	平均工资	比重	最低工资	平均工资	比重	最低工资	平均工资	比重	最低工资	平均工资	比重
北京	800	4654	17	800	4815	17	1160	6290	18	1260	7062	18
天津	820	3333	25	820	3661	22	1160	4638	25	1310	5126	26
河北	680	2023	34	750	2315	32	900	2942	31	1100	3222	34
山西	610	2124	29	720	2339	31	980	3269	30	1125	3686	31
内蒙古	680	2162	31	680	2541	27	1050	3427	31	1200	3880	31
辽宁	700	2265	31	700	2544	28	900	3180	28	1100	3488	32
吉林	650	1941	33	650	2162	30	1000	2801	36	1150	3201	36
黑龙江	650	1814	36	680	2067	33	880	2609	34	880	3034	29
上海	960	4344	22	960	4861	20	1280	6299	20	1450	6556	22
江苏	850	2608	33	850	2935	29	1140	3791	30	1320	4220	31
浙江	850	2802	30	850	3046	28	1100	3764	29	1310	4183	31
安徽	560	2142	26	560	2394	23	720	3279	22	1010	3717	27
福建	750	2130	35	750	2364	32	1100	3216	34	1200	3710	32
江西	580	1716	34	580	2014	29	720	2770	26	870	3209	27
山东	760	2186	35	760	2450	31	1100	3135	35	1240	3492	36
河南	650	2037	32	650	2242	29	800	2803	29	1080	3112	35
湖北	700	1865	38	700	2212	32	900	3011	30	1100	3321	33
湖南	665	2012	33	665	2211	30	850	2882	29	1020	3248	31
广东	860	2774	31	860	3039	28	1300	3755	35	1300	4190	31
广西	580	2067	28	670	2277	29	820	2753	30	1000	3032	33

续表

地区	2008年			2009年			2011年			2012年		
	最低工资	平均工资	比重	最低工资	平均工资	比重	最低工资	平均工资	比重	最低工资	平均工资	比重
海南	630	1814	35	630	2066	30	830	3020	27	1050	3290	32
重庆	680	2220	31	680	2542	27	870	3286	26	1050	3708	28
四川	650	2060	32	650	2346	28	850	3111	27	1050	3528	30
贵州	650	1998	33	650	2286	28	830	3009	28	930	3430	27
云南	680	1942	35	680	2180	31	830	2834	29	1100	3136	35
西藏	730	3671	20	730	3779	19	950	4122	23	950	4309	22
陕西	600	2123	28	600	2464	24	860	3179	27	1000	3589	28
甘肃	620	1969	31	620	2229	28	760	2674	28	980	3140	31
青海	580	2508	23	580	2707	21	750	3448	22	920	3874	24
宁夏	560	2504	22	560	2743	20	900	3559	25	1100	3953	28
新疆	800	2057	39	800	2301	35	1160	3187	36	1340	3715	36

资料来源：《中国统计年鉴》，最低工资标准取最高档。

（1）最低工资标准与城镇职工平均工资关系分析

作为衡量最低工资标准实行的指标，最低工资标准与职工平均工资的比率用来反映一国的分配公平情况，在国际上这个比率的普遍水平在40%～60%，而在我国这一比率则相对较低。如表6－2中为2008～2012年我国各省市最低工资标准与职工平均工资比率状况。由表可见，2008～2012年我国最低工资标准与职工平均工资比率最高值分别为39%、35%、36%、36%、36%，最低值分别为17%、17%、18%、18%、18%，远远低于世界平均水平。特别是北京、上海等经济发达地区这一差距更为明显。这表明了我国最低工资标准依然偏低，最低工资的增长远远低于职工平均工资，且低收入群体占相当大的比重，其收入水平远远低于社会平均水平，低收入劳动者没有平等的分享经济增长的成果，我国收入分配不平等现象依然严重。

（2）最低工资标准与人均GDP关系分析

最低工资标准占人均GDP的比重解释了国家劳动力的价值体现。如表

6－3为2008～2012年我国31个省、自治区、直辖市最低工资标准占人均GDP的比重。从表中可以看出，从2008年到2012年间，最低工资标准占人均GDP比重最高为贵州79%，最低为北京14%，但其全国平均水平分别为39%、36%、33%、33%、35%，而该指标的世界平均水平为58%，这说明我国劳动力价值较低，低收入劳动者的合法权益没有得到保证，最低工资标准依然偏低，没有充分发挥其应有的保障作用。

表6－3　　2008～2012年各省市最低工资与人均GDP比率情况

最低工资：元/月；人均GDP：元/月/人；比重：%

地区	2008年			2009年			2010年			2011年			2012年		
	最低工资	人均GDP	比重	最低工资	人均GDP	比重	最低工资	人均GDP	比重	最低工资	人均GDP	比重	最低工资	人均GDP	比重
北京	800	5374	15	800	5578	14	960	6155	16	1160	6805	17	1260	7290	17
天津	820	4888	17	820	5215	16	920	6083	15	1160	7101	16	1310	7764	17
河北	680	1916	35	750	2048	37	900	2389	38	900	2831	32	1100	3049	36
山西	610	1792	34	720	1794	40	850	2190	39	980	2613	38	1125	2802	40
内蒙古	680	2906	23	680	3311	21	900	3946	23	1050	4831	22	1200	5324	23
辽宁	700	2645	26	700	2929	24	700	3530	20	900	4230	21	1100	4721	23
吉林	650	1960	33	650	2216	29	820	2633	31	1000	3205	31	1150	3618	32
黑龙江	650	1812	36	680	1871	36	680	2256	30	880	2735	32	880	2976	30
上海	960	5578	17	960	5764	17	1120	6340	18	1280	6880	19	1450	7114	20
江苏	850	3335	25	850	3688	23	960	4403	22	1140	5191	22	1320	5696	23
浙江	850	3450	25	850	3654	23	960	4309	22	1100	4937	22	1310	5281	25
安徽	560	1204	47	560	1367	41	560	1741	32	720	2138	34	1010	2399	42
福建	750	2480	30	750	2786	27	900	3335	27	1100	3948	28	1200	4397	27
江西	580	1325	44	580	1445	40	580	1771	33	720	2179	33	870	2400	36
山东	760	2745	28	760	2991	25	920	3426	27	1100	3945	28	1240	4314	29
河南	650	1598	41	650	1716	38	650	2037	32	800	2388	33	1080	2625	41
湖北	700	1655	42	700	1890	37	900	2326	39	900	2850	32	1100	3214	34
湖南	665	1512	44	665	1702	39	665	2060	32	850	2490	34	1020	2790	37

续表

地区	2008年			2009年			2010年			2011年			2012年		
	最低工资	人均GDP	比重	最低工资	人均GDP	比重	最低工资	人均GDP	比重	最低工资	人均GDP	比重	最低工资	人均GDP	比重
广东	860	3137	27	860	3286	26	1030	3728	28	1300	4234	31	1300	4508	29
广西	580	1221	48	670	1337	50	670	1685	40	820	2111	39	1000	2329	43
海南	630	1474	43	630	1605	39	630	1986	32	830	2408	34	1050	2698	39
重庆	680	1708	40	680	1910	36	680	2300	30	870	2875	30	1050	3243	32
四川	650	1291	50	650	1445	45	650	1765	37	850	2178	39	1050	2467	43
贵州	650	821	79	650	914	71	650	1093	59	830	1368	61	930	1643	57
云南	680	1048	65	680	1128	60	680	1313	52	830	1605	52	1100	1850	59
西藏	730	1152	63	730	1275	57	730	1443	51	950	1673	57	950	1911	50
陕西	600	1642	37	600	1829	33	760	2261	34	860	2789	31	1000	3214	31
甘肃	620	1035	60	620	1106	56	620	1343	46	760	1633	47	980	1832	54
青海	580	1535	38	580	1621	36	580	2010	29	750	2460	30	920	2765	33
宁夏	560	1634	34	560	1815	31	710	2238	32	900	2754	33	1100	3033	36
新疆	800	1650	48	800	1662	48	960	2086	46	1160	2507	46	1340	2816	48

资料来源：《中国统计年鉴》，最低工资标准取最高档。

（3）最低工资标准与人均GDP、职工平均工资变动趋势分析

人均国民生产总值即人均GDP，是权衡一个国家人民生活水平的标准，是了解一国宏观经济发展状况的重要指标。职工平均工资反映了社会工资总体状况，用以衡量一国人民生活水平的高低及收入增长的快慢。从2008年至今我国人均GDP、平均工资的变动趋势与最低工资标准调整趋势情况如何呢？在图6-2和图6-3中进行分析比较。

图6-2中呈现出从2008年至2012年最低工资与人均GDP、平均工资的变动趋势。从图中可以看出我国最低工资标准远远低于人均GDP、平均工资水平，这和文章前面分析的两者之间关系相一致，说明我国最低工资标准依然存在偏低现象，劳动者没有完全分享到经济发展所带来的成果，劳动力价值没有得到应有体现。可以看出三个指标的变化趋势相同，都呈现持续增长的趋势，但最低工资绝对量的增长相对来说比人均GDP及平均

工资的增长较缓，这说明我国最低工资增长还赶不上人均 GDP 增长，增长速度太过缓慢。从图 6－3 中我们看到 2009 年到 2011 年最低工资增长率均低于人均 GDP、平均工资增长率，但提高趋势相同，只是提高幅度有所区别，到 2011 年最低工资增长率超过人均 GDP 和平均工资增长率，且到 2012 年随着最低工资增长率的降低，人均 GDP 和平均工资增长率也随之降低，因此认为虽然对人均 GDP 及平均工资增长的影响因素有很多，但最低工资的增长对其有一定的促进作用。

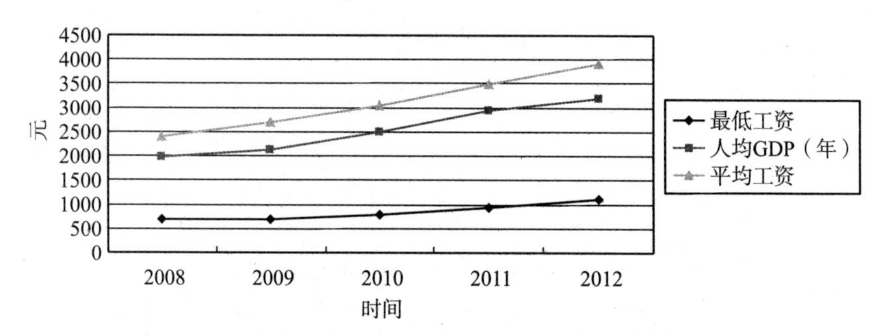

图 6－2　最低工资与人均 GDP、平均工资变动趋势

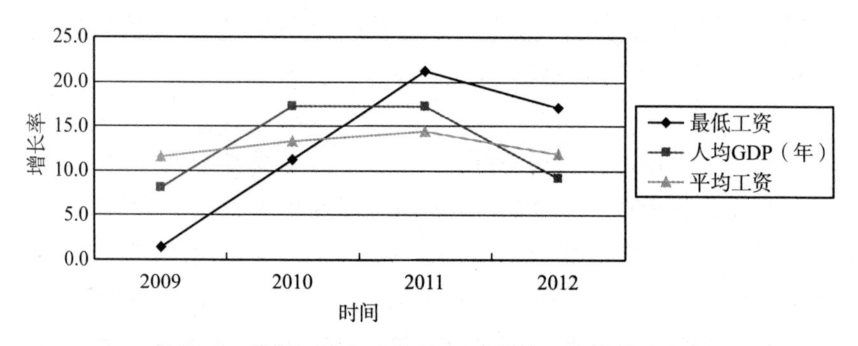

图 6－3　最低工资与人均 GDP、平均工资增长率变化

资料来源：《中国统计年鉴》及各省市劳保网站。图中人均 GDP、平均工资均为全国月平均水平，最低工资为全国各地区当年最低工资标准最高档的平均值。

（4）结论

综上所述，我国最低工资制度的实施，虽然在一定程度上保障了低收入人群的权益，缓解了贫富差距的冲突，但最低工资标准依然较低，没有达到其发挥有效作用的水平。在我国农业人口众多，而且经济结构处于城市经济和农村经济并存的状况下，农村富余劳动力较多，劳动力市场一直处于供过于求的状态，这一市场状态也决定了劳动者工资水平较低。另一方面，由于我国户籍制度的限制，非本地户口劳动者就业时往往受到歧视性待遇，而对于像农民工之类综合素质相对较低的特殊群体，更加容易受到垄断性工资定价的不公平对待。所以，现阶段我国实施最低工资制度，不管是提高劳动收入比重，还是打破农民工等特殊群体的垄断工资定价，都是发挥了巨大的作用。

6.4.4.3 各省市最低工资标准调整的就业效应

目前，国内外专家学者对最低工资与就业的关系研究较多，但并未取得统一的观点。这些观点大体上归属为三类：最低工资对就业具有正效应、负效应或没有影响。这些观点存在的分歧，原因可能来自于计量模型及变量的选取、样本数据的缺陷、劳动力市场的结构及运行机制和国家或地区的经济体制等。本著作将结合我国的实际情况，着重分析2008～2012年间我国最低工资标准调整对国家就业情况的影响。

（1）数据说明

我国法律规定最低工资的制定由各省、自治区、直辖市的政府劳保部门结合企业家联合会、工会等组织，根据各地区发展状况进行拟订，然后报送劳保部门备案。因此，我国最低工资并没有实行全国统一的标准，各地方的最低工资标准各不相同。本模型中为了分析2008～2012年我国最低工资制度的实施对就业有何影响，首先将全国各省每年的最低工资求平均值，作为全国当年的最低工资水平，结合当年就业人数、人均GDP及职工平均工资等数据宏观上进行整体分析。然后，根据国家东、西、中部地区划分标准，分别选取东、中、西部的一个代表城市上海、湖北、甘肃以及比较特殊的城市重庆为对象分别进行分析。

（2）变量选取及相关解释

根据国内外学者研究的惯例，在针对最低工资与就业的关系研究时多选取就业人数、GDP、职工平均工资等变量进行，本书也将借鉴前辈的研究，选取就业人数为因变量来说明就业状况，最低工资标准为自变量。由于影响就业的因素有很多，因此还将经济发展状况和平均工资等因素纳入考虑。

就业人数——选取全国或省从业人员人数表示。

最低工资标准——本书选取2008年到2012年全国各省、直辖市、自治区的最低工资数据。由于我国各地方的最低工资标准调整时间没有统一标准，考虑到最低工资标准调整对经济影响的滞后效应，本书中最低工资标准的选取标准为：如果当年最低工资标准执行日期在7月1日之前的，按调整之后的标准；7月1日之后的按调整之前的标准。如果最低工资标准中有不同档次，选取最高档。数据来源于各省市劳动保障网站。

经济发展水平——由于就业量的变化受经济发展水平的直接影响，因此本书用人均GDP来表示经济发展情况，纳入解释变量中。数据选取于《中国统计年鉴》。

职工平均工资——职工平均工资水平也在一定程度上影响着地区劳动力市场的变动，在此纳入考虑因素。数据选取于《中国统计年鉴》。

（3）相关分析

由于本书研究2008~2012年最低工资制度的实践情况，样本数据不多可能导致时间序列数据的平稳性不强，因此，本书选取简单相关分析方法，运用SPSS17.0对数据进行分析，研究就业人数与最低工资标准之间线性相关的强弱程度。

①全国平均最低工资与就业人数关系。表6-4为统计软件的分析结果，表中最低工资与就业人数的相关系数为0.961，显著性检验的概率值为0.009<0.01，拒绝零假设，说明最低工资标准与就业人数之间存在较强的正相关，即：最低工资制度促进就业。同时人均GDP、职工平均工资与就业人数的相关系数分别为0.994、0.998，均大于0.8，且通过了显著性检验，说明人均GDP、职工平均工资与就业之间都呈现正相关关系，且比最低工资标准还要强。

表6-4　全国平均最低工资标准与就业人数相关分析结果

		就业人数	最低工资	人均GDP	职工平均工资
就业人数	Pearson相关性	1	0.961**	0.994**	0.998**
	显著性（双侧）		0.009	0.001	0.000
	N	5	5	5	5

②各地区代表城市最低工资标准与就业关系。运用同样的统计分析方法，我们分别对上海、湖北、甘肃和重庆最低工资与就业关系进行分析得出表6－5。从表6－5中我们看出，东部的上海、中部的湖北和重庆市最低工资标准和就业人数的Pearson相关系数分别为0.960、0.937、0.952，且显著性检验概率值都明显小于0.05，通过了显著性检验，说明这三个省市的最低工资与就业存在较强正相关，即最低工资提高有助于促进劳动者就业。但对于西部的甘肃省来说，最低工资与就业的相关系数为0.311，说明可能存在正相关，但其p值为0.611，没有通过显著性检验，不能拒绝零假设，所以甘肃省的最低工资标准调整对就业没有影响，这可能与西部地区的人口分布、地区经济状况等有关。

表6－5　各地区最低工资标准与就业人数相关分析结果

上海市		就业人数	最低工资	人均GDP	职工平均工资
就业人数	Pearson相关性	1	0.960**	0.993**	0.991**
	显著性（双侧）		0.010	0.001	0.001
	N	5	5	5	5
重庆市		就业人数	最低工资	人均GDP	职工平均工资
就业人数	Pearson相关性	1	0.952*	0.994**	0.993**
	显著性（双侧）		0.012	0.001	0.001
	N	5	5	5	5
甘肃省		就业人数	最低工资	人均GDP	职工最低工资
就业人数	Pearson相关性	1	0.311	0.613	0.634
	显著性（双侧）		0.611	0.272	0.251
	N	5	5	5	5
湖北省		就业人数	最低工资	人均GDP	职工平均工资
就业人数	Pearson相关性	1	0.937*	0.998**	0.996**
	显著性（双侧）		0.019	0.000	0.000
	N	5	5	5	5

(4) 结论

通过以上分析我们可以发现，自2008年经济危机以来，我国最低工资标准的调整对东部地区、中部地区的就业呈现出促进作用，由于人均GDP及平均工资对就业也有较强促进作用，且这两个变量与最低工资标准也存在一定相关性，这对最低工资与就业人数的相关系数可能有一定影响，但总体来说最低工资对就业是有促进作用的。但在西部地区可能由于地区发展、人口分布等因素的影响，结果表明其最低工资标准调整对就业没有影响。但从全国整体上看，最低工资标准调整对就业具有促进作用，这可能是因为我国最低工资标准与世界水平相比还比较低，还没有对企业经营产生实质性影响。

6.4.4.4 中国最低工资制度实施中存在的问题

最低工资制度是国家对全国工资水平实施干预的调控手段。我国自实施最低工资制度以来，虽然在保护低收入劳动者合法利益方面发挥了积极作用，但由于该制度实施时间不长，依然存在着诸多问题。

(1) 最低工资制度立法层次不高，内容不够完善

①最低工资标准内涵界定不明确，且调整标准不统一。我国最低工资标准的确定规定要剔除加班工资及特殊工作环境的津贴，且应当参考最低生活费用、经济发展水平、职工社会保险等因素，但并未明确最低工资标准是否包括职工社会保险费用。这使得各省市在调整最低工资标准时口径不一致，也就给从最低工资标准的数值中直接比较出各地区之间的高低差异造成了困难。另外，最低工资标准内涵的不一致，使劳动者和管理部门难以获得完全对称的信息，不利于各管理部门进行协调统一的管理。此外，我国最低工资制度较多的是以地方规章的形式确立，立法层次较低，权威性不高，不利于最低工资制度在企业中执行。

②最低工资制度适用范围较小。我国最低工资制度适用于境内的企业和民办非企业单位及一些个体工商户，以及那些与这些单位建立了正常劳动关系的雇员，其保护范围并没有包含农业劳动者、政府机关、事业单位及非正式职工等劳动者群体。作为发展中国家，我国的农村人口占全国的60%以上，再加上近年来非正式职工和非正规部门的就业人员数量也呈现

不断增长的趋势，这部分人群作为真正的社会弱势群体，更需要国家政策加以保护。最低工资制度设定的主要目的之一就是保障最普遍劳动者的生存需要，维持他们的基本生活。但上述处于弱势地位的劳动者却根本无法享受到最低工资制度的待遇。

③最低工资标准偏低，各地区差距较大。2013 年全国平均月最低工资标准为 1293 元，其中各省市标准中最低水平为 1030 元/月，最高水平为 1620 元/月，之间相差 590 元。虽然我国各省市最低工资标准不断增长，但与职工平均工资及人均 GDP 增长相比仍然增幅缓慢，且最低工资标准与职工平均工资比率、与人均 GDP 比率远远没有达到国际平均水平，说明我国最低工资标准偏低的事实依然存在。另外，实证研究结果表明我国最低工资标准提高能够促进就业，说明了我国最低工资有提升的空间，同时要求我们制定最低工资时要充分考虑标准的合理性。

（2）最低工资制度实施力度不够

①部分企业法制观念淡薄，曲解最低工资标准的范围，甚至不执行。最低工资标准的制定在一定程度上增加了企业的人力资源成本，部分企业为了降低成本，变相地增加劳动者工作时间，克扣职工工资或者故意模糊最低工资范围，将职工五险一金缴纳费用及特殊工作环境津贴等计算在最低工资标准之内，导致支付给劳动者的名义工资虽然高于最低工资水平，但劳动者实际领取的工资则低于最低工资，使劳动者的合法权益并没有受到保护。

②职工维权意识薄弱。在我国，目前许多劳动者，特别是处于社会底层的劳动者对最低工资的相关规定并不了解。这一方面是由于部分劳动者自身综合素质不够高，缺乏基本的维权意识和能力；另一方面也反映出政府宣传最低工资制度的力度不够。单纯依靠在报纸上公布最低工资标准的宣传形式，对于这部分素质较低的劳动者来说并不能达到普及的效果。当企业不能自觉遵守最低工资规定，劳动者的自我维权的法律意识也同样会对实施最低工资制度产生一定的影响。

（3）最低工资制度监管不到位

①部分劳动保障部门监管不力。在企业法制观念淡薄和劳动者维权意识薄弱的情况下，为了确保最低工资标准得到有效的执行，需要政府部门

进一步加大监管力度，保证制度实施的有效性。但由于目前我国考查地方政府政绩是以 GDP 作为评价的指标，地方政府为了提高政绩，往往过度追求 GDP 及地方财政收入而忽略了其他方面。GDP 的增长来源于各地方企业的贡献，如果最低工资标准在企业中严格执行，有可能会增加企业人力资源成本，影响企业的运营。所以许多地方政府保护地方企业以保证地方政绩，在劳动执法时睁一只眼闭一只眼，甚至不愿让监察部门到企业去监督检查，姑息部分企业的违规行为。

②企业工会组织形同虚设。我国最低工资制度要求，工会组织有权对用人单位的最低工资遵守状况进行依法监督检查，如果用人单位没有依法遵守最低工资标准支付给员工工资，工会组织可以要求劳保部门依法进行处理。但事实上，工会组织作为劳动者权益的代言人，其监督的角色在我国简直形同虚设，远远没有发挥出其应有的作用。尽管国家在制定《劳动合同法》时，已多次提到工会的作用，但是在实际企业的操作中，我国工会目前开展工作很大程度上受制于企业和政府，作为劳动者利益的代表，工会还是不能够完全发挥其应有的维权作用。

6.4.5 国外最低工资制度的实施经验

最低工资制度开始出现以来，到现在已经发展了一百多年。在这一百多年的发展中经过不断补充、修正，特别是澳大利亚等实施最低工资较早的国家，其最低工资制度已经相当成熟，存在着诸多值得我们研究学习的地方。

6.4.5.1 美国最低工资制度

美国的最低工资机制属于立法机关主导型①，其由法定最低工资标准和生活工资标准双重工资保障制度构成。1938 年，美国通过了“公平劳动法案（FLSA）”，首先在全国范围内实行最低工资制度。根据这一法案内容，美国的联邦最低工资标准调整首先由政府提交法案，然后国会通过的方式

① 杨欣．美国最低工资与生活工资制度比较［J］．中国劳动关系学院学报，2011（5）：80－84.

进行确定。在此过程中，代表雇主利益的雇主组织和代表雇员利益的工会组织会对国会议员施加一定的影响，从而对最低工资标准的确定发挥作用。在最低工资标准审议的程序中，还利用召开听证会等途径听取广大民意。此外，在最低工资制度的制定过程中，由美国劳工部专门成立的工资委员会负责，工资委员会成员必须由劳动部门代表、雇员代表和雇主代表组成，并且雇员和雇主代表的人数相同、权力同等，以确保其工作的公正性。美国的法定最低工资由联邦最低工资和州最低工资组成，联邦政府统一规定联邦最低工资，各州也可以制定自己的法定标准。各州的最低工资标准由州议员提出，提交州议会通过议案，分别代表低收入阶层和雇主利益的议员通过各种途径展开激烈的博弈，最终双方寻求一个利益平衡点，确定最低工资标准。

美国的联邦最低工资标准与各州的标准有时可能并不相同，但一般采用“就高不就低”原则，若地方标准大于联邦最低工资标准，则执行地方最低工资标准，反之则执行联邦最低工资标准。在最低工资制度执行过程中，针对特殊人群还存在着一些例外原则，像行政、管理专业雇员、季节性消遣娱乐机构的雇员、从事捕捞作业的雇员、送报的雇员、临时保姆和老人等的陪护人员等，某些岗位还能够享有最低工资的豁免权，对于全日制的学生学徒及残障人士等，如果雇主具有劳工部颁发的特许证，可以支付给雇员低于最低工资水平的劳动工资。这就确保了最低工资制度发挥更加有效的作用。

美国的生活工资最早是用于解释最低工资标准，然而经过不断的发展，当最低工资制度的发展方向有所偏离，已经不能实现“自给自足”的目标时，生活工资将独立于最低工资，由地方政府以立法形式引入到特定领域，与法定最低工资标准形成双重保障制度体系，从而引导分配公平。生活工资主要适用于与政府签订了公共服务外包合同的承包商的雇员或公共服务行业的雇员，与最低工资相比，适用范围狭窄的多，作为一种补充性机制而存在。

美国最低工资的实践表明，生活工资是否独立于最低工资取决于最低工资制度的实施目标是否得以实现，也就是最低工资发挥了怎样的作用。如果最低工资已经不能满足劳动者的基本生存，将生活工资独立出来，在最低工资标准之外重新形成工资阶梯，生活工资的独立也将更加有助于贫困问题的解决。

6.4.5.2 日本最低工资制度

1955年日本政府设立了劳工事务委员会，委员会成员包括雇员和雇主代表。委员会认为，政府应该鼓励雇主与雇员自行协商最低工资标准，订立协议。也正因为有了国家的鼓励，在其正式实施最低工资制度之前已经存在许多关于最低工资的协议。1957年日本政府设立了最低工资局作为最低工资的研究机构，负责研究探讨最低工资标准的可行性，最低工资局的组成成员包括代表各方利益的政府官员、工人代表、雇主和一些学者，这也确保了最低工资局的利益平衡性和权威性。1959年日本为了缓解战后经济发展中的劳资双方的紧张关系，制定实施了《最低赁金法》，规定劳动者的小时最低工资标准。各地区制定不同的标准，即对正式员工适用，又对临时工及打工者适用；即适用于日本人，也适用于国外的研修生。

日本的最低工资标准确定因地而异或因行业而异，其确定实行分散制，由中央一级和县一级的两级最低工资审议会共同参与，当劳动大臣或劳保部门觉得应该调整最低工资时，相应级别的最低工资审议会就开始相应事宜的调查和商讨，劳保部门在尊重审议会意见的同时确定最低工资标准。当针对特殊行业和职业的最低工资标准时，审议会就需要专门成立一个由与该行业或职业直接相关的代表组成的特殊委员会。针对每一年的最低工资变动，日本往往是中央审议会提出调整的建议，然后地方审议会每年8月依据建议商讨地方标准，地方政府听取审议会建议做出决定，通常新的最低工资标准10月1日开始实施生效。

日本通常按“小时工资”制定最低工资标准，与月工资方式相比，这种方法更加精确，且有利于保护零、短工人员的权益。日本最低工资标准同样适用于正式员工及非正式员工，这就避免了“同工不同酬”不公现象的发生。日本最低工资制度虽然是属于政府主导型，但其审议会成员中有同等数量的雇主、雇员及公众利益代表，各方协商探讨，对最低工资标准的公平性和可行性发挥了很大的作用。

6.4.5.3 澳大利亚最低工资制度

澳大利亚是继新西兰之后最早实施最低工资制度的国家。从1904年以来，先后经历了多次改革，由最早的两级工资制一直发展到现在的联邦标准最低工资和联邦特殊最低工资相结合的制度，至今其最低工资制度已经发展的相当成熟。联邦特殊最低工资标准适用于那些初级或伤残雇员及没有适用的薪级表的见习雇员，其他雇员适用于联邦标准最低工资。

澳大利亚最低工资制度坚持同工同酬的原则，按工种的性质确定最低工资标准，并在法律规章中明确界定最低工资标准的调整依据及方法，使全国各地区同一工种的所有工人的最低工资水平保持一致。其最低工资制度通过立法形式进行制定，进一步提升了制度的地位并保证了权威性。最低工资标准制定程序中不仅有专门的制定机关劳资关系委员会，还有作为最低工资咨询建议机构的“低收入委员会”；“低收入委员会”独立于政府公共机构，在最低工资制定过程中有提出建议和要求国务大臣对不采纳建议做出理由解释的权利。澳大利亚每年7月公布最低工资标准，同年10月开始正式实施相关决定。

澳大利亚最低工资制度惠及所有存在正常劳动关系的劳动者，实施范围较广，并且最低工资标准非常高。到2010年时其最低工资已提高至每小时14.25澳元，折合约90元人民币，远远高于中国的标准。此外，澳大利亚的最低工资与人均GDP、平均工资的比率分别为50%和45%，几乎接近世界平均水平且一直处于稳定状态。

为了确保最低工资制度的有效实施，澳大利亚政府还设立了劳资关系申诉专员办事处，专门协助雇员及雇主遵守联邦劳资法，委聘劳工督察，并赋予他们稽查企业账目、雇员以及有关第三方、分析企业雇用记录等权利，以调查监管违反劳工法例的事件，监督劳动法例实施的效果。

澳大利亚最低工资制度涵盖范围较广，包括所有受薪工人，且制定程序严密，执行及监督法制健全，保证了大部分工人的工资水平，同时使低收入劳动者数量大幅度减少，缩小收入差距，促进社会公平，对社会稳定发展发挥着巨大的积极作用。

6.4.5.4 基本经验

通过对国外最低工资制度的研究，我们可以发现最低工资制度实施效果较好的国家有许多方面存在相同之处，这些方面能为我国发展最低工资制度提供借鉴经验。

第一，最低工资制度覆盖范围较广，且标准较高。各国实施最低工资制度的目的可能有所差异，但其根本目的只有一个，就是保护劳动者的基本权益。所以，最低工资制度的覆盖范围一定要广，最好能涉及全体社会成员，充分体现社会公平，同时标准不能过低。就像澳大利亚的最低工资制度，其适用范围涵盖所有受雇用的人，只要劳资双方确立了彼此的劳动关系，就可以依照遵守最低工资制度，并且最低工资标准较高。根据经济合作发展组织 2007 年的数据显示，其与制造业职工平均工资的比率已达到了 48%，我国最低工资水平与之比较相差甚远。

第二，构建多层的最低工资保障体系。综观国外最低工资标准的设置可以发现，许多国家的最低工资并不仅仅局限于统一的标准，而是构建了多层次的最低工资标准。不管是美国的联邦最低工资、州最低工资及生活工资相呼应，还是澳大利亚的联邦标准最低工资和联邦特殊最低工资相结合，都体现着多层次最低工资标准的优越性，多层次的最低工资标准体系可以将不同地区、不同行业、不同发展水平等诸多因素纳入考虑，使制定的最低工资标准更加公平合理。

第三，最低工资制度的制定程序要求公正、严密。最低工资制度作为一种对大众劳动者的保障制度，其制定过程要求国家政府必须高度重视，做到公正严明。美国的工资委员会、议会通过办法，日本的最低工资局、工资审议会，澳大利亚的劳资关系委员会、低收入委员会，都充分体现了制定程序公正严明的要求。不管是制定的组织还是审议的方法，其整个过程都有政府、雇主、雇员等社会各阶级利益的代表者参加，公众的参与不仅增加了最低工资制定的公平性，还有助于其顺利有效实施。

第四，最低工资制度立法层次高，法律制度健全。最低工资制度作为国家干预工资调整的一种手段，必须具有一定的权威性、强制性，而立法层次正好体现了这一点。法律制度健全更是确保其有效实施的基础，所以最低工资制度内容需要详细、充实、准确，不管是从调整规则、适用范围、测算标准，还是到监督、处罚，都应该清楚地体现出来，防止企业钻法律的空子。

6.4.6 完善我国最低工资制度的建议

最低工资制度在我国实施发展的过程中，对我国保障低收入劳动者基本权益、收入分配、促进产业结构调整等方面都发挥了一定的积极作用，但其在我国发展至今才近二十年的历史，发展时间较短决定了不管是制度本身还是其执行、监管方面都存在着诸多问题，亟须我们去研究解决。因此，针对最低工资制度实施过程中存在的诸多问题，结合国外经验，提出对策建议，能够为我国最低工资制度的发展提供一些理论支持。

6.4.6.1 立法层面

（1）提高最低工资制度法律地位，确保其规范性

作为保证劳动者基本生存的保障措施，在我国最低工资制度除了在《劳动法》《劳动合同法》中有所涉及之外，其他的都是出现在各地方的规章制度中，其相关规定缺乏科学性严密性，其社会认可度和认知度不高，这也造成了社会各界对其重视度较低，相比于其他国家其立法层次亟待提高。因此，我们可以借鉴澳大利亚以立法的形式提升最低工资制度法律地位的方法，建议将最低工资制度写入宪法或由政府出台相应的条例，增加其科学性与公正性，以保证最低工资制度的权威性。

（2）成立专门组织参与最低工资标准调整，确保体现劳资双方意志

最低工资标准涉及社会各阶层人员的自身利益、收入分配、经济发展等方面的问题，在制定过程中对其科学性要求较高，因此可以像日本的最低工资局、澳大利亚的“低收入委员会”那样，成立专门组织去参与最低工资标准制定，这个组织要同时包括有政府代表及同等数量的劳资双方代表，以此来征集劳资双方的意见。此外还可以包括一些相关领域的学者、专家，用他们专业的知识结构为最低工资标准的科学性提供依据或指导。还可以通过听证会等方式加强公众参与，收集民意，确保最低工资标准实施的公平性与可行性。

（3）统一最低工资标准内涵

我国最低工资标准内涵不统一，主要体现在职工社保个人缴纳部分包含与否问题。《最低工资规定》中并没有明确规定最低工资标准是不是包含职工社会保险个人缴纳的费用，再加上我国为地方政府主导型的最低工资制定体制，最低工资标准由各地方政府根据各地的经济状况自行规定，这就导致了我国各地区最低工资标准口径不一，各地区可比性不强。因此，我国可以借鉴国外经验，统一界定最低工资标准内涵，将社会保险中职工个人缴纳的部分纳入到最低工资标准中去，这样可以更好地保障劳动者特别是未参保劳动者的基本生活，也可以促进社保工作的进步。

（4）确立全国统一最低工资标准，扩大覆盖范围

我国最低工资标准由地方政府确定并报送劳保部门提出修改意见，最后决定权还是在于地方政府，因此造成了地方政府意见占主导地位的局面，最低工资标准参差不齐，地区差距较大，使得劳动力向经济发达地区流动，地区经济发展不平衡加剧。综观国外最低工资标准的确定方法，大多数国家都制定了全国统一的最低工资标准，因此我国也可以制定全国统一标准作为最低工资底线，同时各地方可以制定自己单独的标准，但要求必须高于全国统一的标准。另外还可以针对不同行业、特殊群体制定例外原则，扩大最低工资覆盖范围。

6.4.6.2 执行层面

（1）提高政府对最低工资制度的重视程度

最低工资制度是政府保护低收入劳动者的一种手段，是改变劳资双方强弱地位关系、促进和谐社会建立发展的重要举措。因此，必须提高地方政府对最低工资制度重要性的认识，不能只热衷于关注政绩忽视最低工资制度的执行力度，或好高骛远制定出与当地经济发展水平相差甚远的最低工资标准。地方政府作为最低工资标准的制定者，需要高度重视最低工资制度在促进经济社会发展中的重要作用，根据当地实际情况慎重调整最低工资标准。

（2）加强执行环境，促进企业经营者的融入

最低工资制度的实施可能在一定程度上增加企业的人力资源成本，企

业经营者为了降低成本会通过各种方法去模糊最低工资，这是造成最低工资制度的执行力度不够的原因之一。作为最低工资制度的实施主体，企业经营者对该制度的重视程度至关重要。因此，笔者建议可以通过培训、讲座、宣传等途径提高企业的法律意识，或把最低工资制度写入企业规章制度，让企业从劳资关系对企业长远发展方面对最低工资制度有一个新的理解。还可以为企业建立诚信档案，以此作为评判企业社会贡献度的一个因素指标，并发挥监督最低工资执行情况的作用。

（3）加强宣传力度，增强劳动者维权意识

在我国，最低工资制度实施时间较短，劳动者对其缺乏必要的了解，特别是低收入劳动群体，当利益受到侵害时他们意识不到及时维权，或者为了保住工作而放弃维权。因此，政府可以通过宣传栏、报纸、电视、网络等媒体宣传向人们普及最低工资知识以及违反制度的案例，提高劳动者维权的自觉性，像澳大利亚的最低工资制度那样，在不断修正中大力宣传，接受大众监督，广泛地为人民群众所知。

6.4.6.3 监管层面

（1）建立健全监督机制，强化政府部门监管力度

目前，我国的劳动监督部门的工作重点主要集中在对企业的工资拖欠和强制延长工作时间的检查上，较少注意工人实际工资是否违背最低工资标准，更不用说员工工资在企业利润或企业增加值中所占的比例，监督范围较窄也导致了最低工资制度难以落实。因此劳动监督部门除了日常检查外，还可以开展一些关于最低工资的专项检查，督促企业在确保最低工资标准的前提下随着企业效益的提升而提高员工工资水平，促进员工与企业共同发展。此外，政府可以通过网络等新闻媒体，收集民意，发挥人民群众的监督作用。

（2）加大惩处力度，优化处理程序

我国最低工资制度对违反制度的企业，会由劳保部门责令其限期补发拖欠工资，除此之外也可责令违法企业支付所欠工资的 1 ~5 倍的赔偿金。这些规定过于模糊，也没有明确说明如果用人单位拒绝补发工资或赔偿金该如何处理。不够明确的规定也让部分企业钻政策的空子，起不到应有的

监督作用。因此需要有关部门明确最低工资制度惩罚细则，加大惩罚的力度。我国关于最低工资标准的争议按劳动争议有关规定处理，程序比较烦琐且有时限限制，政府可以借鉴澳大利亚的劳资关系申诉专员办事处，成立专门处理最低工资标准争议的机构，以确保及时妥善处理争议，保障劳动者的权益，同时可以在处理中发现问题和不足，为最低工资制度的制定与修正提供依据。

（3）强化工会地位，发挥监督作用

工会作为职工利益的代表，其出发点就是保障职工的合法利益。但我国的工会组织由于各种原因，往往受制于政府和企业，组织力量不够大，有些企业甚至没有成立这样的组织，这使得我国的工会组织没有像发达国家那样发挥其重要的作用，也间接造就了劳方的弱势地位。为此，我们可以借鉴国外经验，以最低工资制度作为工资集体协商的基础，加强工会组织的建设，通过建立基层工会或工会联合会等多种途径去扩大工会的覆盖面积，发挥工会组织的监督作用。

6.5 “中国智造”背景下劳动者的保障：企业年金研究

6.5.1 年金制的基本理论与法律规定

6.5.1.1 基本概念与性质

企业年金（Enterprise annuity system）是指在政府强制实施的公共养老金或国家养老金之外，企业在国家政策的指导下，根据自身经济实力和经济状况建立的，为本企业职工提供一定程度退休收入保障的补充性养老金制度。企业年金基金是指根据企业年金计划筹集的资金及其投资运营收益形成的企业补充养老保险基金，被称作是养老保险体系的第二支柱。对于企业来说，企业年金是一种具有递延性质的激励模式，它是企业和职工之间的长期契约，有利于增加企业和职工的长期人力资本投资。在国外，年金、股票和期权一起被称为企业留住人才的三副“金手铐”。

6.5.1.2 企业年金的分类

（1）根据法律规范的程度来划分

企业年金可分为自愿性和强制性两类：①自愿性企业年金。以美国、日本为代表，国家通过立法，制定基本规则和基本政策，企业自愿参加；企业一旦决定实行补充保险，必须按照既定的规则运作；具体实施方案、待遇水平、基金模式由企业制定或选择；雇员可以缴费，也可以不缴费；②强制性企业年金。以澳大利亚、法国为代表，国家立法，强制实施，所有雇主都必须为其雇员投保；待遇水平、基金模式、筹资方法等完全由国家规定。我国目前奉行自愿性年金制度。

（2）根据待遇计发办法来划分

企业年金可分为缴费确定和待遇确定两种类型：①缴费确定型企业年金，即通过建立个人账户的方式，由企业和职工定期按一定比例缴纳保险费（其中职工个人少缴或不缴费），职工退休时的企业年金水平取决于资金积累规模及其投资收益；②待遇确定型企业年金，即通过确定一定的收入替代率，保障职工获得稳定的企业年金，基金的积累规模和水平随工资增长幅度进行调整。根据待遇确定型企业年金，企业承担因无法预测的社会经济变化引起的企业年金收入波动风险。我国目前实施缴费确定型企业年金制度。

6.5.1.3 我国企业年金制度的法律规定

（1）适用条件

根据2004年5月1日起施行的《企业年金试行办法》，符合下列条件的企业，可以建立企业年金：依法参加基本养老保险并履行缴费义务；具有相应的经济负担能力；已建立集体协商机制。

建立企业年金，应当由企业与工会或职工代表通过集体协商确定，并制订企业年金方案。国有及国有控股企业的企业年金方案草案应当提交职工大会或职工代表大会讨论通过。企业年金方案应当报送所在地区县以上地方人民政府劳动保障行政部门。中央所属大型企业企业年金方案，应当报送劳动保障部。劳动保障行政部门自收到企业年金方案文本之日起15日内未提出异议的，企业年金方案即行生效。

（2）企业年金方案

企业年金方案应当包括以下内容：参加人员范围、资金筹集方式、职工企业年金个人账户管理方式、基金管理方式、计发办法和支付方式、支付企业年金待遇的条件、组织管理和监督方式、中止缴费的条件。企业年金方案适用于企业试用期满的职工。

（3）缴费

企业年金所需费用由企业和职工个人共同缴纳。企业缴费的列支渠道按国家有关规定执行；职工个人缴费可以由企业从职工个人工资中代扣。企业缴费每年不超过本企业上年度职工工资总额的十二分之一。企业和职工个人缴费合计一般不超过本企业上年度职工工资总额的六分之一。

（4）基金管理

企业年金基金由下列各项组成：企业缴费、职工个人缴费、企业年金基金投资运营收益。企业年金基金实行完全积累，采用个人账户方式进行管理。企业年金基金可以按照国家规定投资运营。企业年金基金投资运营收益并入企业年金基金。企业缴费应当按照企业年金方案规定比例计算的数额计入职工企业年金个人账户；职工个人缴费额计入本人企业年金个人账户。企业年金基金投资运营收益，按净收益率计入企业年金个人账户。

（5）年金领取与转移

职工在达到国家规定的退休年龄时，可以从本人企业年金个人账户中一次或定期领取企业年金。职工未达到国家规定的退休年龄的，不得从个人账户中提前提取资金。出境定居人员的企业年金个人账户资金，可根据本人要求一次性支付给本人。职工或退休人员死亡后，其企业年金个人账户余额由其指定的受益人或法定继承人一次性领取。

职工变动工作单位时，企业年金个人账户资金可以随同转移。职工升学、参军、失业期间或新就业单位没有实行企业年金制度的，其企业年金个人账户可由原管理机构继续管理。

（6）年金管理

建立企业年金的企业，应当确定企业年金受托人（以下简称受托人），受托管理企业年金。受托人可以是企业成立的企业年金理事会，也可以是符合国家规定的法人受托机构。企业年金理事会由企业和职工代表组成，也可以聘请企业以外的专业人员参加，其中职工代表应不少于三分之一。企业年金理事会除管理本企业的企业年金事务之外，不得从事其他任何形式的营业性活动。

6.5.2 我国企业年金执行中存在的主要问题

6.5.2.1 参与率过低

从就业人口参与率看，截至2011年底，我国企业年金人口参与率仅为2.1%，而英国为8.7%、法国为10.6%、加拿大为39.4%、美国为46%，相比之下我国企业年金的覆盖范围实在是微乎其微。同时，我国企业年金覆盖的行业结构还很不均衡，从参加的企业看，绝大部分是中央和地方有实力的国有大中型企业，主要分布在交通、通讯、能源、金融等垄断行业。中小企业建立企业年金的相当少，占全国企业年金基金总规模的4%，缴费人数占比仅为10%。

6.5.2.2 投资回报率不高

我国目前还不够发达的资本市场难以提供多样化的投资工具和投资渠道，对个性化和多样化年金产品的设计和提供形成了严重制约，出现投资收益低于同期银行储蓄和国债利率的非正常现象，致使一些企业年金过度依赖缴费而不是投资绩效，削弱了企业年金的吸引力。

6.5.2.3 管理不规范

我国企业年金的管理运营主要采用三种模式：①企业自办模式。该模式存在难以控制的被挪用的风险。②社保机构经办模式。由社保机构收取、管理、经营、发放企业年金。该模式的弊端在于监管与运营合一，企业和员工对资金的投资、收益、分配等无法有效监管。③保险公司模式。该模式的主要问题在于企业年金资产与保险公司的资产没有截然分开，也难以保证年金资产的独立性和安全性，且管理成本高、基金运用渠道少。

6.5.2.4 税收优惠政策未得到普遍体现

对企业年金缴费实行免税或推迟征税，是推动企业年金发展的最主要因素之一。大多数国家（如美、英、日等国）一般在企业和职工缴纳年金费用及年金基金投资这两个环节免税，只在退休职工领取企业年金时进行征税。但目前我国全国统一的税收优惠政策没有出台，投资环境不理想，监管体系尚未建立。

6.5.3 几点建议

6.5.3.1 在法律中明确企业年金制度的地位

现行《社会保险法》应对企业年金的法律地位有适当的定性，明确把它定为职业福利范畴内的有相关政策支持的补充保险，做出基本的法律定位。

6.5.3.2 细化税收优惠政策

政府应当从税收层面上给予企业年金优惠政策，鼓励企业和职工个人共同缴费。尽快研究出台企业年金税收优惠政策，并完善相关法规，促进企业年金和个人自愿性养老保险发展，并鼓励其通过专业化的投资机构投资资本市场，实现养老金保值增值。同时，用财政手段进一步降低企业年金管理运营的成本费用，鼓励各类年金专业管理机构加快发展年金市场，提升年金管理水平。

6.5.3.3 建立良好的投资与管理机制

我国企业年金基金投资运营要遵循下列原则：进行组合投资达到减少投资风险的目的；要坚持投资管理人和基金托管人职责严格分离的原则，明确双方责任；要确保资金安全性，在确保风险保持在合理水平的前提下，实施积极的投资策略。发展企业年金制，要拓宽投资渠道，在风险可控的前提下，逐步拓宽企业年金的投资渠道，适当允许企业年金投资基础设施债权计划、信托计划、银行理财产品、对冲工具等，扩大委托人和投资管理人的选择空间，更好地实现多元资产配置。

6.5.3.4 由“非强制”逐步转向“强制性”

完全自愿建设养老保障体系起到的作用相当有限，应当推动企业年金制度逐步向强制性方向发展。就具体过程而言，可先转向“半强制”，再逐步转向“强制性”。所谓“半强制”是指，要求国企及其他已经盈利的企业必须建立企业年金，先承担起更多的社会责任，尚未实现盈利的企业是否建立可自愿性选择。待条件成熟时，要求所有单位都必须建立企业年金制度，实现“强制性”。

6.6 事业单位职业年金制研究

6.6.1 职业年金制的提出

“退休养老金双轨制”，是指不同用工性质的人员采取不同的退休养老金制度。具体而言，企业职工缴纳养老保险，退休后领取养老保险金；国家公务员和事业单位人员无须缴纳养老保险而享受退休工资。

“退休养老金双轨制”是计划经济时代向市场经济转型期的产物，其形成分为三个阶段：一是传统型养老保险制度的建立阶段（1951～1978年）；二是对养老保险制度实行社会统筹的探索阶段（1978～1991年）；三是社会统筹与个人账户相结合的养老保险制度的实践阶段（1991年至今）。

双轨制养老体制饱受诟病。社会争议的焦点在于：该体制公平性缺失，体制内人员无须缴纳保险，但其退休保障水平高于企业养老保险金。1990年，中国企业和机关职工年人均离退休费分别为1664元、2006元，2004年则分别为8081元、16532元，前者仅是后者的48.8%，差距拉大。2015

年初，国务院印发了《关于机关事业单位工作人员养老保险制度改革的决定》，要求机关事业单位在参加基本养老保险的基础上，应当为其工作人员建立职业年金。2015 年 3 月，国务院办公厅下发《关于印发机关事业单位职业年金办法的通知》，机关事业单位职业年金正式实施。职业年金制的确立是中国机关事业单位养老保险制度改革的重要组成部分，对于建立多层次、可持续养老保险制度，保障机关事业单位工作人员退休后的生活、促进人力资源合理流动具有重要意义。

6.6.2 我国职业年金制的主要内容

（1）适用范围

根据《机关事业单位职业年金办法》，职业年金适用于国家公务员和事业单位。

（2）费用缴纳

《机关事业单位职业年金办法》指出，职业年金所需费用由单位和工作人员个人共同承担。单位缴纳职业年金费用的比例是本单位工资总额的 8%；个人缴费比例是本人缴费工资的 4%，由单位代扣。单位与个人缴费基数与机关事业单位工作人员基本养老保险缴费基数一致。

根据经济社会发展状况，国家适时调整单位和个人职业年金缴费的比例。

（3）年金管理

《机关事业单位职业年金办法》指出，职业年金基金采用个人账户方式管理，个人缴费实行实账积累。对财政全额供款的单位，单位缴费根据单位提供的信息采取记账方式，每年按照国家统一公布的记账利率计算利息，工作人员退休前，本人职业年金账户的累计储存额由同级财政拨付资金记实；对非财政全额供款的单位，单位缴费实行实账积累。实账积累形成的职业年金基金，实行市场化投资运营，按实际收益计息。工作人员变动工作单位时，职业年金个人账户资金可以随同转移。工作人员升学、参军、失业期间或新就业单位没有实行职业年金或企业年金制度的，其职业年金个人账户由原管理机构继续管理运营。新就业单位已建立职业年金或企业年金制度的，原职业年金个人账户资金随同转移。

（4）费用领取

《机关事业单位职业年金办法》指出，符合下列条件之一的可以领取职业年金：①工作人员在达到国家规定的退休条件并依法办理退休手续后，由本人选择按月领取职业年金待遇的方式。可一次性用于购买商业养老保险产品，依据保险契约领取待遇并享受相应的继承权；可选择按照本人退休时对应的计发月数计发职业年金月待遇标准，发完为止，同时职业年金个人账户余额享有继承权。本人选择任一领取方式后不再更改。②出国（境）定居人员的职业年金个人账户资金，可根据本人要求一次性支付给本人。③工作人员在职期间死亡的，其职业年金个人账户余额可以继承。

6.6.3 机关事业单位职业年金与企业年金的区别

职业年金与企业年金相比主要有四方面的不同。

（1）强制性不同

职业年金具有强制性，而企业年金的建立是企业的自愿行为。

（2）经办机构不同

职业年金的经办管理由各级社保经办机构负责，企业年金则是由企业或行业单独设立的企业年金机构经办管理。

（3）领取办法不同

工作人员退休后，职业年金需按月领取，该笔资金可一次性用于购买商业养老保险产品，依据保险契约领取待遇并享受相应的继承权或选择按照本人退休时对应的计发月数计发职业年金月待遇标准，企业年金则没有这方面的规定。

（4）缴费方式不同

企业年金的个人和单位部分都是实缴，职业年金的单位部分大部分都采取记账方式。

6.6.4 机关事业单位职业年金制存在的问题

（1）费用缴纳问题

根据《机关事业单位职业年金办法》，财政全额供款单位的年金采取记账制。这里的财政全额拨款单位主要包括有图书馆、文化馆、各级公办学校、党校、档案局、文化中心、农业局下属的森防管理事业单位、动物疫病控制中心、城建局下城市维护管理的如园林处、公园、绿化站、城肥所、环卫处、疾控中心、防治站等。所谓记账制，是指其名义上每一年都有资金入账，但事实上该资金并不存在，国家仅仅每年按照国家统一公布的记账利率计算利息。这里产生的问题主要包括：第一，延期支付在理论上以国家信用做担保，可以缓解当期财政压力，但仍存在国家无力支付的风险；第二，记账利率的标准不明确，其收益率可能低于通货膨胀率。

（2）资金安全性问题

根据《机关事业单位职业年金办法》，职业年金的经办管理工作，由各级社会保险经办机构负责。职业年金基金应当委托具有资格的投资运营机构作为投资管理人，负责职业年金基金的投资运营；应当选择具有资格的商业银行作为托管人，负责托管职业年金基金。职业年金基金必须与投资管理人和托管人的自有资产或其他资产分开管理，保证职业年金财产独立性，不得挪作其他用途。县级以上各级人民政府人力资源社会保障行政部门、财政部门负责对本办法的执行情况进行监督检查。对违反本办法规定的，由人力资源社会保障行政部门和财政部门予以警告，责令改正。《规定》对于违规使用、挪用职业年金的处罚限于“警告”，责任过轻，难保违规事件的发生。

（3）公平性问题

建立机关事业单位职业年金制度是为了强制建立发挥基本养老保险的补充作用。为维护制度统一，《机关事业单位职业年金办法》适用范围和缴费基数均与基本养老保险的相关规定一致。然而，有网民仍提出质疑：财政全额供款单位年金采取记账制，单位无须实际缴纳而最终由国家财政负担，机关事业单位职业年金制度更似“换马甲”的双轨制。

6.7 小　结

人力资本价值决定理论历经了古典经济学创始学派的分配理论、古典经济学派的收入分配理论、庸俗经济学的分配理论体系、新古典经济学派的工资理论、凯恩斯的分配理论、现代收入分配理论，各种理论都有其历史局限性和现实价值。企业家人力资本定价有其特殊性，股权激励被广泛应用，但面临着制度障碍。一般认为，高管薪酬政策属公司自治事务，通过市场机制足以确保对高管支付的是竞争性而非垄断性的薪金，但为了防范公司高管道德风险和机会主义，借助法律对公司高管薪酬决策进行有限干预也成为常态。最低工资制度是国家对全国工资水平实施干预的调控手段。我国自实施最低工资制度以来，虽然在保护低收入劳动者合法利益方面发挥了积极作用，但由于该制度实施时间不长，依然存在着诸多问题。随着养老体制改革，企业年金和职业年金成为员工关注的焦点。

7 “中国智造”中的和谐劳动关系管理

劳资关系是指劳动者与用人单位在实现劳动过程中建立的社会经济关系。市场经济条件下，劳资关系与劳动者的劳动权、生存权、自由权与个人尊严等息息相关，成为市场经济中最重要的经济关系。西方劳资关系的发展历经数百年，已经形成以德国和北欧国家为代表的劳资协议自治式的劳资关系模式，以日本、韩国为代表的家族式劳资关系模式和以加拿大、美国为代表的自由多元化的劳资关系模式。

7.1 “中国制造”转型“中国智造”面临劳资困局

新中国成立后至改革开放（1949~1979年），我国实行计划经济体制，一切企业属于国有，劳动者是国有企业的“终身制”员工，国有企业承担劳动者的各种劳动保险和福利。因此，该阶段不存在完全意义上的劳资关系，但存在政府和职工之间的劳动关系。改革开放后，计划经济转向市场体制，我国劳动关系发生深刻。处于转型期的劳动关系具有下列特征：(1) 市场化转型基本完成但尚不完善，法治化程度低，劳动关系运行不规范；(2) 个别劳动关系向集体劳动关系转化，劳动关系的构成和调整由个别向集体转变，劳资力量平衡不断调整（常凯，2010），双方因利益诉求不同引发的矛盾日益凸显。

2008年以来，受金融危机的影响，不少企业经营困难，劳动争议案件急剧增加，由劳资矛盾引发的群体性事件进入高发期[①]，劳资困局深化，劳资矛盾已成为中国社会的主要矛盾。破解劳资困局，必须调整现行劳资管理体制。

7.1.1 转型期劳资困局形成的一般逻辑

这里的转型期包括三层含义：第一，社会转型期。即：城镇人口逐渐超过农村人口。以城市社会为开始取代数千年的以“农村社会”为主导的城市乡村社会结构，中国人的生活方式、生产方式、职业结构、消费行为以及价值观念都将发生深刻变化。第二，经济转型期。即市场经济体制取代计划经济体制，产业结构不断优化，第二、第三产业成为吸纳劳动力的主导性产业。第三，政治转型期。即社会主义市场法律体系基本建立，以民主、平等、自由为核心价值观被社会各阶层接受，法治理念取代人治思想，国民权利意识不断增强，利益诉求更加直接。转型期中国劳资困局的形成既具有劳动和资本对抗性依附的共性，又有转型期特有的制度困局和利益逻辑[②]。

7.1.1.1 资方处于“双强势”地位

转型期，资方既处于天然强势地位，又获取了制度强势。即面对工业化过程中的资本短缺，在资本“用脚投票”流动性压力下，资方具有极大的讨价还价优势。与此同时，我国劳动力供给长期供过于求，劳动力大量过剩，且就业能力贫困，缺乏与资本抗衡的力量。2008 年以来，尽管出现局部“用工荒”，但对于富士康之类的超大型企业，地方政府仍关爱有加，或以行政命令分解劳工任务，或直接以招工补贴形式，利用公共资源向企业补充劳动力供给。

7.1.1.2 劳工法制不周延

我国已构建其以《宪法》《劳动法》《劳动合同法》为主线的劳工立法

---

① 劳资矛盾引发群体性事件进入高发期［EB/OL］.（2009－12－14），http：//news. qq. com/a/20091214/002118. htm.

② 刘泰洪，杨焕成．转型条件下劳资关系及其治理［J］．改革，2009（2）．

体系，但劳工保护的长效机制尚未建立，劳工实体权益部分缺失，权利救济手段不甚顺畅。例如，工资支付、劳动条件保护等涉及劳动者权益的规章制度法律阶位低；劳动保障监察、劳动争议仲裁和劳动争议诉讼效率低，致使违法用工成本低。实践中，劳动合同签订率低、劳务派遣泛滥、工作环境恶劣、劳工社会保障和福利权利缺失等现象广泛存在。

7.1.1.3 政府缺位与越位行为并存

现行干部考核和晋升机制使各级政府官员具有强烈的 GDP 冲动。在投资拉动型经济增长模式下，各级政府在平衡劳动关系双方利益时，做出倾向于用人单位理性选择和决策成为其既定“制度共识”的理性选择①。地方政府甚至视产业工人在劳动条件、劳动保障等方面的集体行动为“一小撮别有用心”群众的特别要求进行弹压。

7.1.1.4 劳工平等博弈权缺失

工会既是劳动者的集体代表者、权力维护者，又是劳资矛盾的协调者、中介者、调解者。然而，中国各级工会具有政府内的非政府性组织性质，地方工会的领导基本由当地党委决定。在企业层面，国有企业的工会尚未改变作为行政附属的地位，私营企业的工会则在相当程度被雇主控制和介入，工会独立性差、代表性差②，其行政化、官僚化倾向使其从根本上缺乏为劳动者维权的能力或动力，面对劳资矛盾，“不敢谈”“不愿谈”“不会谈”“谈不成”（王晶，2012）。在通钢事件、林钢事件、本田事件中，工人都对现行体制下的工会提出了质疑。

7.1.1.5 企业伦理责任理念缺失

“伦”是指人、群体、社会、自然之间的利益关系，“理”即道理、规则和原则。在劳工权利缺失的背景下，企业社会责任缺失成为社会诟病，

---

① 陈步雷．劳资分配困局的一个法律解［J］．中国人力资源开发，2012（2）．

② 赵泽洪，李传香．就业能力贫困与再造：新生代农民工就业悖论及其破解［J］．中国人力资源开发，2011（9）．

企业普遍漠视劳动者在利益、名誉、人格、安全等方面的基本权利。例如，在工资制度方面，国内民营企业和生产类在华跨国公司普遍奉行“地板工资制”；在劳工保护和契约自治方面，甚至出现“开胸验肺事件”“黑砖窑事件”等极端案例。

7.1.2 后危机时代劳资困局的新变化

劳资困局是劳动矛盾的集中体现。后危机时代，劳资困局出现新变化：

7.1.2.1 劳资困局深化

根据人力资源和社会保障部和最高人民法院统计，2005 年，各地劳动争议仲裁机构受理劳动争议案件 31.4 万件，2008 年，受理案件攀升至 69 万件；而各级法院 2008 年受理的劳动争议案件达 28 万余件，同比上升 93.93%。劳资矛盾已经成为当前中国的主要社会矛盾。

7.1.2.2 争议主体发生变化

争议主体的变化主要表现在三个方面：（1）私有企业取代国有企业成为争议的主体。统计显示，2007～2008 年劳资矛盾的重点开始向非公有企业内转移。公有制企业内发生劳动争议案件比重从 2003 年的 35% 下降到 2008 年的 15%，而非公有企业发生劳动争议案件所占比重上升到 2008 年的 53%。（2）国内外知名企业取代小型民营企业成为争议的主体。例如，2008 年，就先后发生有河北保定棉纺厂千名职工沿国道“徒步进京旅游”事件、武汉锅炉厂千名工人堵路事件、吉林通钢事件、河南林钢事、重庆嘉陵机器厂工人发生“罢工”事件。（3）新生代农民工成为主要权利诉求主体。这里的新生代农民工是指“80 后”出生，并于 20 世纪 90 年代中后期进入城市劳动力市场，具有农民身份的劳动者。国家统计及数据显示，2011 年我国新生代农民工数量达到 8487 万人，占农民工总数的 58.4%。

7.1.2.3 利益诉求出现新变化

改革初期的劳方利益诉求主要集中于薪酬待遇（第一代农民工）和改

制中的职工安置（改制时的国有企业），随着新生代农民工成为现代产业工人的主要力量，提高薪酬尽管仍是劳方的最重要诉求，但政治权利、劳动保护等进入劳方权利争取范围。根据学者对国内非典型停工事件的分析，容易诱发劳方集体行动的原因依次为：[①]（1）薪酬待遇。工资与福利是诱发群体性劳工事件的最主要原因，集中反映为工资过低、工资差距大、薪酬不公平、拖欠工资等；（2）工作条件，即工作环境恶劣；（3）工作时间过长；（4）企业改制中的职工权益保护；（5）内部管理问题，包括管理粗暴、劳动者尊严受损等；（6）劳动合同问题，包括同工不同酬、合同歧视等；（7）工会独立性问题。2012 年河南新飞停工事件、2012 年郑州富士康停工事件，也基本上与此有关。

7.1.2.4 表达方式发生新变化

改革初期劳方主要通过上访、停工、要求政府对话等方式表达诉求，且以个体劳动为主。后危机时代，劳工开始以集体行动主张权利，群体性事件不断出现。劳工群体性事件一般是指劳动者越过现行的制度框架，直接采取非常规的行动，以期维护切身利益的集群行为。群体性劳工事件具有突发性、骤然性、轰动性，且通常表现为集会、游行、集体上访等非正式手段，甚至发展成为罢工、堵塞交通、破坏公共财产等极端形式。

7.1.2.5 劳资治理模式出现新变化

面对此起彼伏的劳资冲突，国内学者开始对现有的国家主导型劳资治理模式进行反思，政府也开始审慎调整现行制度，鼓励产权合作、平等博弈、公平定价，劳资合作渐次取代资方单边管理，所谓劳资合作主义，其价值内涵重视协调和整合，在合作主治理模式下，寻求劳动关系双方的“合作因素”和劳动关系治理的平稳转型。

7.1.3 破解劳资困局中的政府行为

劳资困局实质是利益分配困局和权利安排困局。政府是宏观劳资政策

---

① 李丽琳，苗苗，胡梦洁，武静云．2004～2010 年我国典型停工事件分析［J］．中国人力资源开发，2011（3）．

和劳资制度的制定者、推动者和监管者。破解劳资困局，政府必须有所为、有所不为。

7.1.3.1 政府必须在调整劳资利益分配格局上有所作为

提高薪酬是劳方最重要的诉求。目前，我国分配困局主要体现在两个层面：首先，在较少承担社会保障职能的情况下，政府征收比例明显过大，劳资可分配总值相对不足。其次，劳方和资方缺乏平等博弈、合理定价和公平分配的市场机制。资方利用劳权贫困及相关机制残缺的机会，获得了制度性强势和制度性红利。[①] 因此，提高劳方薪酬水平，政府必须改革现行社会初次分配机制，防范“政府征收苛重，资方利润挤占工资”所形成的劣质均衡。

7.1.3.2 政府在推进“三方机制”建设上应有所作为

这里的三方是指政府、雇主组织和工人组织，他们彼此独立，代表着不同的利益群体。通过三方协商、对话、沟通，处理劳资纠纷，劳动报酬、社会保险、职业培训、劳动争议、劳动安全卫生、工作时间和休息休假、集体合同、劳动合同等劳动关系中的重大问题，是国际劳工组织和西方国家处理劳资矛盾的共同准则。在资强劳弱的背景下，我国政府应成为三方机制的积极推动者。具体措施包括：（1）由政府劳动部门、雇主组织和工会组织的代表组成常设机构，讨论经济和社会政策；（2）成立三方专业委员会，如国家就业促进委员会、国家劳资生产委员会、国家劳动关系委员会、国家工资委员会、国家社会保险委员会等，对就业、劳动关系、工资、社会保险等专门问题进行协商讨论；（3）设立三方劳动争议处理机构。由三方人员组成调解委员会、仲裁委员会、劳资关系委员会，处理劳动争议；（4）建立政府主导下的分层次的集体谈判模式和分层确立谈判主体制度，即在地区、国家层面或产业、行业、企业层面，建立政府主导的、以劳资双方为谈判主体的集体谈判模式[②]。

---

① 陈步雷．劳资分配困局的一个法律解［J］．中国人力资源开发，2012（2）．

② 廖少宏．集体劳动关系规制：问题与挑战［J］．中国人力资源开发，2011（12）．

7.1.3.3 政府在“劳资三权”建设上应有所作为

劳工结社权、集体谈判权和集体行动权是劳资契约自治的前提。“劳资三权”是工具性、救济性、辅助性权利，基本功能是辅助弱者，实现博弈平衡。面对劳权贫困、机制残缺这一现实，国家应摒弃现行以全面加强劳动行政为主要手段的公权力干预机制。通过强化“劳资三权”，在主体塑造、资格确认、信息披露与保密、定期或常规谈判、程序安排等方面进行审慎制度设计，矫治劳资失衡，建立起劳资对等博弈、合理定价与公平交易的关系、机制、平台与格局（陈步雷，2012）。

7.1.3.4 政府在构建和谐劳资法制建设上应当积极作为

国家是宏观劳资制度的供给者、设计者和监督者，面对转型期劳资矛盾重现的新变化、新问题，需要完善现行劳资立法、理顺劳资管理体制，以缓解劳资矛盾的对抗性，增加劳资合作的和谐性。

7.2 转型期劳动者救济的刑法安排

《中华人民共和国刑法修正案（八）》增设了“拒不支付劳动报酬罪”。法案规定，“以转移财产、逃匿等方法逃避支付劳动者的劳动报酬或者有能力支付而不支付劳动者的劳动报酬，数额较大，经政府有关部门责令支付仍不支付的，处三年以下有期徒刑或者拘役，并处或者单处罚金；造成严重后果的，处三年以上七年以下有期徒刑，并处罚金”（舆论称“恶意欠薪入刑”）。

“拒不支付劳动报酬罪”是国家刑事处罚制度的组成部分，反映着欠薪者（债务人）、劳动者（债权人）和政府三方力量的利益考量、博弈技巧和制度收益。国家是“恶意欠薪入刑”制度的供给者、执行者和监督者。国家希望借助该制度安排威慑恶意欠薪者，彰显国家公信力。因此，不妨将“拒不支付劳动报酬罪”置于法经济学分析框架内，对其制度价值与需求、制度供给与设计、制度运行和效益等进行评估、评价和分析。

7.2.1 问题分析的起点与参与方的理性

7.2.1.1 问题分析的起点

“经济人”假说、“有限理性理论”、“不完全信息假设”、交易费用理论等是法经济学的基础理论，成本收益分析法、博弈论等是法经济学的主要研究方法。根据是法经济学的研究逻辑，法律制度来自各利益集团的需求，是各利益集团博弈的结果；国家是法律制度的供给者，而任何一部法律的制定、修改、执行废止都内含着交易成本。因此，对某种社会关系是否需要法律调整，选择现有法律，还是制定新法律，都要进行成本收益权衡。利益规律是法律规律的基础，法律实质上是利益调节的制度安排。法律通过权利义务的合理配置，可以给人们带来实际收益，法律活动的实质是权利义务遮蔽下的利益交易。“拒不支付劳动报酬罪”作为刑事处罚制度的组成部分，体现着国家的制度预期：刑事处罚“一小撮”恶意欠薪者，震慑绝大多数恶意欠薪行为；以刑事处罚保障弱势劳工利益，维护劳工交易市场秩序。

恶意欠薪者（债务人）、讨薪者（债权人）和政府（国家公权力）对“拒不支付劳动报酬罪”的制度预期、现实收益源于其理性判断、博弈技巧和行为决策。

7.2.1.2 恶意欠薪者的理性与选择

恶意欠薪者是“拒不支付劳动报酬罪”的肇事者，市场经济条件下，恶意欠薪者（债务人）具有“经济人”特性，欠薪者是否实施机会主义行为，即是否“以转移财产、逃匿等方法逃避支付劳动者的劳动报酬或者有能力支付而不支付劳动者的劳动报酬”，取决于欠薪者对恶意欠薪收益成本权衡、取决于欠薪者信息的完备性和博弈技巧。欠薪者是否决定实施恶意欠薪行为可以用下列公式表示：

欠薪者是否实施恶意欠薪行为 =（欠薪收益 − 欠薪成本）× 恶意欠薪成功率

式中，恶意欠薪收益主要包括：(1) 因完全不用支付而获得不当利益。即在极端情况下，既有债务（欠薪）完全不用支付，欠薪者获取巨额不当利益。例如，后期因公司破产无须偿债，债务人死亡且其继承人无奈放弃求偿，债务人因彻底绝望放弃求偿。(2) 仅支付部分债务而获得不当利益。例如，讨薪者被迫妥协，对恶意欠薪者进行债务减免。(3) 因延期支付而获取利益。例如，存款利息、股票红利等孳息。(4) 发展机会。例如，延期支付到期债务用于扩大再生产。(5) 其他收益。

恶意欠薪成本主要包括：(1) 因实施下列行为的必要支出：隐匿财产、恶意清偿、虚构债务、虚假破产、虚假倒闭或者以其他方法转移、处分财产的；逃跑、藏匿的；隐匿、销毁或者篡改账目、职工名册、工资支付记录、考勤记录等与劳动报酬相关的材料的；以其他方法逃避支付劳动报酬的；(2) 因社会谴责致使声誉受损。恶意欠薪者多诚信记录不良，并不在意声誉评价。显然，恶意欠薪成本低廉。

欠薪成功率，即恶意欠薪却免予刑事惩处的概率。概率越高，“拒不支付劳动报酬罪”威慑力越小，欠薪者越具有恶意欠薪动力；概率越低，“拒不支付劳动报酬罪”威慑力越大，欠薪者则不敢轻易以身试法。实践中，法院受理与审判数据成为恶意欠薪者判断欠薪成功率的重要参考。

7.2.1.3 讨薪者的博弈能力、理性与选择

实践中的讨薪者主要是农民工。依照法律规定或合同约定获取劳动报酬是其固有权利，但面对恶意欠薪者，讨薪者并不具备与欠薪者同等的博弈能力和博弈技巧：(1) 因经济实力有限，急需获取劳务报酬支付家庭生活、子女入学、生病医疗等开支。微薄的务工收入对其有较高的边际收益，他们无法忍受欠薪者的“白条”和口头允诺。(2) 信息渠道狭窄，他们无从查证欠薪者真实的财务信息和支付能力。(3) 难以忍受漫长的诉讼时间，无力承担求偿劳务报酬的诉讼成本。

讨薪者的行为决策也源于其理性：是否继续受雇于欠薪者、求偿薪酬的边际收益、是否信任劳动法制等。如果讨薪者愿意继续受雇于欠薪者（多次博弈）、仍然信任劳动法制，讨薪者可能：(1) 放弃或部分放弃薪酬债权；(2) 寻求行政或司法支持。如果讨薪者不愿再受雇于欠薪者（一次

性博弈）、求偿薪酬的边际收益极高（恶意欠薪将对其造成严重后果）、不再信任劳动法制，讨薪者则可能：（1）通过各种途径苦求欠薪者支付债务（例如，跳楼讨薪、下跪讨薪）；（2）当穷尽正当途径仍无法实现权利时，则聚众围堵甚至绑架债务人，或聚众围堵政府，引发群体性事件。

7.2.1.4 “拒不支付劳动报酬罪”的制度需求与供给

根据西方经济学的经典理论，在无公权力介入情况下，劳方和资方处于自然博弈状态，资强劳弱，博弈均衡只能以牺牲劳方利益予以实现。因此，为矫正劳资博弈力量失衡局面，欧美市场经济发达国家，莫不借助公权力，赋予劳方三权，即结社权（组建工会权）、集体谈判权和集体行动权（罢工权）。然而，当前我国劳资关系及其治理却具有鲜明转轨期特征，即已经构建起以《宪法》《劳动法》《劳动合同法》为主线的劳工立法体系。

面对维稳压力与构建和谐社会要求，国家引入“拒不支付劳动报酬罪”，以刑事处罚提高资方违法成本。国家希望通过“恶意欠薪入刑”制度实现下列目的：（1）威慑恶意欠薪者，迫使其及时清偿薪酬债务，避免引发群体性事件；（2）彰显国家公信力，确保司法威严。弱势劳工阶层对该制度充满期待，希望自己的劳动权益和契约债权能得以保障。绝大多数诚信经营者对该项制度也不持异议，因为通过国家行为强行驱逐交易秩序破坏者，营造公平、有序、诚信的交易环境合乎其长远利益、根本利益。

7.2.2 “拒不支付劳动报酬罪”执行效果的制度考量

7.2.2.1 “恶意欠薪入刑”的执行效果

“拒不支付劳动报酬罪”2011 年 5 月 1 日即正式实施，但直到 2011 年底、2012 年初，各地才相继有“首例”被公诉和宣判的案例出现。2012 年 12 月，各级人民法院共新受理拒不支付劳动报酬刑事案件 152 起。其中，审结 134 起，仅有 120 名欠薪者被依法判处刑罚。这表明，尽管“恶意欠薪”已列入刑法规定，但其威慑力并未完全彰显。

7.2.2.2 制度运行的法经济学分析

从法经济学的视角看，任何一项制度安排都必须考虑到制度供给（设计）、制度运行、制度监督等成本。“拒不支付劳动报酬罪”执行效果远不及立法预期，是制度设计缺陷的逻辑结果。

（1）条文规定的不周延性和模糊性增加了制度运行成本

具体、明确、周延的制度设计是降低制度运行成本的前提。法学界对“拒不支付劳动报酬罪”的非议集中于制度设计的不周延性和相关规定的模糊性。例如，条文要求“经政府有关部门责令支付”，具体是指哪个部门不明确；对于定罪量刑标准，要求“数额较大”“造成严重后果”，但“数额较大”“造成严重后果”的边界并不清晰。

（2）以政府审查为前置要件增加了制度运行成本

根据“拒不支付劳动报酬罪”的规定，“经政府有关部门责令支付仍不支付”是恶意欠薪入刑的必要条件。换言之，只有“经政府有关部门责令支付仍不支付”者，才可能有牢狱之虞。然而，实践中，政府有关部门是否及时“责令支付”却有不同利益考量：①面对工业化过程中的资本短缺，在资本“用脚投票”流动性压力下，资方具有极大的讨价还价优势。地方政府为GDP业绩，除非已经发生或可能引发群体性事件，地方政府不敢得罪资方，要求责令其支付。②发出支付令意味着政府有关部门必须对劳务关系、欠薪行为和债务人主观恶意等进行调查确认，这势必增加其人力、物力、财力支出。两项权衡，政府缺乏“责令支付”的意愿和动力。因此，以政府审查为前置要件增加了“拒不支付劳动报酬罪”的制度供给成本，降低了“恶意欠薪入刑”风险。

（3）现有关于举证责任的规定增加了制度运行成本

“拒不支付劳动报酬罪”以民事法律关系为基础、以行政法律关系为前置要件，即追究恶意欠薪者刑责，必须劳务关系明确、薪酬债权合法、行政部门已“责令支付”仍无实际效果时方可启动。民事、行政和刑事诉讼皆以事实为根据，以法律为准绳，举证责任分配和举证能力强弱直接关系到诉讼成败。

第一，劳动关系作为特殊民事关系，奉行“谁主张、谁举证”原则。

为弥补劳方举证能力弱下问题，《劳动争议调解仲裁法》引入举证责任倒置原则，即“与争议事项有关的证据属于用人单位掌握管理的，用人单位应当提供；用人单位不提供的，应当承担不利后果”。但实践中，举证责任倒置制度被漠视，劳方常因举证不力而处于不利地位。

第二，政府有关部门“责令支付”为具体行政行为，应讲证据、讲依据、讲程序，负举证责任。如前述，这势必增加其人力、物力、财力支出，政府有关部门或举证动力不足，或力不从心。

第三，“拒不支付劳动报酬罪”为非自诉案件。根据刑事诉讼举证规则，应由人民检察院承担，而检察机关的证据则主要源于公安机关的侦查和预审。受讨薪者无力举证和政府有关部门不愿调查双重约束，公安机关举证成本增加，取证效率不高。

（4）现行诉讼程序增加了制度运行成本

如前述，“拒不支付劳动报酬罪”的启动以民事法律关系为基础、以行政法律关系为前置要件。其正常程序为：被拖欠工资的劳动者首先向劳动监察部门投诉→劳动监察部门受理、调查、责令支付但无效果→劳动监察部门移交案件，公安机关介入并调查取证，报送检察院批捕→检察院向法院提出诉讼→法院受理进入诉讼程序。漫长的司法程序，提高了诉讼时间成本，降低了讨薪者诉讼热情。

（5）法定“脱罪”的规定提高了恶意欠薪者“脱罪”机会

现行规定最大程度上体现出“惩前毖后，治病救人”立法宗旨。法律规定，“拒不支付劳动者的劳动报酬，尚未造成严重后果，在刑事立案前支付劳动者的劳动报酬，并依法承担相应赔偿责任的，可以认定为情节显著轻微危害不大，不认为是犯罪；在提起公诉前支付劳动者的劳动报酬，并依法承担相应赔偿责任的，可以减轻或者免除刑事处罚；在一审宣判前支付劳动者的劳动报酬，并依法承担相应赔偿责任的，可以从轻处罚。对于免除刑事处罚的，可以根据案件的不同情况，予以训诫、责令具结悔过或者赔礼道歉。拒不支付劳动者的劳动报酬，造成严重后果，但在宣判前支付劳动者的劳动报酬，并依法承担相应赔偿责任的，可以酌情从宽处罚”。从条文上看，法则给了恶意欠薪者四次“脱罪”机会，换言之，在刑事诉讼前、诉讼中和终审前，恶意欠薪者可以随时“悔罪”，支付债务，获得减轻、从宽或者免除刑事处罚的机会。

7.2.3 提高“拒不支付劳动报酬罪”制度收益建议

国家显然已经认识到“拒不支付劳动报酬罪”所存在制度漏洞。2013年1月23日，最高人民法院发布《关于审理拒不支付劳动报酬刑事案件适用法律若干问题的解释》（以下简称“解释”），以期矫正因现行规定“标准不够细化、边界模糊”带来的执法尴尬。论文认为，尽管该“解释”已部分补正立法周延性问题，但仍有制度优化空间。

7.2.3.1 明确“拒不支付劳动报酬罪”制度价值

任何制度设计都应有其鲜明的制度价值。“拒不支付劳动报酬罪”意在惩处背信失德和机会主义者，维护国家法治尊严，彰显国家公信力；补救劳工权利，匡正交易秩序，彰显国家正义观。因此，提高违规者交易成本，降低违规者预期收益应成为“拒不支付劳动报酬罪”制度供给的基本考量。基于此，建议修改法定“脱罪”规定，即对于恶意欠薪，且造成严重后果，一旦判决有罪，应从重处罚，而非“可以酌情从宽处罚”。

7.2.3.2 拓宽“恶意欠薪入刑”前置条件

提高“拒不支付劳动报酬罪”的制度效率，应拓宽恶意欠薪入刑的前置条件。因此，建议将“政府有关部门”扩展为“国家有关机关”，它既包括人力资源社会保障部门或者政府其他有关部门，还应包括劳动仲裁机构、人民法院和公证机关。责令支付文书不仅包括人力资源社会保障部门或者政府其他有关部门依法下达的限期整改指令书、行政处理决定书，还应包括已经生效的劳动仲裁裁决、法院判决书和具有强制执行效力的公证债权文书。

7.2.3.3 简化诉讼程序，降低诉讼成本

提高制度效率还应简化诉讼程序。因此，建议改“拒不支付劳动报酬罪”为自诉案件，适用简易程序，只要债权人以政府部门发出的限期整改

指令书、行政处理决定书、已经生效的劳动仲裁裁决、法院判决书和具有强制执行效力的公证债权文书等有效证据提起诉讼，法院应受理并依法裁决。如此，将有助于简化公权力介入环节，有助于缓解举证难问题。

7.3 “中国智造”必须尊重 SA8000 规则[①]

7.3.1 中国引入 SA8000 的必要性

劳动关系是市场经济下最重要的社会关系。随着经济全球化，世界范围内的劳工标准运动发展迅猛，并呈现出从国内问题向国际问题转化，从官方层次向民间层次渗透的趋势[②]。截至 2013 年底，国际劳工组织（ILO）先后出台近 200 项国际劳工标准。在国际贸易实践中，越来越多的跨国公司也开始主动遵循国际劳工标准，积极参加 SA8000 社会责任国际标准认证。

SA8000，全称为 Social Accountability International Standard 8000，由美国的社会责任国际（SAI）发起并制定。1991 年，美国第一次 SAI 会议上正式提出社会责任标准草案（SA2000），后定名为 SA8000 社会责任国际标准。1997 年 10 月 SA8000 标准公开发布。其后，该标准不断修改。目前，执行 SA8000：2008 版本。

SA8000 是迄今为止第一个劳工规范国际道德标准，适用于世界各地、任何行业、不同规模的企业。面对该标准，学界看法不一，有人认为，SA8000 标准由发达国家推动制定，是发达国家以劳动者劳动环境和生存权利为借口而实施的“蓝色壁垒”（熊励辉，2004）；也有学者认为，执行 SA8000 有利于赢得消费者的关注和认同、增强投资者的信心、改善企业人力资源管理、完善企业的管理体系（曲建忠、刘国华，2004）。

---

① 赵志泉，杨云．基于 SA8000 视域的私募《劳动法》修改建议［J］．创新科技，2014（16）．

② 张霞，安增科．国外劳工标准问题研究的四大争议［J］．国外社会科学，2010（4）．

中国是世界制造大国，也是国际劳工组织（ILO）的创始会员国。尽管SA8000标准会在一定程度上提高中国企业的运营成本，但SA8000体现出“以人为本”管理理念，它在平衡劳资双方博弈能力，改善劳资关系，缔造企业国际公信力方面呈现出不可替代的作用[①]。因此，中国《劳动法》应适时引入SA8000标准，实现国内劳工标准与国际劳工标准的有序对接。

7.3.2 SA8000的主要内容与性质

7.3.2.1 SA8000的主要内容

SA8000的核心标准包括九个方面：童工、强迫性劳工、健康与安全、组织工会的自由与集体谈判的权利、歧视、惩戒性措施、工作时间、工资和管理体系。

（1）禁止童工。即企业不应使用或者支持使用童工，应与其他人员或利益团体采取必要的措施确保儿童和应受当地义务教育的青少年的教育，不得将其置于不安全或不健康的工作环境和条件下。

（2）禁止强制劳动。即企业不得进行或支持使用强制劳工或在雇用中使用诱饵或要求抵押金。根据SA8000，企业不得要求员工在受雇起始时交纳“押金”或寄存身份证件。

（3）健康安全保护。即公司应具备避免各种工业与特定危害的知识，为员工提供安全健康的工作环境，采取足够的措施，降低工作中的危险因素，尽量防止意外或健康伤害的发生；为所有员工提供安全卫生的生活环境，包括干净的浴室、洁净安全的宿舍、卫生的食品存储设备等。

（4）组织工会的自由与集体谈判的权利。即企业应尊重全体人员组成和参加所选工会并集体谈判的权利。

（5）禁止歧视。即企业不得因种族、社会阶层、国籍、宗教、残疾、性别、性取向、会员资格或政治派系等，对员工在聘用、报酬、训练、升职、退休等方面有歧视行为。企业不能允许强迫性、虐待性或剥削性的性

① 何承金．劳动经济学［M］．大连：东北财经大学出版社，2010（4）．

侵扰行为，包括姿势、语言和身体的接触。

（6）惩罚措施。即不允许物质惩罚、精神和肉体上的压制和言辞辱骂。

（7）工作时间。即应在任何情况下都不能经常要求员工一周工作超过48小时，并且每7天至少应有一天休假；每周加班时间不超过12小时，除非在特殊情况下及短期业务需要时不得要求加班，且应保证加班能获得额外津贴。

（8）工资。企业支付的工资不应低于达到法定和行业规定的最低标准，并且应满足员工的基本需求，并以员工方便的形式如现金或支票支付；对工资的扣除不能是惩罚性的；应保证不采取纯劳务性质的合约安排或虚假的学徒工制度以规避有关法律规定。

（9）管理体系。即高级管理层应根据本标准公开透明、各个层面都能了解并实施的符合社会责任与劳工条件的公司政策，对此要定期审核；委派专职的资深管理代表具体负责，同时让非管理阶层自选一名代表与其沟通；建立并维持适当程序，证明所选择的供应商和分包商符合本标准的规定。

7.3.2.2 SA8000的性质

与国际劳工组织制定的公约及其建议书不同，SA8000没有强制执行力，不构成国家义务，无须各国执行，也不是各国政府必须致力于实现的具体目标。然而，SA8000把企业经济效益和社会效益、短期目标和长期目标结合起来，获准SA8000认证，意味着该企业可以在国际范围建立起公信力有助于消费者对企业产品建立起正面情感，可以使合作伙伴建立起对本企业的信心。因此，国内包括联想、海尔、阿里巴巴、国家电网在内的一批标杆企业已参加SA8000认证并发布企业社会责任报告①。

7.3.3 中国劳动法与SA8000精神的距离

我国调整劳动关系的法律主要包括《劳动法》（1995年1月1日实施）、《劳动合同法》（2008年1月1日实施）等，其内容包括促进就业、

① 何承金．劳动经济学［M］．大连：东北财经大学出版社，2010（4）．

劳动合同和集体合同、工作时间和休息休假、工资、劳动安全卫生、女职工和未成年工特殊保护、职业培训、社会保险和福利、劳动争议等。《劳动法》和《劳动合同法》作为我国调节劳动关系的基本法，对稳定国内劳资关系、保护劳动者权益、解决劳动争议提供了制度保障。

然而，与SA8000标准和国际劳工组织的核心标准相比，我国劳动法仍存在下列不足：

7.3.3.1 关于组织工会

SA8000要求企业应尊重全体人员组成和参加所选工会并集体谈判的权利，但我国现行工会体制在组织原则上奉行民主集中制，成立工会需要履行行政批准程序。《工会法》第11条明确要求“基层工会、地方各级总工会、全国或者地方产业工会组织的建立，必须报上一级工会批准”。实践中，由于工会主要对上级负责，造成中国企业工会与基层工人脱节，在劳资纠纷中被边缘化，无法代表工人利益与资方谈判。

7.3.3.2 关于集体谈判

自由结社权（成立工会组织）是劳工集体谈判权的基础。SA8000强调集体谈判的自主性和独立性。我国现行《劳动法》《劳动合同法》等劳动法规虽然确立了集体合同制度，但由于劳工自由结社权受到限制，集体合同制度多流于形式。

7.3.3.3 关于强制劳动

SA8000要求企业不得进行或支持使用强制劳工。我国现行劳动法虽然禁止强迫劳动，但劳改和劳教制度中仍包含强迫劳动内容，特别是中国独有的劳教制度，备受非议，但由于历史原因和制度惯性，实践中“废而不止”。

7.3.3.4 关于最低工资制度

SA8000要求企业支付的工资不应低于达到法定和行业规定的最低标准，并且应满足员工的基本需求。我国劳动法也规定，国家实行最低工资保障制度，但实践中，最低工资标准偏低，达不到“满足员工的基本需求”的要求。

7.3.3.5 其他

SA8000禁止用工歧视，实践中地域歧视、性别歧视等现象广泛存在；SA8000禁止对员工进行物质惩罚、精神和肉体上的压制和言辞辱骂，实践中包括在华跨国公司在内的各类惩罚性措施被普遍采用。

7.3.4 借鉴SA8000，完善我国《劳动法》

国际劳工标准体现“民心向背”（张霞、安增科，2010）。作为世界制造业大国，劳工标准落后已经影响到我国国际贸易和投资的正常开展。例如，“劳工标准”问题已经成为美国承认“中国市场经济地位”的障碍，欧盟则对我国“劳改犯产品”倍加指责①。过低的劳工保护水平加剧了我国劳资纠纷，特别是2008年以来，因劳资纠纷引发的群体性事件呈现出高发态势。SA8000虽然没有强制执行力，不构成国家义务，无须各国执行，但SA8000确定了企业参与国际竞争的最低劳工标准，因此，我国应积极引入SA8000标准，适时修改《劳动法》。

7.3.4.1 落实集体谈判权

根据人社部发〔2014〕30号《关于推进实施集体合同制度攻坚计划的通知》，要求确保2015年末集体合同签订率达到80%。然而，现行集体谈判面临协效性不强、部分质量不高等问题。因此，建议在《劳动法》中，增加集体协商主体、行业集体协商、集体协商程序等内容。

7.3.4.2 明确最低工资占比

国际上，最低工资标准与职工平均工资的比率普遍水平在40%～60%。而在我国，该比率则只有35%左右，远低于国际水准，达不到SA8000提出的

---

① 孙冬鹤．中国核心劳工标准30年回顾与展望［J］．黑龙江社会科学，2010（4）．

"应满足员工的基本需求"的规定。鉴于此，建议在《劳动法》中明确规定最低工资与职工平均工资最低占比。

7.3.4.3 提高劳动违法成本

关于禁止童工、禁止歧视、禁止强迫劳动、健康安全保护、确定工作时间，现行《劳动法》及其解释与SA8000精神保持一致。但实践中，由于违规成本过低，国内超时用工、拖欠工资、就业歧视、同工不同酬、忽视职业安全卫生、漠视劳动生命健康等现象较为普遍。因此，修改《劳动法》过程中，应加大违规用工成本，震慑违规用工行为。

7.4 稳定劳动关系

"十三五"期间是我国社会保障制度步入定型、稳定、持续发展阶段的关键时期，也是中国特色社会保障制度由改革试验状态进入相对成熟状态的决定性时期（郑功成，2010）。河南省社会保障"十三五"规划在这一背景下展开。同时，必须结合本省经济社会特征、发展水平和发展趋势，统筹兼顾，以体制创新，适应社会保障制度面临的新形势，破解完善社会保障制度中的新问题。

7.4.1 河南省社会保障"十三五"规划面临的新课题

河南省社会保障事业在"十二五"期间取得快速发展。"十三五"期间，河南社会保障事业发展面临着国家治理理念、人口结构"两大变化"，面临着保障覆盖面窄、保障水平低"两大难题"，社会保障规划必须适应新变化，破解新难题。

7.4.1.1 国家治理理念新变化

国家在保持经济稳定增长基础上，更加强调民生。民生优先已升华成为国家治理理念。社会保障作为落实改善民生政策的重点和目标，国家将在“十三五”期间出台系列政策。河南省社会保障“十三五”规划必须适应国家民生政策变化。因此，必须组织力量加强研究，实现与国家社会保障制度的总体规划和顶层制度设计的无缝对接。

7.4.1.2 河南省人口结构新变化

河南人口的突出特点是人口基数大、总量增长快。然而，河南却面临着第四次人口生育高峰。这次高峰，从2006年开始，到2012年结束。2009年河南总人口大约9970万，到2010年下半年，成为中国第一个人口超亿的省份。河南省社会保障“十二五”规划必须适应全省人口发展状况，并对下列问题特别关注：

（1）人口老龄化加剧

《河南省人口老龄化发展趋势预测研究报告（2006～2050年）》表明，在21世纪上半叶，河南省将经历三次人口老龄化和老年人口增长的高峰期。其中，第一次老年人口增长的高峰期为2005～2018年。到2030年，届时河南省60岁以上的老年人将占到总人口的1/4。应对老龄社会的物质、精神、制度等各种准备相对滞后，“十三五”规划必须考虑到河南省人口老龄化问题，特别是城市无工作老年居民养老问题。

（2）新生代农民工外流加速

2009年河南省农村劳动力转移就业总量达到2258万人。根据2014年数字，河南省已经成为人口净流出大省。出生于80年代、90年代的新生代农民工流向东部发达城市，留守老人和儿童的绝对数量和所占比重剧增。作为国内第一劳务转移大省，新生代农民工的社会保障可以通过其就业地解决，但留守老人和儿童的养老、医疗等社会保障则需要在当地实现。

（3）农村人口总量保持平稳

作为传统农业大省，河南省农业就业人口在“十三五”期间将保持平稳。与之同步，新农合、新农保经费支出将稳步增加。

（4）城乡二元结构转型，城镇化加速引发城镇人口结构变化

2008年年底城镇化率达到36%，比全国平均水平低9.7个百分点。随着河南省城镇化加速和与之配套的户籍改革，大量农业人口和城乡结合部失地农民将转化为城镇人口，这些新增的城镇人口需要纳入社会保障体系。

（5）产业结构新变化

长期以来，河南省支柱产业主要聚焦于化工、机械制造、采掘、食品加工、纺织、煤化工、冶金等传统产业，在资源与环境约束下，国家启动战略新兴产业发展规划。传统产业具有吸纳就业人口多、工资水平低的特点，而以绿色增长为基调的新兴产业强调低碳生产和高新技术引用。与传统产业相比，新兴产业吸纳就业人口总量有限。这意味着“十三五”期间河南省吸纳劳动力将呈现出“一增一稳”趋势，即从传统产业退出的员工增加，而新兴产业吸纳的劳动力只能是稳步增长。城镇职工失业保障的压力在“十三五”期间可能骤然增大。

（6）国家基本养老保险政策新变化

国家养老保险政策的变化已初见端倪。2009 年 1 月，事业单位养老保险制度改革方案在 5 个试点省市启动。同年，国家出台城镇职工基本养老保险关系转移接续办法。“十三五”期间，事业单位养老保险制度改革可能在全国范围展开，公务员的养老保险制度改革全面启动。河南省社会保障“十三五”规划必须具有前瞻性，梳理出与国家政策对接的思路和方法。

7.4.1.3　两大难题呈现出新变化

作为传统人口大省和农业大省，河南省社会保障事业发展始终存在“保障覆盖面窄”和“保障水平低”两大难题。“十三五”期间，问题更加突出，亟须破解。

（1）新型农村社会养老保险全覆盖任重道远

河南省新型农村养老保险发展较快，并形成三种模式，即：一是以郑州和济源为代表的城乡居民养老保险模式；二是以罗山县和辉县市为代表的新型农村社会养老保险模式；三是以南阳为代表的农村独女户家庭养老保险模式。截至 2010 年 2 月，河南省 21 个新农保试点县入库参保人员已达 400 万，这距国家关于新型农村社会养老保险于 2020 年之前基本实现对我国农村适龄居民全覆盖的要求相距甚远。

（2）后危机时代城镇部分居民仍游离在社保之外

尽管中国经济在金融危机中率先实现“V”型反弹，但基础并不稳固。特别是中国经济进入新常态，增速放缓。企业受国际经济低迷和国内通缩预期影响，企业养老保险征缴难度加大。同时，部分集体企业职工、原困难企业下岗人员、部分个体劳动者、自由职业者仍然游离在社保之外。

7.4.2 “十三五”规划破解新课题的基本思路

河南省社会保障“十三五”规划应坚持以邓小平理论、“三个代表”重要思想为指导，深入贯彻落实科学发展观，围绕“民生河南”和“和谐河南”两大主线，重保障、促和谐，以制度创新，适应新变化，破解新难题，建立起与河南省经济发展水平相适应、保障制度规范化、管理服务社会化的社会保障体系。

7.4.2.1 统筹兼顾，在人人享有基本保障上取得新成效

“十三五”期间，社会保障将统筹城乡，构筑起以基本养老、医疗、失业、工伤为主的覆盖全省事业单位和各类企业人员的社会保障体系。

（1）实现城镇职工基本养老保险全覆盖

各类企业职工、灵活就业者、农民工、城郊结合部的失地农民全部纳入企业职工基本养老保险统筹范围，统筹解决原集体企业职工、困难企业下岗人员、部分个体劳动者、自由职业者的未参保人员。建立城市社会救助和社会福利覆盖农民工的制度体系。

加快事业单位基本养老保险改革试点并做好推广准备工作。试点公务员养老保险改革。

鼓励有条件的企业、事业单位为职工建立企业年金、职业年金。鼓励开展个人储蓄性养老保险。

（2）扩大农村新型养老保险的覆盖面

“十三五”期间，要总结农村新型养老保险试点县，特别是外出务工人口大县的经验，力争在全省65%的县推广农村新型养老保险，以应对人口老龄化加快趋势，为2020年农村适龄居民新型养老保险全覆盖奠定坚实基础。

（3）深化失业保险制度。失业保险覆盖范围由企业扩大到全部事业单

位职工、未就业大学生。高度关注因产业结构调整而新增的失业群体。试点公务员失业保险改革。提高失业保险基金用于失业人员职业培训、职业介绍补贴的使用效益。

7.4.2.2 开源节流，稳步提高社会保障待遇水平

各职能部门密切配合形成合力，加大社会保险覆盖面和基金征收力度，不断提高社会保险基金支付能力，稳步提高社会保障待遇水平。

（1）稳步提高养老保险缴费比例（额度）

确保城镇职工基本医疗保险制度运行平稳。继续推行新农保采取社会统筹与个人账户相结合的基本模式，稳步提高个人缴费额度，适度提高政府补贴额度，鼓励较高档次标准缴费。

（2）提高新型农村合作医疗保障水平

渐进提高新型农村合作医疗农民的补助额，逐步调整起付线、封顶线和报销比例，提高新型农村合作医疗筹资水平。扩大城乡居民基本公共卫生服务免费项目。其中，留守老人和儿童的养老和医疗应予以重点关注。

（3）建立稳定、规范的资金筹措和保值增值机制

稳步提高社会保障待遇水平应建立起稳定、规范的资金筹措机制和资金保值增值机制。对前者而言，应扩大社会保险面和基金征收力度；对后者而言，应拓展资金营运范围，在确保资金安全前提下，实现资金增值。

（4）建立维护基金安全的长效管理机制

社会保障是构建“民生河南”“和谐河南”的安全阀和稳定器。社保基金安全事关百姓生活生存，必须建立起维护基金安全的长效管理机制。这要求发展专业性的管理机构，推动建立综合性的社会保障管理体系，减少管理层级，逐步实现社会保障经办机构网络化、从业人员专业化、管理系统信息化。同时，应扎实推进内控制度建设，做好信息披露工作，推广基金监管软件使用，大力开展非现场监督。进行社会保险基金专项治理，做好基金预算管理，切实建立政府的责任约束机制。

7.5 小　结

“中国制造”转型“中国智造”面临劳资困局，劳资双方因利益诉求不同引发的矛盾日益凸显，劳资矛盾已成为中国社会的主要矛盾。破解劳资困局，必须调整现行劳资管理体制，加大劳动者救济的刑法救济力度。实现中国制造 2025，必须尊重 SA8000 规则，中国《劳动法》应适时引入 SA8000 标准，实现国内劳工标准与国际劳工标准的有序对接。“十三五”期间，必须更加重视劳资关系。

8　面向21世纪的人力资源管理

人力资源管理随着企业实践不断发展，进入21世纪，经济全球化、信息化已经渗透到人力资源管理的诸多环节，必须予以高度关注。

8.1　互联网时代的人力资源管理

互联网技术的快速发展及其广泛应用使传统人力资源管理模式面临挑战。e－HR被引入人力资源管理。所谓e－HR，即电子化人力资源，它是指一套通过现代信息技术手段，提高人力资源管理效率，实现人力资源信息共享及有效整合的解决方案。

e－HR的“e”体现在三个方面：第一，基于互联网的人力资源管理流程化与自动化。“e”把有关人力资源的分散信息集中化并进行分析，优化人力资源管理的流程，实现人力资源管理全面自动化。第二，实现人力资源管理的BtoB（即商对商），即企业人力管理者利用外界的资源，并与之进行交易，如获得人才网站、高级人才调查公司、薪酬咨询公司、福利设计公司、劳动事务代理公司、人才评价公司、培训公司等HR服务商的电子商务服务。第三，实现人力资源管理的BtoC（商对客户），即让员工和部门经理参与企业的人力资源管理，体现HR部门视员工为内部顾客的思想，建立员工自助服务平台，开辟全新的沟通渠道，充分达到互动和人文管理①。

---

① 温大明．网络时代的人力资源管理变革［EB/OL］.（2006－06－29），http：//www. macrochina. com. cn/xsfx/yxzk/20060629079403. shtml.

实践中，在线招聘、在线培训、在线沟通、在线考核等人力资源功能模块被国外企业逐渐采用。

8.2 经济全球化时代的跨文化管理

人力资源管理与激励是企业管理中最重要的环节，也是组织内部管理中对文化差异反应最敏感的环节。文化差异会影响到人力资源的招聘与选拔，培训与开发，绩效评价与报酬，领导方式与风格和激励方式及效果等。不同的文化有不同的信息编码与解码方式，文化差异会影响传输媒介的选择、沟通方式与风格等。跨越文化差异，实现有效管理的途径应该是在认识和尊重文化差异基础上选择合适的解决方法。对于国际化员工而言，文化休克是一个普遍存在的问题，应该通过跨文化培训或训练，保持开放的心胸，及时调整自己的心态等措施来克服。对于跨文化企业而言，可以通过加强跨文化的理解，培养跨文化沟通能力，建立和培育跨越文化差异的新的企业文化等措施来解决文化冲突问题。国际化企业可以根据自己经营的基本策略来选择合适的跨文化管理模式。

经济全球化时代，人力资源管理也出现新趋势，主要表现为：

第一，人力资源配置全球化，跨国公司根据自身战略需求，在人员配备可以有四种策略：民族中心策略、多中心策略、全球中心策略和地区中心策略，其员工也将分为所在国员工（Host - Country Nationals，HCNs）、母国员工（Parent - Country Nationals，PCNs）、其他国员工（Third - Country Nationals，TCNs）①。人力资源配置国际化，使人力资源的基本职能，例如，培训与开发、薪酬与考核、员工职业规划等都呈现出与国内人力资源管理不同的特征。

第二，人力资源管理更加复杂。一般认为，国际人力资源管理的特征就在于其区别于国内人力资源管理的复杂性——即要在不同的国家招

---

① M. G. Duerr，1996，“International Business Management：It's Four Tasks”，Conference Board Record，Ocober，43.

募不同国籍的员工，管理者还必须调整组织的人力资源管理政策以适应公司经营所在国的国家文化、商业文化以及社会制度等的多元性（蒋瑛，2005）。

第三，跨文化冲突成为常态。国际人力资源管理的复杂性，以及不同文化在感知方式、思维方式、世界观、人生观、价值观、社会规范、物质文化、语言等诸要素方面的差异，使国际人力资源管理的沟通职能变得异常重要。所谓跨文化沟通，是指不同文化背景中的人们之间的信息和情感相互传递的过程。要实现跨文化间的良好沟通，重点需要做到以下方面[①]：①培养文化融合的人力资源队伍；②创造良好的组织沟通气氛；③跨文化培训；④建立共同的价值观。

8.3 劳权至上背景下的人力资源管理

“劳工标准”（labor standards）是指有关劳工保护的基本法律规则和道德规范，它是对劳动者的劳动报酬、劳动条件、劳动福利及其他公民权利所作的规范与要求[②]。近20年来，随着经济全球化，世界范围内的劳工标准运动发展迅猛，并基本呈现出从国内问题向国际问题转化，从官方层次向民间层次渗透的趋势[③]。截至2013年年初，国际劳工组织（ILO）先后出台近200项国际劳工标准，其内容涵盖劳动结社自由、集体谈判、强迫劳动、童工劳动、机会和待遇平等、工作等方方面面。

从制定主体角度考察，国际劳工标准的制定者主要有国际组织、国际间非政府组织、主权国家、民间团体和跨国公司；从表现形式角度考察，国际劳工标准主要体现为国际条约、双边协定、企业社会责任标准、企业行为守则；从效力角度考察，部分国际劳工标准属于“硬法”性质，必须执行，部分国际劳工标准则属于“软法”性质，自愿遵守。

---

① 姚孝军．国际商务中的跨文化管理研究［D］．华中农业大学，2006.

② 朱剑宇．中国劳工权益保障制度研究［D］．苏州大学，2012（5）：1.

③ 张霞、安增科．国外劳工标准问题研究的四大争议［J］．国外社会科学，2010（4）：74－75.

国际劳工标准全球化要求人力资源管理更加重视劳工权益。中国是国际劳工组织缔约国，尊重国际劳工组织为提高国际劳工标准所作的努力。然而，受经济发展阶段、工会体制、劳教制度等制约，我国政府尚未批准自由结社、集体谈判、废除强迫劳动等核心劳工标准公约，即《结社自由和保障组织权利公约》（第87号）、《组织权利和集体谈判权利公约》（第98号）、《强迫劳动公约》（第29号）、《废除强迫劳动公约》（第105号），迄今为止我国政府并未批准。

国际劳工标准公约中的“核心劳工标准”已被国际社会公认为劳工基本权利，是国际上普遍公认的最低劳工保护标准。作为世界制造业大国，劳工标准落后已经影响到我国国际贸易和国际投资的正常开展。例如，“劳工标准”问题已经成为美国承认“中国市场经济地位”的障碍，欧盟则对我国“劳改犯产品”倍加指责。过低的劳工保护水平加剧了我国劳资纠纷，特别是2008年以来，因劳资纠纷引发的群体性事件呈现出高发态势。国际劳工标准对协调劳动关系、维护劳动者权益、平衡劳资利益具有重要作用。

经济全球化时代，我国必须创新劳工保护标准，稳步实现国内劳工标准与国际核心劳工标准的有序接轨。然而，不断发生的对外劳务输出纠纷值得我们关注：第一，对外劳务输出需要掌握哪些法律知识，对赴国外就业人员需要进行哪些知识培训；第二，我国劳务输出多集中于建筑、捕鱼、缝纫等传统行业，在国内出现用工荒的背景下，如何提升对外劳务合作的层次；第三，一旦发生劳务纠纷，如何求助于我国驻外使领馆进行救助。

8.4 小　　结

21世纪经济全球化、信息化已经渗透到人力资源管理的诸多环节，必须予以高度关注。“中国智造”的目标是实现国际制造强国战略，对于人力资源管理的新变化，不可不察。

参考文献

英文部分

[1] Agenor P R, Aizenman J. Macroeconomic adjustment with segmented labor markets [J]. Journal of Development Economics, 1999, 58 (2): 277 -296.

[2] Alan B. Krueger, David Card. Myth and Measurement: The New Economics of the Minimum Wage [M]. Princeton, USA. Princeton University Press, 1995.

[3] Alison J. Wellington. Effects of the Minimum Wage on the Employment Status of Youths: An Update [J]. The Journal of Human Resources, Winter 1991, 26, 1, 27 -46.

[4] Brown C. , C. Gilroy & A. Kohen. Time series Evidence on the Effects of the Minimum wage on Youth Employment and Unemployment [J]. Journal of Human Resource, 1983 (18): 3 -31.

[5] Chandler, A. D. Jr. 1977. The visible hand: The managerial revolution in Americal business. Cambridge: Harvard University Press.

[6] Cubbit Hargeraves. Minimum Wage Legislation, Investment and Human capita, mimeo Economics Research Centre [J]. University of East Anglia, Norwich, UK. 1996.

[7] David Neumark, William Wascher. Minimum Wage Effects and Low - Wage Labor Markets: A Disequilibrium Approach. NBER Working Paper, No. 4617.

[8] Flinn, Christopher. Minimum Wage Effects on Labor Market Outcomes

under Search, Matching, and Endogenous Contact Rates [J]. Econometrics, 2006, 74 (4): 1013 - 1062.

[9] Fraja. G (de). Minimum wage legislation, productivity and employment [J]. Economic, 1999, 66 (264): 472 - 488.

[10] Gindling T. H. and Terrell K. The Effects of Multiple Minimum Wages Throughout the Labor Market: The Case of Cosa Rica [J]. Labor Economics, 2007 (14).

[11] John M. Abowd, Francis Kramarz, David N. Margolis. Minimum Wages and the United States [R]. CEPR Discussion Papers, No. 2159, May 1999.

[12] Katz L F, Krueger A B, The effect of the minimum wage on the fast food industry [J] Industrial and Labor Relation Review, October 1992, 46 (1): 6 - 21.

[13] Machin, Stephen, Alan Manning. Minimum Wages, Wage Dispersion and Employment: Evidence from the UK Wages Councils [J]. Industrial and Labor Relations Review, 1994, 47 (2): 319 - 329.

[14] Mincer J. Unemployment effects of minimum wages [J]. Journal of Political Economy, 1976 (1): 87 - 104.

[15] Schumpeter, Joseph A., [1942] 1975. Cpitalism, socialism and democracy. New York: Harper and Row.

[16] Stigler G. The Economics of Minimum Wage Legislatio [J]. American Economic Review, 1946, 36: 358 - 365.

[17] [美] Theodore W. Schultz, Kaldor Memorial Lecture, Iowa State Univerisy, October 15, 1979.

中文部分

[18] 2012年高校人才培养面临的问题与发展趋势 [EB/OL]. (2012 - 02 - 14), http: //edu. cyol. com.

[19] 2015年全球竞争力排名：中国排28位 [EB/OL]. (2015 - 09 - 30), 中商情报网.

[20] 26省调最低工资标准平均增18%　上海月最低工资最高 [EB/

OL]. 中国网，(2014-01-15).

[21]《关于加快培育和发展战略性新兴产业的决定》(国发〔2010〕32号).

[22]《中国失业问题与财政研究》课题组. 中国失业问题与财政研究课题组 [J]. 管理世界，2005 (6).

[23]《中华人民共和国劳动争议调解仲裁法》第六条。

[24]《中华人民共和国刑法修正案（八)》第二百七十六条之一.

[25] 安列. 合肥空港经济调研报告 [EB/OL].(2011-10-12)，http://www.hefei.gov.cn/n1105/n19603399/n19603538/n19603811/21728118.html.

[26] 鲍红香. 我国最低工资标准运行模式选择分析 [J]. 商业现代，2010 (4).

[27] 卞耀武. 当代外国公司法 [Z]. 北京：法律出版社，1995.

[28] 蔡承荣. 印度人力资源开发的经验及其给我们的启示 [J]. 世界华商经济年鉴，2009 (2).

[29] 蔡永飞. 为什么政协委员10年监督不了一个问题 [EB/OL].(2007-03-14)，http://guancha.gmw.cn/show.aspx? id=3930.

[30] 陈步雷. 劳资分配困局的一个法律解 [J]. 中国人力资源开发，2012 (2).

[31] 陈成文，石洋. 论建立最低工资制度与实现阶层结构合理化 [J]. 学术交流，2008.5 (5).

[32] 陈浩，楚明锟. 西方就业理论演进的历史轨迹及启示 [J]. 现代经济探讨，2008 (2).

[33] 陈静. 山西省R&D人力资源投入现状分析 [J]. 山西高等学校社会科学学报，2009 (5).

[34] 陈叶，朱必祥. 最低工资就业效应的实证研究——以南京为例 [J]. 河北工程大学学报，2010 (4).

[35] 陈月生. 群体性事件中的群体心态研究 [J]. 理论与现代化，2010 (6).

[36] 程启军. 阶层间封闭性强化：中国社会阶层流动的新趋势 [J]. 学术交流，2010 (1).

[37] 大学生失业登记“冷”[EB/OL].(2006-10-09), http://www.sina.com.cn.

[38] 丁福虎. 创新人才战略 [M]. 北京: 知识产权出版社, 2007 (8).

[39] 丁守海. 提高最低工资标准的就业效应及福利后果研究——方法论的演进 [J]. 中州学刊, 2009 (1): 59-63.

[40] 杜玉波. 教育部副部长谈做好2013年高校毕业生就业工作 [EB/OL].(2013-06-09), http://kaoyan.eol.cn.

[41] 冯明, 郭雅丽. 我国企业人力资源管理伦理的时性特征的实证研究 [J]. 中国软科学, 2009 (5).

[42] 冯明, 李学民. 我国企业人力资源管理伦理结构及其对绩效的影响的实证研究 [J]. 工业工程, 2009 (4).

[43] 管琳. 知识经济时代企业文化发展方向 [J]. 华东经济管理, 2000 (3).

[44] 桂昭明. 论国家人才安全 [J]. 电子科技大学学报 (社科版), 2003 (5): 24.

[45] 中共中央国务院. 国家中长期人才发展规划纲要 (2010~2020年) [R]. 北京: 人民出版社, 2010 (6).

[46] 国务院. 第六次全国人口普查主要数据公报 (第1号).

[47] 国务院. 中国的人力资源状况白皮书.

[48] 国务院. 中国老龄事业发展“十二五”规划.

[49] 国务院关于印发《中国制造2025》的通知 (国发〔2015〕28号).

[50] 韩太祥. 企业成长理论综述 [J]. 经济学动态, 2005 (5).

[51] 韩兆洲, 安宁宁. 最低工资与经济增长: 一个新理论模型 [J]. 数学的实践与认识, 2008 (7): 48-51.

[52] 何承金. 劳动经济学 [M]. 大连: 东北财经大学出版社, 2010 (4).

[53] 何传超. 最低工资对城乡收入差距影响的实证分析 [J]. 统计与咨询, 2011 (1).

[54] 何丽, 艾米·卡兹明. 印度是下一个世界工厂 [J]. 中国外资, 2010 (10).

[55] 贺力. 基于企业伦理的人力资源管理模式研究 [D]. 苏州大学,

2007.

[56] 胡锦涛．坚定不移沿着中国特色社会主义道路前进　为全面建成小康社会而奋斗——在中国共产党第十八次全国代表大会上的报告．

[57] 胡唯敏．印度总统称将把高等教育覆盖率提高到 30% [EB/OL]．(2010 - 09 - 25)，http：//www. chinadaily. com. cn/hqgj/jryw/2010 - 09 - 25/content_917257. html.

[58] 黄厚载．中国社会主义企业文化 [M]．北京：石油大学出版社，1991 (5).

[59] 蒋正华，米红．人口安全 [M]．杭州：浙江大学出版社，2008：32.

[60] 教育部．关于全面提高高等教育质量的若干意见（教高〔2012〕4 号）.

[61] 教育部办公厅．关于切实做好全国普通高校毕业生离校阶段就业管理和服务工作的通知（教学厅〔2011〕7 号）.

[62] 经济与管理研究编辑部．首届中国企业成长研讨会综述 [J]．经济与管理研究，2004 (6).

[63] 柯龙山．最低工资标准与劳动者待遇：统一抑或排斥 [J]．财经科学，2010 (8).

[64] 科技部．科技统计资料汇编 (2009) [EB/OL]. http：//www. sts. org. cn/zlhb/zlhb2009. htm.

[65] 科技部．中国科技统计数据 (2010) [EB/OL]. http：//www. sts. org. cn/zlhb/zlhb2009. htm.

[66] 科技部．中国科技统计数据 (2011) [EB/OL]. http：//www. sts. org. cn/sjkl/kjtjdt/index. htm.

[67] 科技部发展计划司 . 2007 年江西省科技人力资源发展状况分析 [R]．科技统计报告，2008 (17).

[68] 科技部发展计划司 . 2010 全国及各地区科技进步统计监测结果（二）[R]．科技统计报告，2010 (2).

[69] 科技部发展计划司 . 2010 全国及各地区科技进步统计监测结果（一）[R]．科技统计报告，2010 (1).

[70] 科学技术部 . 2013 年我国科技人力资源发展状况分析 [R]．科技

统计报告，2015（15），总第572期.

［71］孔悦.中国航空人才缺口大 入行最大困难在于专业性［N］.新京报，2013-01-14.

［72］劳资矛盾引发群体性事件进入高发期［EB/OL］.（2009-12-14），http：//news.qq.com/a/20091214/002118.htm.

［73］黎世波.马克思人道思想对人力资源管理伦理的启示［J］.沿海企业与科技，2007（3）.

［74］李葆红.浅议最低工资制度对我国中小企业的影响［J］.现代商业，2011（14）.

［75］李建伟.高管薪酬规范与法律的有限干预［J］.政法论坛，2008（3）.

［76］李建忠.印度：关注弱势群体 促进区域教育均衡［N］.中国教育报，2011-12-05.

［77］李珂.最低工资标准的传导效应对企业经营管理行为的影响［J］.中国劳动关系学院学报，2012.06（3）.

［78］李立清，李燕凌.企业社会责任研究［M］.北京：人民出版社，2005（8）.

［79］李丽琳，苗苗，胡梦洁，武静云.2004~2010年我国典型停工事件分析［J］.中国人力资源开发，2011（3）.

［80］李明.公布银行业限薪令 40%奖金必须分三年支付［EB/OL］.（2010-12-20），http：//finance.qq.com/a/20101220/003812.htm.

［81］李晓宏，张玉洁.解读中国人均预期寿命：活得长不一定活得健康［N］.人民日报，2011-05-19.

［82］李妍，覃正.心理因素对金融危机资本渠道传导影响研究［J］.财经问题研究，2012（1）.

［83］李艳.新生代农民工的利益诉求与管理策略——以南海本田停工事件为例［J］.中国人力资源开发，2011（4）：92.

［84］李燕萍，施丹.中部地区科技人力资源软实力"塌陷"现象研究［J］.武汉大学学报（社会科学版），2008（5）.

［85］连续两年GDP增幅达到9% 印度经济增速直追中国［EB/OL］.

(2007－02－11)，http：//www. sznews. com/news/content/2007－02/11/content_866935. htm.

［86］廖少宏．集体劳动关系规制：问题与挑战［J］．中国人力资源开发，2011（12）．

［87］林原，曹媞．国外最低工资标准决定机制及其对我国的借鉴意义［J］．生产力研究，2012（8）．

［88］林原，袁伦渠．经济转型期我国最低工资制度实施的必要性分析［J］．生产力研究，2007（5）．

［89］刘善任．网络时代的企业文化［J］．中外管理，2000（4）．

［90］刘泰洪，杨焕成．转型条件下劳资关系及其治理［J］．改革，2009（2）．

［91］刘欣．当前中国社会阶层分化的多元动力基础——一种权力衍生论的解释［J］．中国社会科学，2005（4）．

［92］刘植荣．美国私营企业就业统计值得借鉴［EB/OL］．光明网－光明观察，2010－08－25.

［93］陆铭．劳动经济学［M］．上海：复旦大学出版社，2002（9）：92－93.

［94］吕荣娟．金融危机对我国劳动关系的影响及对策［J］．世纪桥，2009（11）．

［95］罗小兰．我国劳动力市场买方垄断条件下最低工资就业效应分析［J］．财贸研究，2007（4）：1－5.

［96］罗源．最低工资制度研究［D］．湖南：湖南师范大学，2009.10.

［97］马小强．解读胜任力模型［EB/OL］．www. ChinaHRD. net.

［98］马与雄．老龄化加财政赤字　法国政府决意上调退休年龄［N］．中华工商时报，2010－06－07.

［99］麦可思研究院．2013年中国大学生就业报告［EB/OL］．(2013－06－20)，http：//news. xinhuanet. com/edu/2013－06/20/c_124879131. htm.

［100］曼昆著，梁小民译．经济学原理（下册）［M］．北京：生活·读书·新知三联书店，2011.

［101］民政部．社会养老服务体系建设“十二五”规划（征求意见

稿）[EB/OL].（2011－02－11），http：//www.mca.gov.cn/.

［102］聂丹．农民工低工资率与国民福利损失的经济学分析——对经典劳动供给理论的拓展［J］．财经研究，2007（10）：95－106.

［103］聂进．关于普及和加强我国商业伦理教育的思考［J］．武学学报，2003（5）.

［104］潘晨光．中国人才发展报告（No.3）［M］．北京：社会科学文献出版社，2006（97）：97.

［105］平新乔．关注民企劳资关系［J］．中国改革，2005（4）：61－62.

［106］乔旋．关于国家人才安全战略的思考［J］．太平洋学报，2012（3）：65.

［107］权衡，李凌．上海提高最低工资标准的收入分配效应：实证与模拟［J］．上海经济研究，2011（4）.

［108］石娟．我国最低工资制度的现状分析［J］．黄石理工学院学报（人文社会科学版），2011（1）.

［109］宋光华．中国传统文化与现代企业形象［M］．北京：中国建材工业出版社，1996（10）.

［110］孙冬鹤．中国核心劳工标准30年回顾与展望［J］．黑龙江社会科学，2010（4）.

［111］孙书青．调整最低工资政策对中国就业影响的经济分析［J］．湖北财经高等专科学校学报，2006（5）.

［112］童曙泉．我国正经历第三次“移民潮”［N］．北京日报，2012－12－18.

［113］退休年龄应该推迟吗［EB/OL］．http：//view.news.qq.com/zt2010/retired/index.htm.

［114］汪霞．变迁、结构、话语：我国群体性事件的三维透视及治理之道［J］．湖北社会科学，2012（7）.

［115］王弟海．从收入分配和经济发展的角度看我国的最低工资制度［J］．浙江社会科学，2011.2（2）.

［116］王丰丰，杜静．美国贫困人口达到4620万人为52年来最高［EB/OL］．（2011－09－14）．http：//www.sina.com.cn.

[117] 王海.1999年国有企业职工激励机制的现状与要求调查报告[R]. 企业管理，1999 (4).

[118] 王红娟. 渣打：印度经济增速2012年将稳超中国[EB/OL]. (2011-01-30)，中国经济网.

[119] 王琨. 基于成长视角的中小企业社会责任研究[D]. 山东大学，2009.

[120] 王梅. 最低工资制度对我国区域城镇就业的影响[J]. 统计研究，2006 (1).

[121] 王晓玲. 我国最低工资保障制度实施的个案研究[J]. 经济纵横，2009 (10).

[122] 王秀云. 国外收入分配制度改革的经验及有益启示[J]. 中国青年政治学院学报，2013 (2).

[123] 魏章进，韩兆洲，余鹏翼. 最低工资标准影响因素分析[J]. 商业研究，2010 (11)：403.

[124] 魏章进，韩兆洲. 国外最低工资制度理论研究及启示[J]. 商业时代，2006 (14).

[125] 魏章进，韩兆洲. 我国最低工资标准实证研究[J]. 统计研究，2006 (1).

[126] 温家宝. 让科技引领中国可持续发展[EB/OL]. (2009-11-23)，www.chinanews.com.

[127] 我国居民收入比重下降　多省市上调最低工资标准[EB/OL]. (2010-06-07)，http：//www.sina.com.cn.

[128] 乌克兰议会通过退休金改革法案[EB/OL].(2011-07-09)，http：//news.21cn.com/caiji/roll1/2011/07/09/8568885.shtml.

[129] 吴心韬. 末日博士：印度经济或将在10年内超越中国[R]. 中国证券报，2010-12-03.

[130] 肖亭. 欧洲多国政府注资救市，总金额近2万亿美元[EB/OL]. (2008-10-13)，http：//finance.QQ.com.

[131] 新华社欧债危机重压，欧洲多国政府“因债更迭”[N]. 羊城晚报，2012-05-07.

[132] 徐颂陶. 要高度重视人才安全问题 [J]. 中国人才, 2003 (10): 14.

[133] 徐小洪. 中国工会的双重角色定位 [J]. 人文杂志, 2010 (6).

[134] 薛兆丰. 最低工资法不可取 [N]. 21 世纪经济报道, 2004 - 11 - 18.

[135] 延缓"老龄化", 男女退休年龄同时推至 65 岁 [EB/OL]. (2008 - 01 - 05), http://news.xinhuanet.com/politics/2008 - 11/05/content_10307604.htm.

[136] 阳昆. 最低工资对城乡收入差距影响的实证分析 [J]. 江西金融职工大学学报, 2008 (3): 76 - 79.

[137] 杨舒怡. 西班牙政府决定把法定退休年龄由 65 岁推迟至 67 岁 [EB/OL]. (2011 - 01 - 29), http://www.587766.com/news4/15065.html.

[138] 杨欣. 美国最低工资与生活工资制度比较 [J]. 中国劳动关系学院学报, 2011 (5).

[139] 姚蒙等. 养老金亏空, 欧盟要将退休年龄推至 70 岁 [EB/OL]. (2010 - 06 - 24), http://world.people.com.cn/GB/11954991.html.

[140] 姚孝军. 国际商务中的跨文化管理研究 [D]. 华中农业大学, 2006.

[141] 印度 16 年内人口数将超中国 人口压力或变红利 [EB/OL]. (2010 - 07 - 15), http://news.sohu.com/20100715/n273528441.shtml.

[142] 印度 2050 年人口数量将超中国 [EB/OL]. (2008 - 11 - 13), http://news.sina.com.cn/w/2008 - 11 - 13/050216643151.shtml.

[143] 应强. 法议会通过退休制度改革法案, 退休年龄提至 62 岁 [EB/OL]. (2010 - 10 - 28), http://www.chinanews.com/gj/2010/10 - 28/2617457.shtml.

[144] 游灏. 关于厦门航空港商业城功能定位的思考 [J]. 空运商务, 2009 (11).

[145] 玉玺. 欧洲受困赤字普提退休年龄 [N]. 广州日报, 2010 - 06 - 27.

[146] 约翰·科特, 詹姆斯·赫斯可特. 企业文化与经营业绩 [M].

北京：华夏出版社，1997 (6).

[147] 张建武．农村外出劳动力工资决定机制研究 [J]. 经济问题探索，2008 (9).

[148] 张旌．欧盟要学“美式限薪”，银行家主动“自律” [N]. 经济参考，(2009-02-09).

[149] 张力，高书国．人力资源强国报告 [M]. 北京：北京师范大学出版社，2010 (10).

[150] 张敏．完善我国最低工资制度 [J]. 企业导报，2010 (10).

[151] 张明丽．我国实施最低工资制度所产生的社会效果——从部分省市最低工资标准的提高进行分析 [J]. 改革与战略，2011 (10).

[152] 张启龙．论社会主义市场经济条件下最低工资保障制度的进一步完善 [J]. 哈尔滨商业大学学报（社会科学版），2006 (6)：117.

[153] 张维迎．企业理论与国企改革 [M]. 北京：北京大学出版社，1999 (3).

[154] 张五常．没有必要实行最低工资制 [J]. 商界（中国商业评论），2006 (10).

[155] 张霞，安增科．国外劳工标准问题研究的四大争议 [J]. 国外社会科学，2010 (4).

[156] 张智勇．最低工资会打击农民工就业吗？[J]. 财经科学，2007 (10)：103-110.

[157] 赵鹏飞．国际货币金融政策对我国劳工利益的影响 [J]. 生产力研究，2012 (7).

[158] 赵珊．浅析发泄型群体性事件的社会心理学动因 [J]. 大观周刊，2012 (25).

[159] 赵泽洪，李传香．就业能力贫困与再造：新生代农民工就业悖论及其破解 [J]. 中国人力资源开发，2011 (9).

[160] 赵志泉，杨云．印度科技强国战略的人力资源支持体系研究 [J]. 创新科技，2014 (1)：25.

[161] 赵志泉．战略性新兴产业的识别及其人力资源开发策略研究 [J]. 生产力研究，2011 (12).

[162] 甄实，关迪．企业如何为“最低工资标准”买单——分析最低工资标准提高可能带来的问题 [J]. 商业现代化，2010 (8).

[163] 郑海航．中国企业理论五十年 [M]. 北京：经济科学出版社，1999 (9).

[164] 中国科协调研宣传部．印度科技人力资源的现状及发展趋势 [EB/OL]. (2009 - 02 - 25), http: //www. cast. org. cn/n35081/n35668/n35728/n36419/11105379. html.

[165] 中国劳动和社会保障部．最低工资规定．

[166] 中华慈善总会．中国房地产企业社会责任发展现状调查报告 [EB/OL]. (2006 - 01 - 18), http: //www. sina. com. cn.

[167] 中华人民共和国国家统计局．2010 年第六次全国人口普查主要数据公报（第 1 号）[EB/OL]. (2011 - 04 - 28), http: //www. stats. gov. cn/tjfx/jdfx/t20110428_402722253. htm.

[168] 中华人民共和国国民经济和社会发展第十二个五年（2011 ~ 2015 年）.

[169] 中华人民共和国劳动争议调解仲裁法（第六条）.

[170] 周国华，刘贞华．从美国人力资源管理协会的伦理标准看我国中小学教师职业道德规范 [J]. 外国中小学教育，2009 (4).

[171] 周培煌，朱飞．最低工资对广东制造业就业效应的实证分析 [J]. 广东行政学院学报，2009 (2).

[172] 周祖城. 企业伦理学（第 2 版）[M]. 北京：清华大学出版社，2009.

[173] 朱梦妍. 我国最低工资政策优化研究 [D]. 南京：南京财经大学，2010.

[174] 最高人民法院．《关于审理拒不支付劳动报酬刑事案件适用法律若干问题的解释》第二条、第六条．

[175] 最高人民法院研究室负责人就《关于审理拒不支付劳动报酬刑事案件适用法律若干问题的解释》答记者问 [EB/OL]. (2013 - 01 - 22), 最高人民法院网站，http: //www. court. gov. cn/xwzx/jdjd/sdjd/201301/t20130122_181720. htm.

后　　记

本著作主要从人力资源管理视域研究“中国制造”转向“中国智造”过程中的劳动力管理问题。其中，部分章节源于赵志泉教授近几年教学科研关于劳动力问题、人力资源管理问题研究的学术积累，部分章节源于杨云博士的博士学业论文，而关于最低工资制度部分源于闫彬的硕士论文修改。本著作出版，得到2016年度河南省高校科技创新人才（人文社科类，编号：2016－cx－009）、中原工学院学术著作出版资金、中原工学院学科建设经费资助，部分观点纳入河南省教育厅人文社科重点研究项目结题报告“转型期中国重大群体性劳资事件研究”（课题编号：2014－DC－231）；同时，本著作部分成果也将成为国家社科基金一般项目“基于CAS范式的装备制造产业集群创新网络形成与演化机理研究”（课题编号：15BGL207）预研成果的组成部分。由于本著作写作时间跨度较大，部分成果源于教学研究积累，所参考的资料文献引用不能一一罗列，再次一并表示感谢。

赵志泉

2016年8月